原文 對譯

性理字義

原文 對譯

性理字義

— 성리학의 이해 —

朴浣植 譯

여강

■ 옮긴이 **박완식**

전주대학교 한문교육과 교수.
『梅泉全集』제1~제5책 共編. 역서로는『晦軒實紀』,『與猶堂全書』제1~6책,『宋明理學史』제1~2책,『大學章句·大學或問·大學講語』,『晦軒實紀』등이 있고, 저서와 논문으로는『韓國 漢詩漁父詞 研究』등이 있다.

原文 對譯
性理字義

2005년 5월 10일 초판 인쇄
2005년 5월 15일 초판 발행

지은이•陳淳
옮긴이•박완식
펴낸이•김재욱
펴낸곳•여강출판사
주소•서울시 강남구 일원동 687-1 태경빌딩 401호
전화•02) 459-1761
팩스•02) 459-1762
등록•제10-1978호(2000. 6. 3)

ⓒ 박완식, 2005

ISBN 89-7448-227-4   03150

값 17,000원

북계 선생 『성리자의性理字義』 해제*

　　북계 선생『성리자의』의 원제는『자의상강字義詳講』으로, 주희朱熹의 고제高弟 진순陳淳(字 安卿, 別號 北溪, 1157~1223)이 만년에 강학한 말들을 제자들이 기록하였는데, 진순이 이를 다시 개정하여『구의口義』를 제작하였고, 그 후 진순의 제자 왕준王儁이 다시 편정編定한 것으로, 이의 문체는 모두 어록체語錄體로 쓰여 있다.

　　위의 명제 이외에도『성리자의性理字義』,『사서자의四書字義』,『사서성리자의四書性理字義』또는『경서자의經書字義』,『북계진씨자의北溪陳氏字義』, 간칭簡稱『북계자의北溪字義』및『자의字義』라 하기도 한다. 여러 판본에 다소 자수字數의 차이가 없지 않지만, 내용이 전혀 다른 이본異本은 아니다. 어떠한 판본이든 그 내용은 모두 송대 성리학자들이 항상 흔히 사용해 온 중요한 술어로서 정주程朱 등이 존숭해 온 사서四書 중에서 선별하여 성리학의 입문서이자, 사서의 지침서로 대두되어 왔다.

　　이 때문에 많은 사람들이 탐독함으로써 우리나라 또한 일찍이 전래되어 초사본抄寫本을 일본에 전해 주기도 하였는데, 그 초사본은 일본의 현존『성리자의』가운데 최초본으로 전해지고 있다. 그러나 우리나라에서 어떤

---

* 이는『四庫全書』集部 4,『北溪大全集 提要』(1168책 501쪽)와 佐藤仁의『北溪先生字義詳講解題』(中文出版社出版本), 그리고 侯外廬 등 編의『宋明理學史』上(人民出版社本)에서 別章으로 마련한 陳淳의 性理學을 참고로 하여 정리한 것임을 밝혀둔다.

판본을 전해 주었는지는 알 수 없으며, 고대 도서관 소장 초록본『성리자의
』를 살펴보면, 동명東溟 김세렴金世濂은 「후기後記」에서, 택당澤堂 이식李植
은 「발문跋文」에서 모두가 도리어 일본에서 전사轉寫해 온 것임을 밝혀주
고 있다.

　김세렴의 「후기」에 의하면 "내, 왕명으로 일본에 사신으로 갔다가 오사
카(大坂)에서 이 책을 발견하고 베껴 온 것이다. 우리나라에 많은 책이 전해
왔었는데, 이 책이 전래되지 못한 것은 무엇 때문일까?"라고 의아해 하였는
데, 이식은 한 걸음 더 나아가 「발문」에서 "『성리자의』가 우리나라에 전해
오지 않았는데, 김세렴이 일본에 사신으로 갔다가 돌아오는 길에 처음
구입해 온 것이다. 그것은 아마 중국에서 곧바로 바다 건너 그 나라[日本]로
전입된 것이 아닌가 한다"라는 추단推斷을 내리기에 서슴지 않았다. 그러
나 일찍이 조선으로부터 전래해 왔다는 일본인 좌등인佐藤仁의 해제에 근
거하여, 그들의 말을 살펴보면,『성리자의』는 일찍이 주자학과 함께 우리
나라에 전래되었다가 15~16세기경 일본에 전해진 뒤, 언제부터인지 우리
나라에서 그 자취를 감춰버린 사실을 까마득히 모르고서 이처럼 말한 것
이라는 점을 쉽게 미루어 알 수 있다. 물론 현존하는 고대 소장의 초록본이
일본에 전해진 원본을 그대로 전사轉寫해 온 것인지 아닌지도 확인할 수
없지만, 일본 내에 남아 있는 조선본 초록본과 그 체제를 함께 하고 있다는
사실은 퍽이나 흥미롭다 하겠다.

　일본인 산기암재山崎闇齋(1618~1682)의『문회필록文會筆錄』에 의하면, "일
본 내에『북계자의北溪字義』는 양본兩本이 있는데, 하나는 장주본漳州本이
며, 또 다른 하나는 조선본朝鮮本이다. 장주본은『자의상강字義詳講』으로『
송사宋史』의 「진전陳傳」에 나타난 명제와 동일하며, 조선본은『성리자의性
理字義』로서 제유諸儒의 인용서명引用書名과 부합되고 있다. 장주본에는 일
관一貫 의리義利 불노佛老 등 몇 조條와 권말의『엄릉강의嚴陵講義』4편이

있는 데 반해서, 조선본에는 이 부분이 없으며, 양본兩本의 글자 또한 같지
않다"고 한다. 이는 고대 소장 초록본과 일본의 현존 조선본 체제가 같음
을 말해주는 것이다. 그러나 또 다른 하나의 문제는 고대 소장 초록본에는
조목마다 부제副題가 달려 있는데, 일본의 조선본 또한 부제가 붙어 있는지
없는지는 고증할 길이 없으며, 아울러 『자의상강』에는 전혀 부제가 없는
것이 초록본과 서로 다른 특색으로 지적된다.

아무튼 일본에서는 일찍부터 이 책을 중시해 온 것으로 보인다. 강호江湖
초기의 학자 임라산林羅山(1583~1657)이 일본 주자학의 기초를 마련하면서
이 책을 중시한 이후, 그가 죽은 지 2년 뒤인 만치萬治 2년(1659)에 일본어로
번역되어 『성리자의언해性理字義諺解』 8권이 간행되기에 이르렀는데 비해
서, 우리나라에선 그 자취조차 감춰버리는 극명한 대조를 이루고 있는
것은 퍽이나 안타까운 일이라 하겠다.

본서의 내용을 살펴보면, 『사서성리자의四書性理字義』라 하는 것이 비교
적 확실하고 보편적이라 할 수 있다. '사서'란 본서의 범주를 뜻하고, '성리'
란 그 성질을 나타내고, '자의'란 그 체례體例를 가리키고 있기 때문이다.

본 국역서의 대본은 『자의상강』(中文出版社本)에 『성리자의性理字義』(초록
본)를 대조하여 『상강』에 없는 부분은 『자의』의 내용을 보완하였고, 아울
러 『자의』의 부제를 조목마다 붙여주고 있다.

하지만, 본 국역서를 『자의상강』이라 하지 않고 『성리자의』로 명명한
것은, 조선조 초록본의 옛 이름을 따랐을 뿐 아니라, 성리학의 기조는 사서
의 집주集註에 의해 정립, 구현되었기에 굳이 사서의 이름을 밝히지 않아도
이를 알 수 있으며, 태극太極과 황극皇極 그리고 불노佛老 등은 사서의 범주
로 단정하기에는 애매한 점이 없지 않은 것으로 보아, 도리어 『성리자의』
라는 명제가 원만하지 않을까 하여, 이로 명명하게 된 것이며, 아울러 『자
의상강』에 수록되어 있지 않은 「이변二辨」을 함께 수록하여, 「엄릉강의嚴

陵講義」의 이해에 보완을 기해 주었다.

『성리자의』는 사서 가운데 성性, 명命, 도道, 이理, 심心, 정情, 의意, 지志, 성誠, 경敬, 중용中庸 등 26개 범주를 선별하여, 216개 조목으로 소석疏釋 논술한 책으로 사전詞典과 같은 성질을 가지고 있으며, 주희의 『사서집주四書集註』를 이해하는 데 매우 중요한 참고서이기도 하다.

전서全書는 상하 2권으로 구성되어 있는데, 상권에는 명命, 성性, 심心, 정情, 재才, 지志, 의意, 인의예지신仁義禮智信, 충신忠信, 충서忠恕, 일관一貫, 성誠, 경敬, 공경恭敬을, 하권에는 도道, 이理, 덕德, 태극太極, 황극皇極, 중화中和, 중용中庸, 예악禮樂, 경권經權, 의리義利, 귀신鬼神, 불노佛老를 포괄하고 있다. 그러나 상권의 '충서忠恕' 아래 '일관一貫'조는 초간본에 없었던 것을, 청淸 강희년간康熙年間에 대가희戴嘉禧가 4간四刊을 하면서 청淸 장가장본漳家藏本을 따라 증입增入한 것이다. 26개 범주 가운데 태극은 『주역』에, 황극皇極은 『서경』에, 불노는 이학가理學家들이 즐겨 말하면서도 또 한편으로는 배척한 것이며, 기타 23개 범주는 모두 사서에 나타나 있는 내용들이다. 그리고 초간본에 없었던 '일관一貫'이란 『논어』의 '일이관지一以貫之'에 근원하고 있지만 본디 한 문구로 연용連用된 것은 아니며, 송유宋儒가 처음으로 연결지어 하나의 범주로 쓰게 된 것이다.

그러나 어떤 기준에 의해서 이처럼 분권分卷하였는지에 대해서는 진순陳淳, 또는 왕준王雋도 설명하지 않고 있다. 다만 26개 범주의 내용에 따라서 살펴보면, 상권에서는 중점적으로 사람을 논하여 성性 심心 정情 의意 등등을, 하권에서는 이理를 논하여 이理 태극太極 경권經權 등등을 서술하고 있다. 하지만 상권에서도 명命과 성性을 논하여 이理에 관한 논술이 많고, 하권 또한 중화中和 따위를 논술하여 성정性情에 관한 부분이 많다. 이로 보면 상권과 하권의 내용이 서로 뒤섞여 있음이 분명하다. 뿐만 아니라, 『자의』 권수의 해설에 의하면, "성명性命 이하 등등은 본자에 따라서 각

조목별로 보는 것이 친절하지만, 또한 하나로 종합하여 보면서 투철하게 분석하여 서로 혼란이 없어야만이 바야흐로 명백히 볼 수 있다"고 하였다. 앞서 "본자本字에 따라서 조목별로 보고," 또다시 "이를 종합해 보아야 한다"는 것은, 이와 같이 나누어 보는 가운데 종합성이 있어야 한다는 사실을 말해주는 것이므로, 이를 뚜렷이 둘로 나누어 보아서는 안 될 것이다.

『성리자의』는 사서의 중요한 철학 범주를 찾아 그 함축된 내용을 철저히 해석하고, 주희『사서집주』의 이학사상을 밝혀 우익羽翼이 되는 책이라는 점은 앞서 언급한 바 있다. 이에 전체의 내용을 모두 수술할 수는 없고, 다만 몇 가지의 문제를 열거하되『사서집주』의 이론적 연원의 개요에 관한, 우주론宇宙論 인성론人性論 인식론認識論 세 문제로 규정지어, 진순의 이학사상을 이해하는 데 지침이 되고자 한다.

먼저 우주론의 개요에 대해 살펴보면 다음과 같다. 진순은 우주의 최고 주재자를 이理라고 인식하였다. 이理란 대화大化 유행流行의 추뉴樞紐가 곧 생생불식生生不息의 주재로서, 이는 만물을 분부하는 명령, 곧 천명으로 기화氣化의 유행이며, 만물의 생성은 기화 유행의 결과이다. 그러나 천도 유행의 실체는 진실무망眞實無妄이다. 변함없이 순환하여 만물을 생성하면서 일식一息의 정체가 없는 그것이 하나의 진실무망의 도리이므로, 이를 일컬어 성誠이라 해도 좋고, 진실무망의 도리라 해도 좋다고 한다. 이를 종합해 보면, 결국 이理란 천지의 대운행을 주재하는 상제上帝의 대명사인 셈이다. 기화의 유행으로 만물이 생성되는 자연계가 그러하듯, 인류 사회의 귀천貴賤 현우賢愚 또한 이와 같이 천명에 의하여 결정되는 것으로, 이 모두가 천명에로의 귀결이다. 이와 같이 이理를 주재로 한 천명은 객관의 원칙이 아닌, 절대정신을 가리키는 것이기도 하다. 그러나 이에는 우연성이 개재

되어 있다는 점 또한 간과해서는 안 된다. 그는 우연성 또한 천명으로서 자연의 이리理라고 간주하여, 인간의 수요壽夭 부귀빈천 등을 모두 우연성에 의한 천명으로 결론지어 보았다.

그리고 진순은 도기道器의 관계, 즉 형이상의 진공眞空과 형이하의 현상現象에 대해서 논급하였고, 귀신에 대해서도 말하고 있다. 귀신이란 '기氣' 즉 음양의 운동으로서, 천지의 사이에는 음양을 갖추지 않은 물건이 없으며, 따라서 음양이 있지 않은 곳이 없기에, 귀신 또한 있지 않은 곳이 없다는 것은 더 말할 나위가 없다. 귀신의 정의는 신神이란 신장伸張의 의미를, 귀鬼란 귀장歸藏의 의미로, 우주 만유의 모든 운동법칙을 이에 귀결지었다. 그러나 이는 독창적인 학설이라기보다 정주학程朱學을 연역演繹, 천명한 것임을 알아야 할 것이다.

그 다음으론 인성론에 대해서 정리해 보고자 한다. 진순은 또한 주자학을 천명하여, 성性을 이리理로 보았으며, 기품설氣品說의 유래에 대해서도 자세히 논술하고 있다. 그는 『논어』의 '상지하우불이上智下愚不移'설과 『중용』의 '삼지三知 삼행三行'은 기질성氣質性을 말한 것이지만, 이를 분명히 언급하지는 않았으며, 이정二程과 장횡거張橫渠에 의해서 천지성天地性과 기질성의 명제가 정립되었다는 유래를 상세히 말해 주고 있다. 그러나 사상체계의 구성에 의하면 인성론은 간혹 우주론에 관련되거나 때로는 유사한 점을 가지고 있기에, 인성론과 우주론을 분리시켜 보아서는 안 될 것이다.

뿐만 아니라, 진순은 인성론에 있어서 불씨佛氏의 작용시성설作用是性說을 배척한 점을 가벼이 지나쳐서는 안 될 것이다. 그는 이를 빌어 그 당시의 "일종의 두찬등인杜撰等人"을 비평하였는데, 이는 은연중 심학心學을 제창한 금계金谿 육구연陸九淵을 가리킨 것이다. 진순은 불교의 작용시성설作用是性說이란 인심人心을 말한 것으로, 도심道心이 아니라 하여, 「이변二辨」의

하나인 「사도지변似道之辨」에서 인심과 도심의 한계를 극명히 밝혀주고
있다. 그러나 이의 목적은 불교설의 비평에 있지 않고, "금세今世의 두찬인
杜撰人" 육구연을 배척하는 데 있다. 육은 부도浮屠의 작용시성作用是性을
인용하였는데, 이는 실로 고자告子의 생지위성설生之謂性說과 다를 바 없다
고 혹심한 질타를 가하였다. 그의 이와 같은 논변은, 주육朱陸의 아호회강鵝
湖會講 이후 반목이 심화되어 유석儒釋의 논변으로 격렬한 논쟁이 있었던
까닭에 그를 불교설로 배척하고, 주자학을 고수함에 있어 한 치의 양보도
허용하지 않은 데에서 기인한 것이다.

　제3은 인식론이다. 진순의 인식론에서는 특별히 정주이학程朱理學의 주
경공부主敬工夫를 강조하였다. 이는 주희의 학설을 계승, 발전시킨 것으로,
성리학의 전통적 관념을 재천명한 것이다. 진순의 인식론은 주희의 학설에
근거하여, 사람의 마음엔 고유한 이理가 있는데, 이理는 객관세계에 의하지
않고 독립적으로 존재하기에 사회실천을 통하지 않고서도 선험적으로 존
재한다는 것이다. 그리고 진순은 심리작용에 대해서 비교적 자세히 논술하
고 있는데, 이는 당시의 심리분석의 수준을 가늠케 해주는 것으로 상당한
평가를 받아오고 있다.
　『성리자의』의 기타 조목으로서, 인의예지신, 예악, 중화, 중용, 황극, 의
리 등, 또한 모두 도덕윤리의 함축된 의의를 천명, 서술한 것으로, 그 귀결
점은 결국 동중서董仲舒의 "의리를 바르게 할 뿐 그 이익을 도모하지 않으
며, 도를 밝힐 뿐 그 공로를 꾀하지 않는다[正其誼 不謀其利 明其道 不計其功]"는
의리관義理觀으로 집약된다 하겠다.

　끝으로 「엄릉강의嚴陵講義」와 「이변二辨」에 대해서는 저술 배경과 목적
의식을 이해하는 데 국한지어 서술하고자 한다. 이를 인식하면 그 나머지

문제는 쉽게 이해될 수 있기 때문이다. 이 두 편은 진순이 엄릉嚴陵에서 강학하면서 동시에 지은 글로서, 이 또한 주자학을 옹호하고 육학陸學을 배척하는 데 그 목적이 있다.

진순의 말을 빌어 당시의 정황을 살펴보면, "근래에 들어 '도성都城에는' 상산학象山學이 매우 성행하여, 육문陸門의 고제高弟 양자호楊慈湖 그리고 원제주袁祭酒가 육학을 고무함으로써 사대부들은 모두 그들의 학풍에 휩쓸리게 되었고,"[1] 엄주嚴州의 정황 또한 "강서선학江西禪學의 일파묘맥一派苗脈이 장왕張旺하여, 그들은 인심을 도심이라 하여, 사람으로 하여금 종일토록 말없이 앉아서 형기形氣의 허령지각虛靈知覺을 상상하는 것을 대본大本으로 생각하는 것이라 하여, 다시는 도문학道問學의 공부를 통하여 의리의 실상을 추구하려 들지 않았다."[2] 이 때문에 어느 한 사람도 주희의 『집주』를 읽지 않았고, 주희의 『대학해大學解』 한 권마저 변변히 가지고 있지 못한 실정에 있었다. 이에 진순은 「엄릉강의嚴陵講義」 4편에서 주자학의 '굉강대지宏綱大旨'를 열거하여, 후학의 기준을 마련하고, 이로써 사설邪說과 파행跛行을 잠식시키고자 하는 그의 의도를 뚜렷이 보여 주었다. 이러한 목적에서 그는 자연히 이학理學과 심학心學의 논쟁 과정에서 주학을 옹호하고 육학을 배척하는 데 여력을 아끼지 않은 것이다. 이처럼 진순이 육학을 배척하는 데 남달리 첨예하였던 것은, 유심주의唯心主義 내부의 이학과 심학의 격렬한 논쟁을 반영해 주는 것이기도 하다.

위의 배경과 목적을 종합하여 볼 때, 진순의 객관 유심주의의 이학사상은 직접적으로 주희를 계승하여 주문朱門을 옹호 고수함으로써, 주희의 문도 가운데 그의 학술적 지위는 비교적 주요한 위치를 점유하여 황간黃幹과 병칭幷稱하게 된 데에는 그만한 이유가 없지 않다고 할 것이다.

---

1) 『北溪全集』 제4문 권 11, 「與李公晦 一」.
2) 상동, 권 12, 「答趙司直季仁 一」.

　이로 보면, 『성리자의』와 「엄릉강의」 및 「이변」은 주자학을 이해하는
데 첩경일 뿐 아니라, 필독서이므로 단순한 초학자의 사전적 이해를 위하
여 기술된 책이 아님을 다시 한번 느껴볼 수 있다.

2005년 4월 1일
천잠산天蠶山 아래에서 朴浣植 쓰다.

북계 선생 『성리자의性理字義』 서*

심오한 도덕道德과 성명性命, 그리고 비밀스러운 음양陰陽이니 귀신鬼神이니 하는 이치는 처음 배우는 자로서는 쉽게 이해할 수 없는 부분들이다. 만일 그 명의를 분석하고 그 뜻을 밝혀 지향해야 할 바를 찾지 못한다면, 설령 진종일 문자에 골몰하여 백발이 되도록 학문을 닦는다 할지라도 그 근원을 알지 못할 것이다.

여러 선생들은 배우는 자들이 낮은 경지에 있으면서 분에 넘치게 높은 곳을 엿보지 않을까 하는 점을 염려해 왔다. 그러나 예로부터 선현들은 그 본원을 궁구하고 심오한 바를 파헤쳐, 이를 들어 가르쳐주는 일을 기피한다거나 감추는 일은 일찍이 없었지만, 그들은 모두 물음에 따라서 대답하였기에 단지 묻는 것만을 얻었을 뿐, 전체를 이해하기에는 어려움이 있었던 까닭에 이를 배우는 자들의 병폐로 생각해 오다가 임장 북계 진순臨漳 北溪 陳淳이 주자朱子(朱熹)에게 20여 년간 친히 수업한 뒤, 물러나와 이를 더욱 깊이 연구하여 주렴계周濂溪(周敦頤), 이정二程(程顥, 程頤), 장횡거張橫渠(張載), 주자의 논을 종합하여 이 책을 마련하니, 모두 25문門[1]이다.

---

* 이는 고려대학교 도서관 소장(白樂濬 藏本 影印) "정초본 『性理字義』(2권 1책)"에 수록된 서문을 전재, 국역한 것임을 밝혀둔다. 그리고 이하에서는 이를 抄錄本이라 약칭하기로 한다.

1) 抄錄本에서는 "淸漳家 所藏本"에 의해 增入된 '一貫'條가 수록되어 있지 않아 25門에

이 책은 그 의의를 단정짓는 바와 자료의 선택이 명확하고 일관되어, 빠뜨림이 있는 부분을 거의 찾아볼 수 없다. 이로써 처음 공부하는 자들이 이 책을 깊이 음미하여 읽는다면, 높은 경지에 이를 수 있는 바, 또한 이를 통해서 더욱 한 걸음 더 나아갈 수 있으리라고 본다. '그러나 이 책이 널리 간행되지 못하여' 배우는 사람 가운데 간혹 이 책을 보지 못한 자들이 있었는데, 온릉溫陵 제갈각諸葛珏이 이 책을 보자마자 너무 늦게 본 것을 후회하여 집으로 돌아간 뒤 곧바로 이를 인쇄하여 동지들과 이를 함께 보고자 보전莆田 진밀陳密에게 이 서문을 쓰게 한 것이다.

北溪先生性理字義序

道德性命之蘊·陰陽鬼神之秘, 固非初學所當驟窺. 苟不先析其名義·發其旨趣, 使之有所鄉望, 則有終日汩沒於文字, 白首不知其原者矣. 諸老先生雖應學者居下而窮高, 然其所以極本窮源, 發揮蘊奧, 以示人者, 亦未嘗有隱也. 然皆隨叩而應, 或得其一二而無以會其大全, 學者病焉. 臨漳北溪陳君淳, 從文公先生二十餘年, 得於親炙, 退加硏泳, 合周程張朱之論而爲此書, 凡二十有五門. 決擇精確, 貫串浹洽, 吾黨下學工夫, 已到得此書而玩味焉, 則上達由斯而進矣. 學者往往未見, 溫陵諸葛珏來甫一目是書, 恨見之晩, 歸謀鋟板以惠同志, 俾莆田陳密爲之序云.

그치게 된 것이다.

중간 북계 선생 『자의상강字義詳講』 서

내 일찍이 이 세상에 존재하는 수많은 물건 가운데, 문자를 가장 훌륭한 보배로 여겨 왔었다. 창힐倉頡이 새의 발자국을 보고서 처음 문자를 만든 이후, 글자가 있으면 반드시 그에 따른 의의가 있었다. 이 때문에 옛 성현이 글을 쓰고 논지를 세워 문자로 구사할 때에는 반드시 그에 따른 의의가 그 속에 담겨 있었다. 따라서 글자를 쓰면서도 그 글자의 본의를 알지 못한다면, 어떻게 후세에 가르침을 전할 수 있겠는가.

『자의상강字義詳講』은 북계北溪 진 선생陳先生이 저술한 책이다. 선생의 이름은 순淳이며, 자字는 안경安卿이며, 복장주 용계福漳州 龍溪 사람이다. 어린 시절 과거공부를 했는데, 임종신林宗臣이 그를 보고서 비범한 인물로 여겨, "과거의 공부란 성현의 일이 아니다"라고 훈계해 주고, 이어 『근사록近思錄』 한 권을 건네 주었다. 이에 물러나와 『근사록』을 읽고서 마침내 과거공부를 버리기에 이르렀는데, 때마침 회암晦庵 주문공朱文公(朱熹)이 그 고을에 부임하자, 선생이 주자에게 가르침을 청하니, 이에 주자는 "의리義理를 알고자 한다면 반드시 먼저 그 근원을 궁구하여야 한다"라고 일러 주었다. 선생은 그의 말을 들은 뒤로 학문에 더욱 정진하여 날로 새로운 견지를 얻게 되었으며, 이에 성현의 많은 서적 가운데에서 가장 긴요한 글자를 뽑아서 그 뜻을 훈고訓詁하고 주석註釋하였다.

문자는 조백糟粕과 같고 의리는 정순精醇한 것이다. 그러므로 문자만을 이해하고 의리를 버리는 것은 마치 조백을 탐하고 정순한 것을 버리는 격이다. 예컨대 『중용』에서 말한 '명命' 자에 대하여, 주자는 단지 "명은 명령과 같다[命, 猶令也]"라는 주석을 부친 데 그쳤을 뿐이다. 그러나 선생은 이에 대해 "존명尊命, 또는 대명台命의 유와 같다", "명이라는 한 글자에는 두 가지의 뜻이 있으니, 이치로 말하기도 하고 기운[氣數]으로 말하기도 한다. 그러나 실제로 이치는 기운을 떠날 수 없다"라고 연역演繹하여, 반복 논변하면서 긴 문장을 구사하고 있다. 그러나 이는 모두 명백한 근거를 제시하여 옛 현인이 밝히지 못한 부분을 밝혀준 부분들이다. 이로써 배우는 자들의 총명을 열어주는데 그치지 않고, 새로운 식견을 가지게 해 주었다. '명' 자 이하 성性, 심心, 정情 자 등에 대해서도 대체로 이와 같이 논급하였으므로, 이러한 예를 하나하나 모두 다 열거할 수 없다. 또한 의리義理, 귀신鬼神, 불노佛老 등에 관한 논변은 시시비비를 흑백처럼 명쾌하게 단정지어 사람들의 마음을 활짝 트이게 해 주었고, 어떻게 지향해 나아가야 하는가 하는 문제를 분명하게 제시해 주었다. 이른바 빛나는 황금과 아름다운 옥이란 어느 곳에 사용하여도 모두 잘 어울리는 것과 같다.

아! 선생은 "의리를 보려거든 반드시 먼저 그 근원을 탐구해야 한다"는 주자의 가르침을 참으로 훌륭히 잘 따른 자라 하겠다. 청원淸源 왕준王雋은 선생의 문인으로서 이를 기록하고 완성하여 상하 2권, 총목 28(26)[1]이며, 그 끝에 부록으로 『엄릉강의嚴陵講義』 4편[2]을 붙이고, 이를 간행하여 선생의 가르침을 전하니, 선생의 뜻이 단청丹靑처럼 빛나게 되었다. 이 책은 후학들에게 도움이 되는 바 크므로 참으로 보배 중의 보배라 할 수 있다.

나는 춘사春祀 때문에 재궁齋宮[3]에서 유숙하면서 이를 깊이 살펴보고

---

1) 總目 28(26) : 본서의 목록을 살펴보면, 1命으로부터 26佛老까지 총 26항목인 것으로 보아, 이의 "二十有八"이라는 '八' 자는 '六' 자의 誤字로 생각된다.
2) 『嚴陵講義』 4편 : 아래의 「道學體統」, 「師友淵源」, 「用工節目」, 「讀書次第」를 말함.

읽다가 홀로 도움이 되는 바 적지 않음을 느낀 나머지, 이 책이 전해지지
못하여 혹시 학자들이 이를 보지 못할까를 두려워한 나머지, 이에 중간본
의 인쇄를 명하여 한 책에다가 모두 이를 모아 열람하는 데 편의를 제공하
였다. 이로써 사방의 학자들과 기꺼이 함께 보아 주기를 바라는 바이다.
학자들이 선생의 『자의』를 가지고서 정밀하게 생각하고 익히 음미하여,
이를 일관성 있게, 그리고 투철하게 살펴보아야 하는 것이지, 행여라도
빈 껍질만을 보아서는 안 된다. 그리고 이어서 선생의 「도학체통道學體統」,
「사우연원師友淵源」, 「용공절목用功節目」, 「위학차제爲學次第」를 밝혀, 이에
마음을 잠그고, 이로써 도를 추구한다면, 여기에 바른 도로 나아가는 길이
담겨 있으므로 성현의 경지에 이르지 못함을 걱정할 게 없으리라고 본다.
이에 서문을 쓰는 바이다.

정덕正德 3년 무진(1508) 2월
중화절中和節 아침에 수번서당壽藩書堂에서 삼가 서문을 쓰다.

---

3) 齋宮 : 재계하는 곳.

서

군상郡庠에서 『서산독서기西山讀書記』를 간행하였을 때, 학자들은 앞을 다투어 이를 애독하였다. 그러나 섭박사攝博士 섭신후葉信厚는 『서산독서기』의 조목이 너무나 호번浩繁하여, 후학들이 갈피를 잡지 못할까를 두려워한 나머지, "만일 서산 선생西山先生[陳德秀]이 돌아가시지 않았더라면 사마온공司馬溫公(司馬光)이 『거요擧要』를 지어 『통감通鑑』의 요강要綱을 명확히 제시했던 것처럼 그도 그런 유의 책을 만들지 않았을까"라고 아쉬워하였다. 이에 그에게 북계 선생의 『자의』를 보여주자, 섭씨는 매우 기뻐한 나머지 조금도 지체하지 않고서 이를 간행하여 동지들과 함께하였다.

처음 선생[北溪]이 우리 집의 가숙家塾에서 강론할 때 명의名義[字義]의 변석辨析을 급선무로 삼았으며, 그 같은 명의를 정밀하게 체득한 뒤에 대소의 차서에 따라서 자연스럽게 그 의의를 다하도록 하였다. 이로 본다면 이 책은 선생의 심법心法이 담긴 책이라 할 수 있겠다. 이에 족부族父 왕준王儁이 이를 기록하여 완성하였고, 그 후 10년 만에 소사공蘇思恭이 처음 이 책을 복재復齋 진밀陳密에게 내보이며 서문을 청하기에 이르렀다. 때마침 『서산독서기』가 널리 유행하여, 마치 한 사람의 손에 의해서 나온 것처럼 쌍벽을 이루었다.

배우는 자들이 이를 도를 구하는 요지로 삼아, 나의 마음속에 가늠[衡尺]을 어지럽게 하지 않은 뒤에 '하나의 근본[一本]'으로서 '수없이 많은 다른

것[萬殊]'들을 귀결짓고, 자상히 말하면서도 요약된 곳으로 귀결지어 나아
간다면, 『서산독서기』 1편과 일관성이 있어서 그 나머지는 빠뜨림이 없이
모두 간파할 수 있을 것이다. 이는 두 선생의 훌륭한 마음이요, 또한 이를
간행하여 가르침에 도움을 주려는 섭씨의 갸륵한 뜻이기도 하다. 이는
마치 하도팔괘河圖八卦와 낙서구장洛書九章이 서로 표리表裏와 경위經緯를 이
루고 있는 것처럼 자연스러운 이치로서, 억지로 그처럼 하려고 꾀하지
않아도 저절로 부합된 것이며, 아득한 대지에 수레바퀴와 말발굽 자국을
따라오다가 그 흔적을 찾아볼 수 없는, 황량한 나루터에 이르렀을 때와
같은, 아득한 절망의 늪 속에서 헤쳐 나올 수 있는 지침서로 부각되어지는
책이기에, 우리는 이 책을 힘 입지 않을 수 없다. 따라서 이 책을 읽는
사람들은 이 점을 깊이 음미해 보면서 읽어야 할 것이다.

순우淳祐(宋 理宗) 정미丁未 하짓날
문인 청원淸源 왕가王稼는 삼가 서문을 쓰다.

차례

성리자의 性理字義

性理字義

문인 청원淸源 왕준王寯 초록 편집編抄

후학 구화九華 섭신후葉信厚 교정 간행校刊

1. 명命

(1) 명이란 명령이라는 말과 같다[論命猶令]

명이란 명령이라는 말과 같으니, 존명尊命이니 대명台命이니 하는 유와 같다. 하지만 하늘이란 말이 없는데, 어떻게 명할 수 있을까? 이는 태화大化 [大氣]가 유행하다가 그 기운이 이 물건에 이르면 곧 이 물건이 발생하고, 저 물건에 이르면 곧 저 물건이 발생하여, 마치 분부하고 명령하는 것처럼 보이기 때문이다.

命, 猶令也, 如尊命台命之類. 天無言, 做如何命? 只是大化流行, 氣到這物, 便生這物; 氣到那物, 又生那物, 便是分付命令他一般.

(2) 명에는 이치와 기수氣數가 있다[論命有理有氣]

명이라는 하나의 글자에는 두 가지 뜻이 담겨 있다. 이렇듯 이치 또는 기운으로 말하지만, 실제로 이치란 기운에서 벗어나지 않는다. 이는 이기二氣의 유행으로 만고에 생생生生의 작용이 그치지 않으나, 기운 하나만으로 이처럼 된 것은 아니다. 여기에는 반드시 그것을 주재하는 그 어떤 것이 있다. 이치[理]가 바로 그것이다. 이치란 기운의 추뉴樞紐[中樞]이기 때문에 태화大化의 유행으로 생생의 작용이 그치지 않는다. 이치는 기운을 떠나 홀로 존재하지 않으며, 다만 기운 속에 있으면서도 기운과 뒤섞이지 않는 그것을 말한다. 예를 들면, "하늘이 명한 것을 성性이라 한다", "50세에 천명을 안다", "이치를 궁구하고 본성을 다하여 명命에 이른다"에서의 명命 자는 모두 이치만을 가리킨 것이며, 천명이란 천도天道가 유행하면서 만물에 부여하는 것이다. 원元 형亨 리利 정貞의 이치로 말하면 '천도'라 하고, 도가 유행하여 만물에 부여하는 것으로 말하면 '천명'이라 한다.

기氣에도 또한 두 가지가 있다. 하나는 일반적인 빈부貧富, 귀천貴賤, 수요壽夭, 화복禍福 따위로서, 이른바 "죽고 사는 것은 명에 있다", "명命 아닌 것이 없다"에서 쓰인 명命 자와 같은 뜻이다. 이는 기운을 받음에 있어 장단長短과 후박厚薄의 제각기 다른 점으로 말한 것이다. 이는 명분命分이라는 '명命' 자의 뜻이다. 또 하나는 『맹자』의 "인仁이란 부자에게 있어서, 의義란 군신에게 있어서 명命이다"라는 명 자와 같은 예로서, 하늘로부터 받아온 기품의 청탁[稟氣淸濁]으로 말한다. 이는 곧 사람의 지혜로움[智]과 어리석음[愚], 그리고 어진이[賢]와 어질지 못한 자[不肖]로서 말한 것이다.

命一字, 有二義. 有以理言者, 有以氣言者. 其實理, 不外乎氣. 盖二氣流行, 萬古生生不息; 不成只是空簡氣, 必有主宰之者, 曰理, 是也. 理在其中, 爲之樞紐. 故大化流行, 生生未嘗止息. 所謂以理言者, 非有離乎氣, 只是就氣上, 指出簡理, 不雜乎氣而爲言耳. 如天命之謂性·五十知天命·窮理盡性至於命, 此等命字, 皆是專指理而言. 天命, 即天道之流行而賦予於物者, 就元亨利貞之理而言, 則謂之天道; 即此道之流行, 賦予於物者而言, 則謂之天命. 如就氣說, 却亦有兩般. 一般, 說貧富貴賤夭壽禍福, 如所謂 "死生有命" 與 "莫非命也" 之命, 是乃就受氣之短長厚薄不齊上論, 是命分之命. 又一般, 如孟子所謂 "仁之於父子義之於君臣命也" 之命, 是又就稟賦之淸濁不齊上論, 是說人之智愚賢否.

(3) 사람과 만물은 모두 한 기운에 근본하고 있다[論人物皆本乎一氣]

인간과 만물의 발생은 음양과 오행의 기운에서 벗어나지 않는다. 본디 하나의 기운[一氣]이 나뉘어 음양이 되고, 음양은 또다시 오행으로 나뉘어진 것이다. 음양과 오행이 끊임없이 운행하면서 분산되고 융합되는 과정에서 갖가지로 다르게 되고, 청탁과 후박이 생기게 된다. 또한 사람과 만물을 합하여 말하면 모두가 한 기운이지만, 사람은 바른 기운[氣之正]을, 만물은 편벽된 기운[氣之偏]을, 사람은 통한 기운[氣之通]을, 만물은 막힌 기운[氣之塞]을 얻었다.

또한 사람의 형체는 천지와 상응하고 있다. 원형의 머리는 위에 있어서 하늘을, 방형方形의 발은 아래에 있어서 땅을 상징한다. 북극北極은 하늘 중앙의 북쪽에 있으므로 사람의 백회혈百會穴은 정수리 뒤편에 있고, 일월의 왕래는 하늘의 남쪽에 있으므로 사람의 두 눈은 모두 앞에 있으며, 바닷물은 맛이 짜고 모든 강물이 흘러 들어가는 곳으로 남쪽 아래에 위치해 있기에 사람의 성기 또한 앞쪽의 아래편에 있는데, 이는 바른 기운을 얻었기 때문이다.

만물 가운데 짐승의 머리는 옆으로 비껴 있고, 식물은 아래로 머리를 향하고 가지와 잎은 위에 있다. 이는 동물과 식물 모두가 편벽된 기운을 받았기 때문이다.

사람의 기운은 통명하나 만물의 기운은 폐쇄되어 있으며, 사람은 오행의 빼어난 기운을 얻었기에 만물 가운데 신령스러운 데 반하여, 만물의 기운은 통하지 못하고 막혀 있어, 마치 연기가 가득 차 있는 것처럼 폐쇄되어 있기에 이치와 의리를 통할 수 없다.

人物之生, 不出乎陰陽之氣, 本只是一氣, 分來有陰陽; 陰陽, 又分來爲五行. 二與五, 只管分合運行, 便有參差不齊, 有淸有濁有厚有薄. 且以人物合論, 同是一

氣. 但人得氣之正, 物得氣之偏; 人得氣之通, 物得氣之塞. 且如人形骸, 却與天地
相應, 頭圓居上象天, 足方居下象地. 北極爲天中央, 却在北, 故人百會穴在頂心却
向後; 日月來往, 只在天之南, 故人之兩眼, 皆在前. 海, 鹹水所歸, 在南之下, 故人
之小便, 亦在前下, 此所以爲得氣之正. 如物則禽獸頭橫, 植物頭向下, 枝葉却在
上, 此皆得氣之偏處. 人氣通明, 物氣壅塞, 人得五行之秀, 故爲萬物之靈. 物氣塞
而不通, 如火烟鬱在裏許, 所以義理皆不通.

(4) 사람이 받은 기품에는 청탁이 있다[論人稟氣淸濁]

인품의 유를 논한다면 하늘이 사람에게 부여해 줄 때는 모두 한가지이
지만, 사람이 그것을 받은 데 따라서 또한 각기 다른 청탁 후박의 차가
생기게 된다. 성인은 지극히 청명한 기운을 얻어 본디 태어나면서부터
아는 것[生知]이며, 부여받은 기질이 지극히 순수하므로 본디 편안히 행할
[安行] 수 있다. 예를 들면, 요순은 지극히 청명한 기운[氣]과 지극히 순수한
바탕[質]을 얻어 총명하고 신성하며, 또한 청명 고결한 기운을 후히 받았으
므로 천자의 귀, 천하의 부, 그리고 국가를 향유함 또한 백여 년에 이르렀
다. 이 또한 장구한 기운을 얻었기 때문이다. 공자 역시 지극히 청명한
기운과 지극히 순수한 바탕을 얻은, '태어나면서부터 알고 자연스럽게 행
하는[生知安行]' 성인이었으나 천지의 기운은 전국시대에 이르러 쇠퇴되고
미약해졌기 때문에 고결하거나, 후하지 못한 천지의 기운을 받게 되어
공자는 방황하는 한 나그네에 불과했으며, 하늘에서 얻은 그 기운 또한
장구하지 못하여, 겨우 중수인 70여 세밖에 누리지 못함으로써, 요순처럼
고고하지 못하였다고 말할 수 있다. 성인 이하의 사람들은 각기 다른 그
나름대로의 유가 있다. 안자顔子(顔回)는 청명하고 순수하여 성인에 버금가

는 자이지만, 장구한 기운을 얻지 못한 까닭에 일찍이 요절하였다.

요컨대 맑은 기운을 얻은 자는 의리에 막힘이 없기에 곧 바깥으로 나타나게 된다. 이는 마치 은술잔에 맑은 물을 가득 담으면, 술잔 밑바닥의 꽃무늬가 너무나 선명하여 물이 없는 것처럼 보이는 것과 같다. 현인은 맑은 기운이 보다 많아서 혼탁한 기운이 적기에 맑은 가운데 조금은 찌꺼기가 없지 않으나 그 맑음을 가릴 수는 없다. 그러므로 보다 쉽게 총명함을 개발할 수 있으며, 큰 현인[大賢] 이하의 인물은 청탁이 서로 반반이거나, 아니면 맑음이 적고 혼탁함이 많아서 혼매하기에 맑음을 가린 바 크다. 이는 마치 술잔 밑의 꽃무늬를 찾아볼 수 없는 것과 같으므로, 저변의 무늬를 보려고 한다면 반드시 물을 맑게 하는 공부를 한층 더 해야 할 것이다. 이는 학문 또는 기질 변화로써 혼매함을 밝음으로 전환시켜야 한다.

어떤 사람은 타고난 기품이 청명하여 의리를 잘 알면서도, 행하는 바 독실하지 못하여, 도리를 따라 행하지 못하고 많은 속임수로 뒤섞여 있는 것은, 부여받은 바탕이 순수하지 못한 까닭이다. 이는 마치 우물물이 너무나 맑아서 은 술잔에 물을 부으면 밑바닥까지 훤히 비치지만, 물줄기가 진흙과 나무뿌리를 통과함에 따라 물맛이 순수하지 못하여 흰 쌀로 밥을 지으면 붉게 물든 밥이 되거나 또는 맑은 물을 끓여도 붉은 색으로 변하거나, 아니면 차를 끓이면 쓰고 떫은 맛이 생겨 좋지 못한 음식 맛과 뒤섞여 버리는 것과 같다.

간혹 어떤 사람은 태어나면서부터 세상일에 담박하여 행하는 바 순수하고 올바르지만 도리를 말하는 데에는 제대로 표현조차 하지 못한다. 이 또한 부여받은 바탕이 순수하나 기품이 맑지 못하기 때문이다. 이는 맑은 우물의 물줄기에다가 또한 물 맛이 순수하고 좋지만 진흙으로 흐려져 불결하게 된 것과 같다. 예를 들면 사마온공은 공손, 검박하고 힘써 실행하고 믿음이 두터우며 옛 도를 좋아하니, 그는 공명정대한 자품과 기질을 지녔다고 할 것이다. 그러나 청명한 기운이 적은 까닭에 식견이 고매하지 못하였다. 때문에 이정二程은 사마온공에게 여러 차례 의리를 깨우쳐 주었지만, 그는 한결같은 고집불통이어서 이정조차도 결국 그를 깨우쳐 주지 못하게 되었고, 그로 인해서 이정은 그에 대해 큰 불만을 갖기에 이르렀다.

또한 어떤 사람은 도리대로 행하기를 좋아하면서도 스스로의 의견만을 고집하기도 한다. 이는 타고난 기질이 청명한 가운데 또 다른 하나의 거친 기운이 충동질하기 때문이다. 이를테면 샘물이 처음 솟아나올 때에는 몹시 맑으나 또 다른 한 줄기의 혼탁한 물이 맑은 물을 흐려 버리거나, 또는 바위에 부딪쳐서 도리어 험악스런 물줄기가 되어 버린 것과 같다. 이로 본다면 사람의 기품에는 여러 가지의 형태가 있어 서로의 차이가 곱절 또는 다섯 곱, 열 곱, 백 곱, 천만 곱까지 거리가 있어 똑같지만은 않다. 그러므로 결국 청명하고 순수한 좋은 기품을 얻기란 지극히 어렵다. 이 때문에 성현은 적고, 어리석고 어질지 못한 자가 많은 것이다.

若就人品類論, 則上天所賦, 皆一般; 而人隨其所値, 又各有淸濁厚薄之不齊. 如聖人得氣至淸, 所以合下, 便能生知; 賦質至粹, 所以合下, 便能安行. 如堯舜旣得其至淸至粹爲聰明神聖, 又得氣之淸高而豐厚, 所以貴爲天子·富有四海, 至於享國, 皆百餘歲, 是又得氣之最長者. 如夫子亦得至淸至粹, 合下便生知安行. 然天地大氣, 到那時已衰微了, 所以夫子稟得不高不厚, 止栖栖爲一旅人, 而所得之氣, 又不甚長, 止僅得中壽七十三歲, 不如堯舜之高厚. 自聖人而下, 各有分數. 顔子亦淸明純粹, 亞於聖人, 只緣得氣不長, 所以夭死. 大抵得氣之淸者, 不隔蔽那理義, 便呈露昭著. 如銀盞中滿貯淸水, 自透見盞底銀花子甚分明, 若未嘗有水. 然賢人得淸氣多而濁氣少, 淸中微有些渣滓在, 未便能昏蔽得他所以聰明也, 易開發. 自大賢而下, 或淸濁相半, 或淸底少濁底多, 昏蔽得厚了, 如盞底銀花子看不見, 欲見得, 須十分加澄治之功. 若能力學, 也解變化氣質, 轉昏爲明, 有一般人, 稟氣淸明,於義理上, 儘看得出; 而行爲不篤, 不能承載得道理, 多雜詭譎去. 是又賦質不粹, 此如井泉甚淸, 貯在銀盞裏面, 亦透底淸徹. 但泉脉從淤土惡木根中穿過來, 味不純甘, 以之煮白米則成赤飯, 煎白水則成赤湯, 烹茶則酸澁, 是有惡味夾雜了. 又有一般人生下來, 於世味一切簡淡, 所爲甚純正. 但與說到道理處, 全發不來. 是又賦質純粹而稟氣不淸, 此如井泉脉味純甘絶佳, 而有泥土渾濁了, 終不透瑩. 如溫公恭儉力行, 篤信好古, 是甚次第正大資質? 只緣少那至淸之氣, 識見不高明. 二程屢將理義, 發他一向偏執固滯, 更發不上, 甚爲二程所不滿. 又有一般人, 甚好說道理, 只是執拗, 自立一家意見, 是稟氣淸中, 被一條戾氣衝拗了. 如泉脉出來甚淸, 却被一條別水橫衝破了, 及或遭嶬岩石頭, 橫截衝激, 不帖順去, 反成險惡之流. 看來人生氣稟, 是有多少般樣, 或相倍徙, 或相什百, 或相千萬, 不可以一律齊. 畢竟淸明純粹恰好底, 極爲難得. 所以聖賢少而愚不肖者多.

(5) 천명이란 원형리정일 뿐이다[論天命只是元亨利貞]

천지의 조화로 말하면 천명天命의 큰 조목으로는 원형리정 네 가지가 있을 뿐이다. 이는 기운으로 말할 수도 있고, 또한 이치로 말할 수도 있다. 기운으로 말하면, 만물이 처음 태어난 것은 원元이니 계절로는 봄, 만물이 장성하는 것은 형亨이니 계절로는 여름, 만물이 성숙한 것은 이利이니 계절로는 가을, 만물이 수렴 저장된 것은 정貞이니 계절로는 겨울이다. 정貞이란 올바르고 견고함이니, 생기生氣(生意)가 이미 확정된 것으로 말하면 올바름[正]이요, 수렴과 저장으로 말하면 견고함[固]이다.

이치로 말한다면, 원元이란 생리生理의 시초, 형亨이란 생리의 통달, 이利란 생리의 성숙, 정貞이란 생리의 견고함이다.

若就造化上論, 則天命之大目, 只是元亨利貞. 此四者, 就氣上論也得, 就理上論也得. 就氣上論, 則物之初生處爲元, 於時爲春. 物之發達處爲亨, 於時爲夏. 物之成遂處爲利, 於時爲秋. 物之斂藏處爲貞, 於時爲冬. 貞者, 正而固也. 自其生意之已定者而言, 則謂之正; 自其斂藏者而言, 故謂之固. 就理上論, 則元者生理之始, 亨者生理之通, 利者生理之遂, 貞者生理之固.

(6) 하늘이 명하여 분부한 곳에 대하여[論天之所命分付處]

하늘이 명한 바란 천지조화의 유행에 의해서 만물에게 부여한 것으로 말한다. 이는 마치 명령하고 분부하는 것과 같다. 그러나 인사의 측면에서 이를 논한다면 하늘이 어떻게 사람에게 부여하여 명령하고 분부할 수 있을까? 그리고 하늘이 어떻게 자세히 일러주고 명할 수 있을까? 그 이치가 이와 같을 뿐이다. 『맹자』에서는 "하늘이 어진 사람에게 전해 주거나 그의 아들에게 전해 주는 것에 대하여 하늘은 말이 없으며, 그가 행하는 것과 그의 일에 따라 하늘의 뜻을 보여줄 뿐이다. 때문에 그에게 제사를 주관토록 하였는데, 많은 신들이 그의 제사를 흠향하였고, 그에게 일을 주관토록 하였는데, 일이 잘 다스려져 백성은 그에 의해서 편안함을 얻게 되었다. 이것이 바로 하늘이 그에게 부여한 뜻이며, 백성들이 그에게 준 것이다."(『맹자』) 또한 "그 같은 일을 범하지 않았는데도 그처럼 되는 것은 하늘이며, 그러한 일을 불러들이지 않았는데도 스스로 이르러 오는 것은 명命이다." 맹자의 의지 표명은 너무나 명백한 것이다. 또 다른 예를 들면, 주 무왕周武王이 주紂를 정벌하기 전에 제후들과 맹진孟津의 위에서 모이기를 기약하지 않았지만, 이에 스스로 모여든 나라가 8백여 국가였던 것 또한 자연스럽게 그처럼 모인 것이지, 사람의 힘에 의해서 그처럼 된 것은 아니다. 이것이 바로 지극한 '천명'이다. 무왕은 다만 하늘의 뜻을 따르고 사람의 마음에 응했을 뿐이다. 그러나 이 또한 성인이 권도權道를 행한 일이기에 오직 성인과 대현大賢 이상의 지위에 있는 자만이 이를 명백히 간파할 수 있는 것이지, 보통 사람으로서는 미칠 바 아니다. 당唐 육선공陸宣公(陸贄 字 敬輿, 嘉興人『翰苑集』)의 말에 의하면, "인사人事의 극진한 곳이 곧 천리天理이다" 라고 한다. 그것은 사람의 일이 이미 지극한 곳은 또한 한 점의 작위도 용납함이 없으니, 이것이 자연自然(天)이다. 그의 말은 참으로 지극히 정미精 微하다 할 수 있다. 육선공의 학문 경지 또한 이를 간파한 것이다. 예컨대 질곡에 의해 죽임을 당하거나 바위와 담장에 깔려 죽는 것은 정명正命이 아니며, 스스로가 그와 같은 죽음을 불러들인 것이다. 다시 말하면 이는 그 스스로가 불러들인 것이지, 하늘[天](正命)이라 말할 수 없다. 그러나 해야 할 도리를 다하였는데도 도리어 목숨을 잃은 것은 정명正命이라 한다. 이는 사람으로서의 일을 다했음에도 겪게 되는 길흉화복을 말한다. 이를 종합하 여 말하면 이를 불러들이지 않았는데도 이른 까닭에 천명이라 말하여, 인력으로 취한 바 아님을 밝히고 있다.

問天之所命, 固是大化流行, 賦予於物, 如分付他一般. 若就人事上論, 則如何 是賦予分付處? 曰天豈諄諄然命之乎? 亦只是其理如此而已. 孟子說 "天與賢與子 處", 謂 "天不言, 以行與事示之而已. 使之主祭而百神享之, 使之主事而事治, 百 姓安之, 是天與之, 人與之." 又曰 "莫之爲而爲者, 天也. 莫之致而至者, 命也." 其意發得, 亦已明白矣. 如 "孟津之上, 不期而會者, 八百國", 亦其出於自然, 而然 非人力所容, 便是天命之至, 武王但順乎天而應乎人爾. 然此等事, 又是聖人行權 底事. 惟聖人及大賢以上地位, 然後見得明, 非常情所及. 唐陸宣公謂 "人事盡處, 是謂天理. 蓋到人事已盡地頭, 赤見骨不容一點人力, 便是天之所爲." 此意旨極精 微. 陸宣公之學, 亦識到此. 如桎梏死‧巖墻死者, 非正命, 是有致而然, 乃人所自取 而非天. 若盡其道而死者, 爲正命. 蓋到此時所値之吉凶禍福, 皆莫之致而至. 故可 以天命言, 而非人力之所取矣.

(7) 천과 명의 차이점[論天與命之分]

"그와 같은 일을 범하지 않았는데도 그처럼 되는 것은 하늘[天]이요, 스스로 불러들이지 않았는데도 스스로 이르러 오는 것은 명命이라 한다." 이에 대한 주자의 주에서는 "이치로 말하면 이를 하늘이라 하고, 사람으로 말하면 이를 명이라 말하는데, 그 실상은 하나이다"라고 하였다. 여기에서 어떻게 이 두 가지를 나누어 볼 수 있겠는가.

　천天과 명命이란 다만 한 이치이다. 그러나 그 사이에 조그마한 차이가 없지 않다. 한다[爲]는 것은 그런 일을 하는 것으로 말한다. 그런 일을 한다는 것은 바로 사람이 그런 일을 그처럼 했는데도 이에 반대되는 결과가 나온 것으로서, 인간의 작위에 의해서 불러들인 것이 아닌, 그것이 곧 명이다. 길흉화복을 예로 들면 그럴 만한 원인이 있어 그와 같은 일을 불러들인 것은 인력에 의한 것이지만, 이에 반대되는 결과를 불러들인 것은 인력에 의한 바 아니기에 이를 명이라 한다. 천天이란 전체로 말하고, 명이란 그 사이의 묘용妙用으로 말한다. 주자의 주에 "이치로 말하면 천天이라 한다"라는 것은 오로지 전체 하늘의 뜻으로 말한 것이기에, 명이 그 가운데 포괄되어 있으며, 또 "사람으로 말한다면 명이라고 한다"라는 명은 곧 천명을 말한다. 이는 사람에게 그 같은 일이 나타난 이후에 찾아볼 수 있다. 때문에 길흉화복이 하늘에서 인간에게 다다른 뒤에 명이라 한다. 이는 곧 천리天理의 가운데에서 명을 적출하여 일부분을 말한 것이므로, 그 귀추는 하나일 뿐이다. 만일 하늘의 일부분만을 말한다면 길흉화복이 사람에게 이르지 않았을 때에는 어떻게 명을 찾아볼 수 있겠는가.

　問 "莫之爲而爲者, 天也; 莫之致而至者, 命也." 朱子註曰 "以理言之謂之天, 自人言之謂之命, 其實一而已." 此處, 何以見二者之辨? 曰天與命, 只一理. 就其中, 却微有分別. 爲, 以做事言; 做事, 是人. 對此而反之, 非人所爲, 便是天. 至以

吉凶禍福地頭言, 有因而致, 是人力. 對此而反之, 非力所致, 便是命. 天以全體言,
命以其中妙用言. 其曰以理言之謂之天, 是專就天之正面訓義言, 却包命在其中.
其曰自人言之謂之命, 命是天命, 因人形之而後見. 故吉凶禍福, 自天來到於人, 然
後爲命. 乃是於天理中, 截斷命爲一邊而言其指歸爾. 若只就天一邊說, 吉凶禍福
未有人受來, 如何見得是命?

(8) 하늘이란 이치일 뿐이다[論天者理而已矣]

하늘이 명한 바란, 과연 어떠한 것이 위에서 안배하고 분부하는 것일까?
하늘이란 이치일 뿐이다. 옛 사람들은 하늘을 모두 이치로 말하였다.
그래서 정자程子는 "하늘이란 전체적인 면으로 말하면 도라 한다. 이는
'하늘 또한 이에 위배되지 않는다[天且不違]'는 것이 바로 이것이다." "하늘
이란 도이다"라고 하며, 『논어』의 "획죄어천獲罪於天" 구절에 대한 주자
주석에서는 "하늘은 곧 이치"라 하며, 『주역』본의本義에서는 "하늘에 앞서
하여도 하늘에 어긋나지 않는다[先天不違]는 것은 마음의 생각하는 바 말없
이 도道와 계합契合된 것이며, 하늘의 뒤에 하여도 하늘을 받든다[後天奉天]
는 것은 이치가 이와 같으므로 이를 받들어 행한다"라고 하였다. 나 또한
일찍이 주문공朱文公(朱熹)에게 친히 수업하면서 들으니, "상제의 진노震怒
또한 다만 그 이치가 이와 같을 뿐이다. 천하에는 이치보다 더 높은 것[至尊]
은 없다. 때문에 제帝라는 이름을 붙이게 된 것이다"라고 한다. 이 말을
살펴보면 또한 그러한 점을 발견할 수 있다. 그러므로 '위에 푸르고 푸른'
것은 하늘의 형체이며, '상천上天의 체體'란 기氣로 말한 것이요, '상천의
일[載]'이란 이치로 말한 것이다.

問天之所命, 果有物在上面, 安排分付之否? 曰天者, 理而已矣. 古人凡言天處,

大概皆是, 以理言之. 程子曰 "夫天, 專言之則道也; 天且弗違, 是也." 又曰 "天也者, 道也." 論語集註獲罪於天曰 "天即理也." 易本義 "先天弗違, 謂意之所爲, 默與道契. 後天奉天, 謂知理如是, 奉而行之." 又嘗親炙文公, 說上帝震怒, 也只是其理如此. 天下莫尊於理, 故以帝名之. 觀此, 亦可見矣. 故上而蒼蒼者, 天之體也. 上天之體, 以氣言. 上天之載, 以理言.

(9) 사람마다 받은 바의 차이점[論人所受之異]

하늘이 명한 바는 하나이지만 사람이 이를 받아온 데에는 어떻게 해서 저처럼 똑같지 않은 것일까?

이를 비유하면 하늘에 뭉게구름이 피어올라 세찬 소나기가 쏟아질 때 빗줄기는 한 가지이지만, 큰 강물에 내리면 도도히 흐르는 물결이 더하지도 줄어들지도 않은 채 아랑곳하지 않고, 작은 시내에 내리면 큰 물결이 갑자기 불어나게 되고, 들녘의 좁은 개울에 내리면 아침에 가득 찼다가도 저녁이면 언제 그랬냐는 듯이 메마르게 되며, 연못, 웅덩이, 동이, 옹기, 술잔, 조개껍질 따위에 들어가면 혹 한 섬, 한 말의 물이 저장되기도 하고, 혹 한 방울의 물이 저장되기도 하며, 어떤 것은 맑으면서 물 맛이 달기도 하고, 어떤 것은 더럽고 혼탁하기도 하며 혹 악취가 나기도 한다. 이와 같이 받은 곳에 따라서 많고 적은 수량이 달라지는 것이지, 어떻게 내리는 빗줄기가 그처럼 구별지을 수 있겠는가.

또 한 예를 들어보자. 하나의 자그마한 땅을 일구어 채소 씨앗을 뿌렸을 때, 씨앗을 뿌린 것은 매한가지이지만, 가득히 줄지어 새싹이 돋아나는 채소도 있고, 길가에 씨앗이 떨어져 사람의 발길에 짓밟혀 싹조차 돋아나지 못하는 경우도 있고, 싹이 나오기도 전에 새들이 쪼아먹는 경우도 있고 새싹이 나왔을 때 '닭과 오리가 뜯어먹는 경우도 있고, 조금 컸을 때 싹둑 베어 가는 경우도 있고, 꽃이 피었을 때 뿌리째 뽑아가는 경우도 있고, 오랫동안 채소밭에 세워놓고 줄곧 잎만을 채취하는 경우도 있고, 날마다 여느 사람의 국거리로 제공되는 경우도 있고, 제사상의 제수로 올려져 신에게 바쳐지는 경우도 있고, 황금 쟁반에 김치를 담아 큰 손님을 대접하는 경우도 있고, 걸인의 옹기그릇에 넣어 국을 끓여 먹는 경우도 있고, 부드러운 잎을 따먹는 경우도 있고, 무성하게 자랐을 때 베어 가는 경우도 있고, 열매가 맺어 씨앗이 익으면 이를 즙내어 기름으로 사용하는 경우도 있고, 또한 종자로 갈무리해 두었다가 그 이듬해 다시 씨앗으로 뿌려지는 경우도 있다. 이와 같이 갖가지로 다르게 나타나지만 어찌 파종한 자의 마음에 그 같은 차별을 두었기 때문이라고 말할 수 있겠는가. 이로써 하늘이 명한 것은 하나이지만, 사람이 이를 받아가는 데는 똑같을 수 없다. 이 또한 자연의 이치인데 무엇을 의심하겠는가.

問天之所命則一, 而人受去, 何故如彼之不齊? 曰譬之天油然作雲, 沛然下雨. 其雨則一, 而江河受去, 其流滔滔, 不增不減; 溪澗受去, 則洪瀾暴漲; 溝澮受去, 則朝盈暮涸. 至於沼沚坎窞盆甕罌缶螺杯蜆殼之屬受去, 或有斗斛之水, 或只涓滴之水, 或淸甘, 或汚濁, 或臭穢, 隨他所受, 多少般樣不齊, 豈行雨者, 固爲是區別哉? 又譬之治一片地而播之菜子, 其爲播種, 一也, 而有滿園中森森成行伍出者, 有擲之蹊旁而踐踏不出者, 有未出爲鳥雀啄者, 有方芽爲鷄鶩嚙者, 有稍長而芟去者, 有旣秀而連根拔者, 有長留在園而旋取葉者, 有日供常人而羹食者, 有爲菹於禮豆而薦神明者, 有爲韲於金盤而獻上賓者, 有丐子烹諸瓦盆食者, 有脆嫩而摘者, 有壯茂而割者, 有結食成子而研爲韲汁用者, 有藏爲種子, 到明年復生生不窮者, 其參差如彼之不齊, 豈播種者所能容心哉? 故天之所命則一, 而人受去, 自是不齊, 亦自然之理, 何疑焉?

2. 성性

(1) 본성은 곧 이치이다[論性即理]

본성[性]이란 곧 이치이다. 그러나 왜 이치라 말하지 않고 성性이라 말했을까? 이치란 범칭汎稱으로서, 천지 사이에 존재하는 인간과 만물의 공공적共公的인 것을 말하지만, 본성이란 나에게만 있는 이치이니, 이 이치는 하늘에서 받은 것으로 나의 소유이기 때문이다. 그러므로 이를 본성이라 한다. '성性' 자를 '생生' 자변에다가 '심心' 자를 덧붙여 쓴 것은, 사람이 태어나면서부터 이 이치를 마음에 갖추고 있기에 이를 성性이라 이름하는 것이다. 본성의 큰 조목으로는 인의예지仁義禮智 네 가지가 있을 뿐이다. 천명의 원元을 얻어 나의 인仁이 되고, 천명의 형亨을 얻어 나의 예禮가 되고, 천명의 이利를 얻어 나의 의義가 되고, 천명의 정貞을 얻어 나의 지智가 된다. 성性과 명命이란 본디 두 가지가 아니다. 하늘에 있는 것으로 말하면 이를 명이라 하고, 사람에 있어서는 이를 성性이라 한다. 그러므로 정자는 "하늘이 부여한 바를 명이라 하고, 사람이 이를 받은 바를 성性이라 한다"라고 하였으며, 주자는 "원형리정은 천도天道의 떳떳함이며, 인의예지는 인성人性의 벼리이다"(『小學』「題辭」)라고 하였다.

性, 即理也. 何以不謂之理而謂之性? 蓋理, 是泛言, 天地間人物公共之理. 性, 是在我之理, 只這道理受於天而爲我所有, 故謂之性. 性字, 從生從心, 是人生來具是理於心, 方名之曰性. 其大目, 只是仁義禮智四者而已. 得天命之元, 在我謂之仁. 得天命之亨, 在我謂之禮. 得天命之利, 在我謂之義. 得天命之貞, 在我謂之智. 性與命, 本非二物. 在天謂之命, 在人謂之性. 故程子曰 "天所付爲命, 人所受爲性." 文公曰 "元亨利貞, 天道之常; 仁義禮智, 人性之綱."

(2) 본성과 천명이란 완전히 나눠 볼 수 없다[論性命不可全分]

본성과 천명이란 단 하나의 도리이지만, 나눠서 보지 않으면 분명히 알 수 없다. 그러나 분리시키면 서로의 관계가 없으므로, 혼연渾然한 하나의 이치 가운데 한계의 구분을 두어 서로의 혼란이 없도록 보아야 한다. 왜 이를 천명이라 하기도 하고, 본성이라고도 말하는 걸까? 본성이란 이치이다. 그러나 사람이 태어날 때 한낱 이치만을 얻은 것은 아니다. 반드시 형체가 있어야만 이치를 탑재할 수 있고, 또 실제로 이치란 기운을 벗어날 수 없다. 천지의 기운을 얻어 형체를 이루고 천지의 이치를 얻어 본성을 이뤘으므로, 장횡거張橫渠는 "천지에 충만한 기운[塞]은 나의 몸이 되고, 천지를 주재하는 이치[帥]는 나의 본성이 된다"(「西銘」)라고 하니, '충만하다'라는 뜻으로 쓰인 '색塞'이란 『맹자』에서 말한 호연지기浩然之氣가 "천지에 충만하다[塞于天地之間]"(「公孫丑 上」)라는 구절의 '색塞' 자를 취하여 기氣를 말한 것이며, 수帥란 『맹자』의 "의지意志란 기운의 장수[志, 氣之'帥']"라는 구절의 '수帥' 자를 취하여 이치를 말한 것이다. 사람과 만물, 이 모두가 천지의 기운을 얻어 태어나니, 천지의 기운은 한가지이지만 사람과 만물이 받은 바는 각기 다르다. 사람은 빼어나고 올바른 오행의 기운을 얻어 막힘없이 통하므로, 순수한 인의예지를 갖추어 만물과 다르며, 만물이란 편벽된 기운을 얻고 형체에 구애받은 까닭에 그 이치가 폐색閉塞되어 통하지 않은 것이다. 때문에 사람과 만물이 부여받은 이치는 한가지이지만, 기운에 편벽됨과 온전함[偏正]이 있음으로써 이치에 통함과 막힘[通塞]이 있게 된 것이다.

性命, 只是一箇道理, 不分看則不分曉, 只管分看, 不合看又離了不相干涉. 須是就渾然一理中, 看得有界分不相亂. 所以謂之命謂之性者, 何故? 大抵性, 只是理. 然人之生, 不成只空得箇理, 須有箇形骸, 方載得此理, 其實理不外乎氣. 得天地之氣, 成這形; 得天地之理, 成這性. 所以橫渠曰 "天地之塞吾其體, 天地之帥吾其性." 塞字, 只是就孟子 "浩然之氣, 塞乎天地" 句掇一字來說氣帥字只是就孟子志氣之帥句掇一字來說. 理, 人與物, 同得天地之氣以生. 天地之氣, 只一般. 因人物受去, 各不同. 人得五行之秀, 正而通, 所以仁義禮智粹然, 獨與物異. 物得氣之偏, 爲形骸所拘, 所以其理閉塞而不通. 人物所以爲理只一般, 只是氣有偏正, 故理隨之而有通塞爾.

(3) 하늘이 명한 본성이란 본디 선하다[論天命之性本善]

하늘이 사람에게 명한 바는 곧 이치이다. 이는 본디 선하고 악이 없는 것이다. 그러므로 사람이 이를 부여받아 성性이 되는 바, 또한 본디 선할 뿐 악함이 없다. 맹자의 성선性善이란 오로지 대본大本으로 말하여 지극히 친절한 것이지만, 일찍이 기품에 대해 말하지 않은 까닭에 후세의 분분한 시비를 야기한 것이다. 이는 사람마다 똑같지 않은, 각기 달리 하고 있는 기품의 차이 때문이다.

기운[氣]이란 음양오행의 기운을 말한다. 양陽의 성질은 강하고, 음陰의 성질은 부드러우며, 불의 성질은 건조하고, 물의 성질은 윤택하며, 쇠의 성질은 차갑고, 나무의 성질은 따뜻하며, 흙의 성질은 무겁다. 이 일곱 가지의 기운이 뒤섞임에 있어 똑같지 않고 각기 다르기 때문에 사람은 그 만나는 바(부여받은 바)에 따라서 갖가지 다른 형태로 나타나게 된다. 그러나 기운이 운행하여 오고 감에 있어 그 나름대로 하나의 진원眞元의 회합처會合處가 있다. 이는 역법曆法을 계산하면, 모두 본수本數에 귀결되는 것과 같으며, 이른바 일월이 하나로 합하여지고, 오성五星이 일관되어 있는 것과 같다. 여느 사람도 간혹 성인과 같을 때가 있는 것은 이 진원眞元의 회합會合을 받았기 때문이다. 그러나 천지에는 똑같지 않는 때가 많고, 진원이 회합된 때는 적다. 1년 중에 너무나 춥거나 덥거나 음산하거나 어두운 계절이 많고, 춥지도 덥지도 않으며 훈훈한 바람이 불고 밝은 달이 뜨는, 좋은 계절은 매우 적다. 이는 좋은 시절을 얻기가 아주 어렵기 때문이다.

이와 같이 사람이 태어날 때 각기 다른 기운을 받음으로써 지나치게 강렬한 자는 양기陽氣를, 너무나 나약한 자는 음기陰氣를 많이 받았기 때문이며, 성질이 조급하고 사납고 거친 자 또한 악한 양기를 받았기 때문이다. 성질이 원만하여 단 한 번 만에 되돌릴 수 있는 사람이 있는가 하면, 지극히 어리석어서 아무리 좋은 말을 하여도 받아들이지 않아서 금수와 다를 바 없는 자도 있다. 이 모두가 기품이 그와 같기 때문이다. 양기에도 선과 악이 있고, 음기 또한 선과 악이 있다. 예를 들면 『통서』의 "강선剛善 강악剛惡, 유선柔善 유악柔惡"의 유이다. 그러나 음양의 기운이 본디 악하다는 것은 아니다. 단지 나뉘고 합하고 운전하고 옮겨가면서, 같고 같지 않은[齊不齊] 가운데 자연히 순수와 혼잡[粹駁], 선과 악이 형성되기 때문이다.

기운에는 순수함[粹]과 혼잡됨[駁]이 있으므로, 어진 자[賢]와 불초한 자[不肖]의 차이가 있다. 기운은 모두 똑같지 않지만 큰 근본은 하나이므로, 지극히 어리석은 사람도 기질을 변화하여 선하게 할 수 있다. 그러나 그 공부는 매우 어렵다. 백 곱절의 공부를 하지 않고서는 능할 수 없는 것이기에, 자사子思는 『중용』에서 다음과 같이 말하였다. "저 사람이 단 한 번에 능하면 나는 백 번을 하고, 저 사람이 열 번 만에 능하면 나는 천 번을 해야 한다. 과연 이러한 방법을 능히 실행한다면, 어리석은 자도 반드시 밝아지고 나약한 자도 반드시 강하게 된다."

맹자가 기품에 대해서 말하지 않은 까닭에, 순자荀子(荀卿)는 "성품은 악하다"고 하였고, 양자揚子(揚雄)는 "성품이란 선악이 뒤섞여 있다"고 하였으며, 한유韓愈 또한 "성품에는 삼품三品이 있다"고 하여 모두가 기품氣稟(氣)을 말하게 된 것이다. 근세에 소동파[蘇軾]도 "성품이란 선악이 없다"고 하고, 오봉호씨五峰胡氏(胡瑗)도 "성품에는 선악이 없다"고 하여, 모두가 애매모호하게 얼토당토않은 곳에서 생각하여, 본성이란 하늘이 낳아준 자연스런 부산물이라 말하였을 뿐, 결국 본성이 무엇인가를 단적으로 말하지 못하였었는데, 이정二程에 이르러 주렴계周濂溪(周敦頤)의 「태극도太極圖」에서 실마리를 얻어, 분명하고 지극하게 말함으로써 다시는 이설異說이 나올 수 없게 되었다. 그의 "본성이란 곧 이치[理]이다. 이는 요순으로부터 길 가는 사람에 이르기까지 모두가 똑같다"라는 말은, 가장 간절하고 분명한 것이다. 맹자의 성선性善도 이 이치를 말한 것이지만, 이 '이치[理]' 자를 들어서 확실하게 단정짓지 못하였다. 따라서 호씨胡氏는 이를 투철하게 보지 못하고서, "본성이 선하다"는 것은 인성에 대한 찬사라고 말하였는데, 이 또한 잘못된 말이다. 그의 말처럼 인성에 대한 찬사라면, 그것은 좋은 물건이 있었을 때, 그에 대한 찬사를 쓸 수 있을 것이다. 좋지 않은 물건에 대해서 어떻게 찬사를 보낼 수 있겠는가.

정자는 본성 외에 또한 기품이 있음을 발견하여 선악이 생겨나는 유래를 밝혀 주었다. 그의 말에 의하면 "본성을 논하면서 기운을 논하지 않으면 구비되지 못한 것이요, 기질을 논하면서 본성을 논하지 않으면 분명치 못하게 되는 법이다. 그리고 이를 두 가지로 여기는 것은 옳지 못하다"라고 하였다. 이는 대본大本(本性, 形而上)만을 논하고 기품氣稟(氣質, 形而下)을 논하지 않는다면 논하는 바가 부족하여 완벽하지 못하고, 기품만을 논하고 대본大本을 언급하지 않는다면 현상의 거친 부분[形而下]만을 논하여 진공眞空의 도리[形而上]를 밝힐 수 없다는 것이다. 천만 년 이후 학자들도 그의 말을 따를 뿐, 다시는 바꿀 수 없을 것이다.

天所命於人, 以是理本只善而無惡, 故人所受以爲性, 亦本善而無惡. 孟子道性善, 是專就大本上說來, 說得極親切. 只是不曾發出氣稟一段, 所以啓後世紛紛之論. 盖人之所以有萬殊不齊, 只緣氣稟不同. 這氣, 只是陰陽五行之氣, 如陽性剛·陰性柔·火性燥·水性潤·金性寒·木性溫·土性重厚七者夾雜, 便有參差不齊. 所以人隨所値, 便有許多般樣. 然這氣運來運去, 自有箇眞元之會. 如曆法算到本數湊合, 所謂日月如合璧, 五星如連珠. 時相似聖人, 便是稟得這眞元之會來. 然天地間, 參差不齊之時多, 眞元會合之時少. 如一歲間, 劇寒劇暑陰晦之時多, 不寒不暑光風霽月之時極少, 最難得恰好時節. 人生多値此不齊之氣, 如有一等人, 非常剛烈, 是値陽氣多. 有一等人極是軟弱, 是値陰氣多. 有人躁暴忿戾, 是又値陽氣之惡者. 有人狡譎姦險, 此又値陰氣之惡者. 有人性圓, 一撥便轉; 也有一等極愚拗, 雖一句善言, 亦說不入, 與禽獸無異, 都是氣稟如此. 陽氣中有善惡, 陰氣中亦有善惡. 如通書中所謂 "剛善剛惡·柔善柔惡" 之類, 不是陰陽氣本惡. 只是分合·轉移·齊不齊中, 便自然成粹駁善惡耳. 因氣有駁粹, 便有賢愚. 氣雖不齊, 而大本則一. 雖下愚, 亦可變而爲善. 然工夫最難, 非百倍其功者, 不能. 故子思曰 "人一能之, 已百之; 人十能之, 已千之. 果能此道, 雖愚必明, 雖柔必強." 正爲此耳. 孟子不說到氣稟, 所以荀子便以性爲惡, 楊子便以性爲善惡混, 韓文公又以爲性有三品, 都只是說得氣. 近世東坡蘇氏, 又以爲性未有善惡, 五峯胡氏又以爲性無善惡, 都只含糊. 就人與天相接處, 捉摸說箇性, 是天生自然底物, 竟不曾說得性端的指定是甚底物. 直至二程, 得濂溪先生太極圖發端, 方始說得分明極至, 更無去處. 其言曰 "性, 卽理也. 理則自堯舜, 至於塗人, 一也." 此語最是簡切端的, 如孟氏說性善,

亦只是理; 但不若指認理字下得較確定. 胡氏看不徹, 便謂善者, 只是贊歎之辭, 又
悞了; 旣是贊歎, 便是那箇是好物, 方贊歎, 豈有不好物而贊歎之耶? 程子於本性
之外, 又發出氣禀一段, 方見得善惡所由來. 故其言曰 "論性不論氣, 不備; 論氣不
論性, 不明. 二之則不是也." 蓋只論大本而不及氣禀, 則所論有欠闕未備. 若只論
氣禀而不及大本, 便只說得粗底, 而道理全然不明. 千萬世而下學者, 只得按他說,
更不可改易.

(4) 맹자는 본성이 선하다고 말하였다[論孟子道性善]

맹자가 말한 '성선性善'이란 어디에서 전래된 것일까? 공자의 『주역』
「계사」에 의하면 "일음일양一陰一陽이 될 수 있는 그것이 도이며, 이를 계
승한 것이 선이며, 이를 이룬 것이 성性이다[一陰一陽謂之道, 繼之者善, 成之者
性]"라고 한다. 일음일양의 이치가 되는 그것이 도이다. 이는 태극의 본체
에 대한 통설統說이며, '계지자선繼之者善'이란 그 가운데 조화造化 유행流行
생육生育 부여賦予 또한 따로 다른 물건이 없으며 선이라 말했을 뿐이다.
이는 태극이 동하여 양이 되는 때이니, 이른바 선이란 실리實理를 말한
것이며, 도가 유행하는 것이다. '성지자成之者性'이란 사람과 만물이 모두
선한 도리를 받아 각자의 성性을 이룬 것이니, 이는 태극이 고요하여 음으
로 되는 때이다. 여기에서의 성性 자는 선善 자와 대칭으로 쓰인 것이니,
이는 이른바 선으로서 이치가 이미 정해진 것이며, 계繼 자와 성成 자는
음양이라는 글자에 상응한 것으로 기운을 가리킨 것이며, 성선性善 자는
도道 자와 상응한 것으로 이치를 말한다. 여기에서 공자가 말한 선은 인간
과 만물이 태어나기 이전의 조화 원두처源頭處로 말한 선이기에, 여기에서
말한 선 자는 비중이 큰 글자이며 실물實物이다. 그러나 맹자의 성선은

'성지자성成之者性'을 말한 것으로 사람이 태어난 이후의 선이기에, 여기에서 말한 선 자는 비중이 작은 글자이며, 성性의 순수지선純粹至善을 말한다. 그러나 그 실리實理는 조화의 원두처에서 이어받아 온 선이다. 하지만 '성지자성成之者性'으로서 하나의 성性이 형성되지 않았을 때에도 그와 같은 선이 있었다. 때문에 맹자가 말하는 선이란 실로 공자가 말한 선에 연원하여 말한 것으로 두 개의 근본이 있는 것은 아니다. 『주역』「계사」의 3구절[一陰一陽…成之者性]과 주렴계의 『통서』와 정자의 말에 명백하게 갖춰져 있으며, 명도明道 또한 "맹자의 성선은 '계지자선繼之者善'으로 말한 것이다"라고 하였다. 이 또한『주역』의 구절을 빌어 인간의 성분性分으로 옮겨와 말한 것이다. 그러나 이는 사단四端이 나오는 본원으로 말한 것이지, 『주역』의 본지는 아니다.

孟子道性善, 從何而來? 夫子繫易曰一陰一陽之謂道. 繼之者善也, 成之者性也, 所以一陰一陽之理者, 爲道, 此是統說箇太極之本體. 繼此者爲善, 乃是就其間, 說造化流行生育賦予, 更無別物, 只是箇善而已. 此是太極之動而陽時. 所謂善者, 以實理言, 即道之方行者也. 道到成此者爲性, 是說人物受得此善底道理去, 各成箇性耳, 是太極之靜而陰時. 此性字, 與善字相對, 是即所謂善而理之已定者也. 繼成, 與陰陽字相應, 是指氣而言. 善性字, 與道字相應, 是指理而言, 此夫子所謂善, 是就人物未生之前·造化原頭處說. 善乃重字, 爲實物, 若孟子所謂性善, 則是就成之者性處說, 是人生以後事; 善乃輕字, 言此性之純粹至善耳. 其實, 由造化原頭處有是繼之者善, 然後成之者性時, 方能如是之善; 則孟子之所謂善, 實淵源於夫子所謂善者而來, 而非有二本也. 易三言·周子通書及程子說, 已明備矣. 至明道, 又謂孟子所謂性善者, 只是說繼之者善也, 此又是借易語, 就移人分上說, 是指四端之發處言之, 而非易之本旨也.

(5) 기품의 성[論氣稟之性]

기품설氣稟說은 어떻게 해서 나온 것일까? 공자의 "본성은 모든 사람이 근사하지만 습관이 모두 다르다. 상지上智와 하우下愚는 변하지 않는다"라는 말은 기질성氣質性을 말한다. 자사子思의 "3지 3행三知 三行"과 "어리석은 자일지라도 반드시 밝아지고, 나약한 자일지라도 반드시 강해진다"라는 것 또한 기질성으로 말한 것이다. 그러나 기질이라는 글자를 뚜렷이 말하지 않았었는데, 이정二程에 이르러서야 이를 분명히 언급하여 자세히 갖춰지게 되었으며, 장횡거張橫渠는 이를 뒤이어서 다시 정론을 세우게 되었다. "형체가 있은 뒤에 기질의 성품이 있다. 이를 잘 돌이키면 천지의 본성이 존재하게 된다. 그러므로 군자는 기질성을 성性으로 생각하지 않는다"라고 하였다. 기질성이란 기품氣稟을, 천지의 본성이란 대본大本을 말한다. 그러나 천지의 본성은 기질을 떠날 수 없으며, 기질성 가운데에서 천지의 본성을 구별하여 말한 것일 뿐이다. 이와 같은 의미를 학자 또한 알아야 할 것이다.

氣稟之說, 從何而起? 夫子曰 "性相近也, 習相遠也. 惟上智與下愚, 不移." 此正是說氣質之性, 子思子所謂三知三行, 及所謂 "雖愚必明, 雖柔必强." 亦是說氣質之性, 但未分明指出氣質字爲言耳. 到二程子, 始分明指認, 說出甚詳備. 橫渠因之, 又立爲定論, 曰 "形而後, 有氣質之性. 善反之, 則天地之性存焉. 故氣質之性, 君子有弗性者焉." 氣質之性, 是以氣稟言之; 天地之性, 是以大本言之. 其實天地之性, 亦不離氣質之中, 只是就那氣質中, 分別出天地之性, 不與相雜爲言耳. 此意, 學者又當知之.

(6) 한유의 성에 대한 오류[論韓愈言性之差]

한유韓愈의 "사람의 본성에는 다섯 가지가 있으니, 인의예지신仁義禮智信이다." 이는 성性 자를 분명히 간파한 것이다. 그러나 이를 삼품三品으로 구분한 것은 또한 잘못된 부분이다. 삼품설三品說은 기품을 말한다. 그러나 기품의 차이는 열 곱, 백 곱, 천만 곱이 되는데 어찌 삼품에만 그치겠는가. 그는 본디 순자荀子의 성악설과 양자揚子의 선악혼설善惡渾說을 이기려는 의도에서 이처럼 말했지만, 순자 양자와 별다른 차이가 없다.

韓文公謂 "人之所以爲性者, 五, 曰仁義禮智信." 此語是看得性字端的, 但分爲三品, 又差了. 三品之說, 只說得氣稟. 然氣稟之不齊, 蓋或相什百千萬, 豈但三品而已哉? 他本要求勝荀楊, 却又與荀楊無甚異.

(7) 불씨의 성에 대한 오류[論佛氏言性之差]

불씨는 "작용이 성품[作用是性]"이라 하여 준동蠢動하는 함령含靈들까지 모두 불성佛性이 있으며, "물을 긷고 땔나무를 마련하는 것 모두가 묘용妙用이다"라고 하니, 이는 기氣만을 인식하여 이理를 말하지 않은 데 불과하다. 달마는 국왕의 '작용作用'에 대한 물음에 대해 답할 때, "눈으로 보며, 귀로 들으며, 손으로 잡으며, 발로 달리며, 코로 냄새를 맡으며, 입으로 말하는 데 두루 나타나고 모든 곳에 갖춰져 있으나, 사계沙界를 거둬들이면 하나의 작은 티끌 속에 있다. 아는 자는 이를 도道와 성性이라 말하고, 모르는 자는 이를 정백精魄이라 한다"고 하였다. 그는 천지 세계가 모두 하나의 물사物事이니, 바로 나의 진체眞體라 하였고, 육신肉身을 가합假合과 환망幻妄이라 하였다. 이를 투철하게 깨치면 천지 만물을 모두 나의 법신法身이라 하여 곧 윤회를 초월했다고 생각했기 때문에, 선가禪家에서 고생을 달게 여기고 마음을 억누르면서 산림 속에 고고枯槁하게 앉아 천리와 인사를 모조리 말살하려는 것은, 그들이 인식한 신령하고 활기찬 불성을 파괴할까 두려워했기 때문이다. 만일 이를 군건히 지키면 그들은 도를 이뤘다 하여 마음대로 방벽放僻과 절도, 그리고 주막거리에서 돼지고기와 비둘기 고기를 먹으면서도 전혀 아랑곳하지 않는다. 이는 실로 억지[把持]이다. 이처럼 행하다가 노쇠한 나이에 이르러 자연히 모든 정욕이 사라지면 그때는 스스로 공부가 지극하다 하여, 이를 기특하다고 자랑하여 부처를 꾸짖고 조사를 욕하였다[呵佛罵祖].

佛氏把作用是性, 便喚蠢動含靈, 皆有佛性; 運水搬柴, 無非妙用. 不過又認得箇氣, 而不說著那理耳. 達麽答國王作用之說, 曰在目能視, 在耳能聞, 在手執捉, 在足運奔, 在鼻嗅嗅, 在口談論. 徧視俱該沙界; 收攝在一微塵. 識者, 知是道性; 不識, 喚作精魂. 他也合天地世界, 總是這箇物事, 乃吾之眞體; 指吾之肉身, 只是假合幻妄. 若能見得這箇透徹, 則合天地萬物, 皆是吾法身, 便超出輪迴. 故禪家所以甘心屈意, 枯槁山林之下, 絶滅天倫, 掃除人事者, 只是怕來侵壞著他這箇靈活底. 若能硬自把捉得定性, 便是道成了, 便一向縱橫放恣花街柳陌, 或喫猪頭鳩子, 都不妨. 其實, 多是把持, 到年暮氣衰時, 那一切情欲, 自然退減, 却自喚做工夫至到, 便矜耀以爲奇特, 一向呵佛罵祖去.

(8) 후세의 성에 대한 오류[論後世言性之差]

요즈음 일부 어리석은 사람들이 고상한 척 성명性命에 대해 이야기하기를 좋아하고 있다. 이는 불학의 '작용시성作用是性'의 뜻을 인용하여, 성인의 말로 꾸밈으로써 그들의 말은 모두 말답지 못하게 된 것이다. 이는 실로

고자告子의 '생지위성生之謂性'에 불과한 말들이다. 맹자가 그처럼 사악한
말들을 말끔히 쓸어버린 지 오래인데, 이제 또다시 고개를 들고 일어나
지극히 귀중하고 보배로운 말이 되기에 이르러, 사람이 먹고 마시고 말하
고 침묵하고 지각知覺 운동運動하는 것이 활기차고 신령한 성품이라 하니,
이 또한 통하지 않는 말임을 알지 못한 것이다.

또한 "운동이 본연의 법칙에 부합되는 것을 성품이다"라고 한다. 그렇다
면 도적이 도적질을 하는 것을 운동이 아니라고 말할 수 있을까? 이를
어떻게 성품이라 할 수 있겠는가. 귀로 소리를 듣고 눈으로 색을 보고자
하는 것은 신령하고 활기찬 것이다. 그러나 눈으로 좋지 못한 빛을 보고
귀로 좋지 못한 소리를 듣는다면, 어떻게 이를 본연성이라고 할 수 있을까?
이는 다만 정신혼백만을 인정하고 당연한 이치를 알지 못한 것이며, 아리
송한 그림자만을 보고서 실체를 뚜렷이 보지 못하기 때문이다. 이는 후생
을 그르치게 하고, 모두에게 천리와 인욕이 뒤섞인 곳을 따르도록 하는
일이니, 슬픈 일이라 하겠다.

今世有一種杜撰等人, 愛高談性命. 大抵全用浮屠作用是性之意, 而文以聖人
之言, 都不成模樣, 據此意其實, 不過只是告子生之謂性之說. 此等邪說, 向來已爲
孟子掃却; 今又再拈起來, 做至珍至寶說. 謂人之所以能飮能食能語能黙能知覺運
動, 一箇活底靈底, 便是性, 更不商量道理, 有不可通. 且如運動合本然之則, 固是
性, 如盜賊作竊, 豈不運動? 如何得是性? 耳之欲聲·目之欲色, 固是靈活底. 然目
視惡色·耳聽惡聲, 如何得是本然之性? 只認得箇精神魂魄, 而不知有箇當然之理.
只看得箇糢糊影子, 而未嘗有的確定見, 枉誤了後生晚進, 使相從於天理人欲混雜
之區, 爲可痛.

3. 마음心

(1) 마음은 한 몸의 주재이다[論心爲一身主宰]

마음이란 한 몸의 주재이다. 사람의 신체 운동과 손으로 잡고 발로 밟으며, 굶주리면 음식을, 목마르면 물을, 여름엔 갈포를, 겨울엔 갖옷을 생각하는 것, 이 모두 다 마음이 주재하는 것이다. 오늘날 마음의 병이 있는 자는 마음에 사기邪氣의 침해를 입어서 이면에 주재가 없기 때문이다. 그러므로 일상생활의 음식과 동정에 떳떳한 법도를 잃어 여느 사람과 다르게 됨으로써 천리와 의리를 모두 잃게 된 것이다. 이는 하나의 기운이 혈맥과 호흡하는 사이를 오르내리면서 명줄이 끊이지 않았을 뿐, 인간의 본질을 상실한 것이다.

사람은 천지의 이치를 얻어 본성을 삼고, 천지의 기운을 얻어 몸을 형성케 된다. 이에 이치와 기운이 합하여 마음이 형성됨에 따라서 하나의 허령지각虛靈知覺을 소유함으로써 곧 몸을 주재하게 된다. 그러나 허령지각이란 이치를 따라서 나오기도 하고, 기운을 따라서 나오기도 하므로 또한 각각 다르게 된다.

心者, 一身之主宰也. 人之四肢運動, 手持足履, 與夫饑思食·渴思飲·夏思葛·冬思裘, 皆是此心爲之主宰. 如今心恙底人, 只是此心爲邪氣所乘, 內無主宰. 所以日用間飲食動作, 皆失其常度, 與平人異, 理義都喪了, 只空有箇氣, 僅往來於脉息之間未絕耳. 大抵人得天地之理爲性, 得天地之氣爲體; 理與氣合, 方成箇心, 有箇虛靈知覺, 便是身之所以爲主宰處. 然這虛靈知覺, 有從理而發者, 有從心而發者, 又各不同也.

(2) 마음이란 이치를 총괄한다[論心以統理]

마음은 그릇과 같고, 그 이면에 담겨진 물건이 곧 본성이다. 소강절邵康節(邵雍)은 "마음은 본성의 성곽[郭郭]"이라 하였다. 이를 정밀한 말이라 할 수는 없지만, 지극히 간절한 뜻을 지니고 있다. 성곽은 마음이며, 성곽의 가운데에 수많은 사람들이 살고 있는 것은 곧 마음속에 갖춰진 이치와 같다. 그 속에 갖춰진 이치가 곧 본성이요, 갖춰진 그것은 마음의 본체이다.

이치란 마음속에 갖춰져 있어, 많은 묘용妙用과 지각知覺이 이치로 말미암아 나오는 것이 인의예지의 마음이요, 곧 도심이며, 형기形氣에 따라 나오는 지각은 인심이니, 이는 이치에 위배되기 십상이다.

사람에게는 하나의 마음이 있을 뿐, 두 가지의 지각이 있는 것은 아니지만, 지각이 생겨나는 곳은 각기 다르다. 굶주렸을 때 음식을, 목이 마를 때 물을 생각하는 것은 인심이며, 마땅히 먹어야 할 것을 먹고 마땅히 마셔야 할 것을 마시는 것은 도심이다. 예를 들면 굶주림으로 빈사 상태에 이르렀을 때, 발길로 차서 주는 음식과 욕하면서 주는 음식을 기꺼이 받지 않으려는 마음은 어느 곳에서 나온 것일까? 이는 이면의 도리에서 나온 것이다. 그러나 욕하면서 주는 음식을 받지 않는다거나, 사례를 표하면서 먹는 도리 또한 은미하여 알기 어려우므로, 반드시 이를 명백하게 알아야만이 비로소 구별할 수 있을 것이다.

心, 只似箇器一般; 裏面貯底物, 便是性. 康節謂 "性者, 心之郭郭." 說雖粗而意極切, 盖郭郭者, 心也. 郭郭中許多人煙, 便是心中所具之理相似. 所具之理, 便是

性, 卽這所具底, 便是心之本體, 理具於心. 便有許多妙用知覺, 從理上發來, 便是
仁義禮智之心, 便是道心. 若知覺從形氣上發來, 便是人心, 便易與理相違. 人只有
一箇心, 非有兩箇知覺. 只是所以爲知覺者不同. 且如饑而思食·渴而思飮, 此是人
心. 至於食所當食·飮所當飮, 便是道心. 如有人饑餓濱死而蹴爾嗟來等食, 皆不肯
受, 這心從何處發來? 然其嗟也可去, 其謝也可食, 此等處理義, 又隱微難曉, 須是
識見十分明徹, 方辨別得.

(3) 마음에는 본체와 작용이 있다[論心有體用]

마음에는 본체本體(體)와 작용作用(用)이 있다. 많은 이치를 갖추고 있는
것은 본체, 만사에 응하는 것은 작용, 동요가 없이 고요한 것은 본체, 감동
되어 통용되는 것은 작용이다. 본체는 이른바 본성이니 고요함을 말하며,
작용은 이른바 정情이니 움직임을 말한다. 이는 성현의 존양存養 공부가
지극하여야만 바야흐로 적연부동寂然不動하게 되고 그러할 때 비로소 전체
가 탁월하고 텅텅 비어 있는 밝은 거울처럼, 기울지 않는 저울대처럼 항상
안정되어 있게 된다. 그 안에서 동하여 사물에 응할 때, 대용大用이 유행하
여 거울에 예쁘고 미운 얼굴이 나타나듯, 저울대가 물건에 따라서 높고
낮게 맞추어지듯 각각 사물을 따라서 한 치의 오차도 없게 되는 것이다.
텅텅 비어 있는 거울과 기울지 않는 저울대의 본체는 또한 스스로 그대로
있는 것이며, 일찍이 그것[用]과 더불어 떠나 버린 것은 아니다.

心有體有用, 具衆理者, 其體; 應萬事者, 其用. 寂然不動者, 其體; 感而遂通者,
其用. 體, 卽所謂性, 以其靜者言也; 用, 卽所謂情, 以其動者言也. 聖賢存養工夫
至到, 方其靜而未發也, 全體卓然如鑑之空·如衡之平, 常定在這裏; 及其動而應物
也, 大用流行, 姸媸高下, 各因物之自爾, 而未嘗有絲毫銖兩之差, 而所謂鑑空衡平

之體, 亦常自若而未嘗與之俱往也.

(4) 마음은 이기를 포함하고 있다[論心含理氣]

본성은 이치이므로 선하여 악이 없으나, 마음에는 이치와 기운을 포함
하고 있다. 이치는 모두 선한 것이지만 기운에는 두 가지를 포함하므로,
온전히 선하다고만은 할 수 없다. 때문에 움직임에 있어서 쉽사리 불선한
곳으로 나아가게 된다. 마음이란 활기차게 움직이는 것이지, 고요히 죽어
있는 것은 아니다. 따라서 마음은 항상 움직이는 것을 좋아하는데, 마음이
움직이는 것은 기氣에 편승하여 움직이기 때문이다. 그러므로 주자朱子의
「감흥시感興詩」에서 "인심이란 오묘하여 헤아릴 수 없고, 출입에 기기氣機
를 편승한다"고 하니, 곧 이를 말하는 것이다. 마음의 활처活處는 기氣에
의하여 형성되며, 활기차고 신령한 곳이 있는데, 이는 이치와 기운이 서로
융합하여 신령하기 때문이다. 이른바 오묘하다는 것은 지극히 좋은 것을
말하는 것이 아니라, 헤아릴 수 없는 신묘함을 말한다. 갑자기 나갔다가
갑자기 들어오므로 일정한 때가 없으며, 느닷없이 이쪽에 있다가 저편에
있기도 하여 일정한 장소가 없다. 그러므로 이는 "붙들어서 잘 지키면 곧
존재하고, 버려두면 곧 없어지게 되므로[操則 '存' 舍則 '亡']" 『맹자』의 "잡으
면 있고 놓으면 없어지며, 출입하는 일정한 때가 없어서 있는 곳을 알
수 없다는 것은 오로지 마음을 말한 것이다"라는 '존存' 자는 들어오는
마음을, '망亡' 자는 나가는 마음을 말한다. 그러나 나간다는 것은 이면의
본체가 바깥으로 나간다는 말이 아니다. 다만 사사로운 생각이 물욕에
감응되어 그를 따라 나감으로써 본연의 정체正體가 마침내 보이지 않게
된 것이며, '들어온다는 것[入]'이란 외면에서 잃어버렸던 것을 끌어들인다

는 것이 아니라, 다만 한 생각을 붙잡고 경각시켜 마음속에 있도록 한다는
것이다. 그러므로 반드시 조존操存 함양涵養의 공부를 간직한 뒤에야 본체
가 항상 탁월하여 중심에 있고 이 몸의 주재가 되어 결코 망실亡失할 우려
가 없는 것이다. 학문이 귀한 이유는 바로 이 때문이다. 그러므로 맹자는
"학문의 도란 다름이 아니라 방탕한 마음을 구제하는 것일 뿐이다"라고
하니, 지극히 깊고 간절한 뜻이라 하겠다.

性只是理, 全是善而無惡. 心含理與氣; 理固全是善, 氣便含兩頭在, 未便全是
善底物, 才動, 便易從不善上去. 心是箇活物, 不是帖靜死定在這裏, 常發動. 心之
動, 是乘氣動. 故文公感興詩: 曰 "人心妙不測, 出入乘氣機." 正謂此也. 心之活處,
是因氣成, 便會活. 其靈處, 是因理與氣合, 便會靈. 所謂妙者, 非是言至好, 是言其
不可測, 忽然出, 忽然入, 無有定時; 忽在此, 忽在彼, 亦無定處. 操之, 便存在此;
舍之, 便亡失了. 故孟子曰 "操則存, 舍則亡. 出入無時, 莫知其鄕者, 惟心之謂與!"
存便是入, 亡便是出. 然出非是本體走出外去, 只是邪念感物逐他去, 而本然之正
體, 遂不見了. 入非是自外面已放底牽入來, 只一念提撕警覺便在此. 人須是有操
存涵養之功, 然後本體常卓然在中, 爲之主宰, 而無亡失之患, 所貴於問學者, 爲此
也. 故孟子曰 "學問之道, 無他. 求其放心而已矣." 此意極爲人親切.

(5) 모든 조화는 마음에서 나온다[論萬化皆從心出]

마음은 비록 사방 한 치의 크기에 불과하지만, 온갖 일들이 모두 여기에
서 나오므로, 원두처源頭處라 할 수 있다. 그러므로 자사子思는 미발未發의
중中을 천하의 대본大本이라 하였고, 이발已發의 화和를 천하의 달도達道라
하였다.

心雖不過方寸大, 然萬化皆從此出, 正是源頭處. 故子思以 "未發之中, 爲天下

之大本; 已發之和, 爲天下之達道."

(6) 마음에 있어서의 인과 경의 차이점[論仁敬在心之理]

인仁이란 마음의 생도生道이며, 경敬이란 마음을 생生하도록 만들어 주는
것이다.

仁者, 心之生道也; 敬者, 心之所以生也.

(7) 마음은 모든 이치를 포괄하고 있다[論心包萬理]

마음의 도량은 지극히 크므로 모든 이치를 포괄하고 모든 일을 총괄하
고 있다. 옛 사람이 학문을 말할 때에는 반드시 폭넓게 하고자 했기 때문에
공자는 "배우기를 싫어하지 않는다"고 한 것이다. 배움이란 끝없는 마음의
아량을 다하려는 바이며, 맹자가 말한 진심盡心이란 반드시 이처럼 지극히
크고 무궁한 아량을 다하여 한 이치, 한 물건이라도 빠뜨림이 없어야만
바야흐로 그 마음을 다할 수 있다. 그러나 맹자는 "제후의 예를 배우지
못했다"고 하며, 작록爵祿과 법제에 관한 "세부 규정들을 자세히 듣지 못한
점이 없지 않았다"고 하니, 이는 결국 마음의 무궁한 아량에 부족하고 미진
한 바 있는 것이다.

此心之量極大, 萬理無所不包, 萬事無所不統. 古人每言學, 必欲其博. 孔子所
以"學不厭"者, 皆所以極盡乎此心無窮之量也. 孟子所謂"盡心"者, 須是盡得箇極
大無窮之量. 無一理一物之或遺, 方是眞能盡得心. 然孟子於諸侯之禮, 未之學; 周
室班爵祿之制, 未嘗聞. 畢竟是於此心無窮之量, 終有所欠缺未盡處.

(8) 마음은 지극히 신령하고 오묘하다[論心至靈妙]

마음은 지극히 신령하고 지극히 오묘하기에, 요순이 천지에 동참하고 귀신을 감격시킬 수 있었다. 저 멀리 만 리 밖에 있더라도 한 생각[一念]은 곧 그곳까지 다다를 수 있고, 천만고의 인정人情과 사변事變의 비밀일지라도 한 번 비춰봄으로써 곧장 알 수 있다. 때문에 금석처럼 지극히 견고한 것이라도 뚫을 수 있고, 지극히 그윽하고 지극히 미세한 사물의 유일지라도 통달할 수 있다.

心至靈妙, 可以爲堯舜, 參天地, 格鬼神. 雖萬里之遠, 一念便到; 雖千古人情事變之秘, 一照便知; 雖金石至堅, 可貫; 雖物類至微至幽, 可通.

(9) 유·불의 심성론의 차이[論儒佛所論心性之異]

불가에서 말한 성품은 유가에서 말하는 마음과 같다. 그들은 허령지각虛靈知覺의 마음을 성性이라 말한다.

佛家論性, 只似儒家論心. 他只把這人心那箇虛靈知覺底, 喚作性了.

(10) 마음은 본성과 정의 주가 된다[論心爲性情之主]

이천伊川(程頤)의 "마음은 하나이지만 본체로 말하면 '고요하여 움직임이 없는 것[寂然不動]'이 바로 이것이며, 작용으로 말하면 '감동으로써 마침내 통한다[感而遂通]'는 것이 바로 이것이다"라고 한 말은 매우 원만한 말이라 하겠다. 그러나 그보다 장횡거張橫渠(張載)의 "마음은 성性과 정情을 모두

겸한다"라는 말은 더욱 요약되고 완벽한 뜻을 갖춘 것으로, 맹자 이후 이
처럼 친절하게 말한 사람이 없었다. 주자는 "성性이란 마음의 이치이며,
정情이란 마음의 용용이며, 마음이란 성정性情이 주재이다"라고 하였는데,
이 말 또한 명백하고 원만하다 하겠다.

伊川曰 心, 一也. 有指體而言者, "寂然不動" 是也. 有指用而言者, "感而遂通"
是也. 此語, 亦說得圓. 橫渠曰 "心統性情" 尤爲語約而意備. 自孟子後, 未有如此說
親切者. 文公曰 "性者, 心之理; 情者, 心之用; 心者, 情性之主." 說得又條暢明白.

(11) 마음의 명칭에 대하여[論心之名]

장횡거張橫渠는 "허虛와 기氣가 합하여 성性이라는 이름이 있고, 성性과
지각知覺이 합하여 마음이라는 이름이 있다"라고 말했는데, 여기서 말한
허虛란 이치[理]를 말한다. 다시 말하면 이치와 기운이 합해짐으로써 사람
과 만물이 태어나게 되고, 이를 받아서 본성을 이루게 되어 바야흐로 성性
이라는 이름을 가지게 되며, 본성은 이치에서 나왔지만 기운을 떠나지
못하고, 지각은 기운에서 나왔지만 이치를 떠나지 않으므로, 본성과 지각
을 합하여 마음을 이루게 된다. 이에 비로소 마음이라는 이름이 생기게
된 것이다.

橫渠曰 "合虛與氣, 有性之名; 合性與知覺, 有心之名." 虛是以理言, 理與氣合
遂生, 人物受得去成這性, 於是乎方有性之名. 性從理來不離氣, 知覺從氣來不離
理, 合性與知覺, 遂成這心, 於是乎方有心之名.

(12) 정자가 논한 마음, 본성, 정의 구별에 대하여[論程子言心性情之別]

정자程子는 "하늘의 일[載 : 이치]이란 소리도 없고 냄새마저 없으니, 그 본체[體]를 역易이라 하며, 그 이치를 도道라 하며, 그 작용[用]을 신神이라 한다"고 말하였는데, 이는 하늘의 마음과 본성과 정을 말한다. 이른바 역易이란 마음을, 도道란 본성을, 신神이란 정情을 말한다. 여기에서 말하는 체體란 체용體用의 체體를 말한 것이 아니라, 형상과 모습과 같은 유를 말하며, 역易이란 음양변화로서 이치와 기운을 합하여 말한 것이다.

程子曰 "上天之載, 無聲無臭. 其體則謂之易, 其理則謂之道, 其用則謂之神." 此處, 是言天之心性情. 所謂易便是心, 道便是性, 神便是情. 所謂體者, 非體用之體, 乃其形狀模樣恁地. 易是陰陽變化合理與氣說.

4. 정情

(1) 정과 성이란 상대되는 것이다[論情與性相對]

정情과 성性은 상대되는 것으로, 정은 본성이 동한 것이다. 마음의 이면에서 발산되지 않은 것은 본성이며, 사물의 감촉으로 인하여 발산되어 바깥으로 나오는 것은 정이니, '고요하여 움직임이 없는 것[寂然不動]'은 성性이요, '감동으로써 마침내 통하는 것[感而遂通]'은 정이다. 이와 같이 동하여 발산되는 것은 본성에서 나오는 것일 뿐, 또 다른 물건은 아니다. 정의 큰 조목으로는 기쁨, 성냄, 슬픔, 즐거움, 사랑, 증오, 욕구[喜怒哀樂愛惡欲] 일곱 가지인데,『중용』에서는 기쁨, 성냄, 사랑, 즐거움 네 가지만을 말하였고,『맹자』또한 측은惻隱 수오羞惡 사양辭讓 시비是非 사단四端을 말하였을 뿐이니, 이 모두가 정을 말한다.

본성 가운데 인仁이 있는데, 이것이 움직여 바깥으로 나올 때 측은이 되고, 본성 가운데 의義가 있는데 움직여 바깥으로 나올 때 수오가 되며, 본성에 예禮와 지智가 있는데 움직여 바깥으로 나올 때 사양과 시비가 되는 것이다. 단端이란 실마리[端緒]를 말한다. 내면에 그러한 물건이 있기에 그 실마리가 바깥으로 나오게 된다. 만일 내면에 인의예지가 없다면 어떻게 사단四端이 나올 수 있겠는가.

마음은 안으로는 본성을 간직하고 바깥으로 발산되어 나오는 것을 정情

이라고 말한다. 『맹자』에서는 "불쌍히 여기는 마음은 인仁의 실마리이며, 부끄러워하는 마음은 의義의 실마리이며, 사양하는 마음은 예禮의 실마리이며, 시비를 구별하는 마음은 지智의 실마리이다"라고 하니, 측은 수오 등은 정으로, 인의仁義 등은 본성으로 말한 것이다. 여기에서 반드시 마음이 그 가운데 있다고 하는 것은 마음이 곧 본성과 정을 총괄하여 주재가 되기 때문이다. 『맹자』는 이에 대해 자세히 말하였고, 또한 『대학』에서 말한 공구恐懼 호요好樂 및 친애親愛 외경畏敬 등은 모두 정이다.

情與性相對, 情者, 性之動也. 在心裏面, 未發動底, 是性; 事物觸著, 便發動出來, 是情. "寂然不動" 是性, "感而遂通" 是情. 這動底, 只是就性中發出來, 不是別物. 其大目則爲喜怒哀懼愛惡欲七者, 中庸只言"喜怒哀樂"四箇, 孟子又指"惻隱·羞惡·辭遜·是非 四端"而言, 大抵都是情. 性中有仁, 動出爲惻隱; 性中有義, 動出爲羞惡; 性中有禮智, 動出爲辭讓是非. 端是端緒, 裏面有這物, 其端緒便發出從外來. 若內無仁義禮智, 則其發也, 安得有此四端? 大槪心是箇物; 貯此性發出底, 便是情. 孟子曰 "惻隱之心, 仁之端也. 羞惡之心, 義之端也"云云, 惻隱·羞惡等, 以情言; 仁義等, 以性言; 必又言心在其中者, 所以統情性而爲之主也. 孟子此處說得却備, 又如大學所謂"憂患·好樂及親愛·畏敬"等, 皆是情.

(2) 정은 마음의 작용이다[論情者心之用]

정情은 마음의 작용[用]이다. 정이란 사람에게 없을 수 없으며 좋지 못한 물건도 아니지만, 정에는 하나의 당연한 법칙이 있다. 마땅히 기뻐해야 할 때 기뻐하고, 성내야 할 때 성내고, 슬퍼해야 할 때 슬퍼하고, 즐거워해야 할 때 즐거워하고, 측은해야 할 때 측은해하고, 부끄러워해야 할 때 부끄러워하고, 사양해야 할 때 사양하고, 시비를 가려야 할 때 시비를 가리

는 것이 당연한 법칙에 부합되는 것이니, 이것이 곧 "발산하되 절도에 맞
는 것"이요, 그 이면의 본성에 본체가 유행하여 바깥으로 나타나는 것이기
에 이를 달도達道라 말한다. 만일 그렇게 해선 안 될 곳에서 그처럼 한다면,
이는 당연한 법칙을 어기고 절도를 잃은 것으로서, 사사로운 마음과 인욕
으로 나아간 것이다. 이는 불선한 곳으로 흘러가게 되어, 마침내 좋지 못한
일을 이루게 되는 것이지, 결코 원래부터 나빴던 것은 아니다.

情者, 心之用. 人之所不能無, 不是箇不好底物. 但其所以爲情者, 各有箇當然
之則. 如當喜而喜, 當怒而怒, 當哀而哀, 當樂而樂, 當惻隱而惻隱, 當羞惡而羞惡,
當辭讓而辭讓, 當是非而是非, 便合箇當然之則, 便是發而中節, 便是其中, 性體流
行, 著見於此, 即此便謂之達道. 若不當然而然, 則違其則・失其節, 只是箇私意人
欲之行, 是乃流於不善, 遂成不好底物, 非本來便不好也.

(3) 정이 본성에서 나오면 모두 선하다[論情從性發皆善]

절도에 맞는 정은 본성에서 나왔기에 선할 뿐 불선이 없다. 그러나 절도
에 맞지 않은 것은 물욕에 감동되어 본성에서 나오지 못한 까닭에 불선이
생기게 된 것이다. 맹자가 정에 대해 말할 때 "오로지 선하다"는 것은 그
본성에 근본하여 나온 것을 가리킨 것이다.

선가禪家에서는 본디 정을 모두 악한 것으로 간주한 까닭에, 정을 없애고
본성을 회복하고자 하였었지만, 어떻게 정을 없앨 수 있겠는가. 정이 없다
면 본성이란 이미 죽은 것이니, 본성이란 나에게 있어서 무슨 쓸모가 있겠
는가.

情之中節, 是從本性發來, 便是善, 更無不善; 其不中節, 是感物欲而動, 不從本
性發來, 便有箇不善. 孟子論情, 全把做善者, 是專指其本於性之發者言之. 禪家不

合便指情, 都做惡底物, 却欲滅情以復性, 不知情如何滅得? 情旣滅了, 性便是簡
死底; 性於我, 更何用?

(4) 칠정이란 선악을 합하여 말한 것이다[論七情是合善惡]

맹자가 말한 사단四端은 오로지 선한 부분으로 말하며, 『중용』의 희로애
락과 칠정七情 등은 선악을 합해서 말한 것이다.

　孟子四端, 是專就善處言之; 喜怒哀樂及情等, 是合善惡說.

(5) 본성의 욕구가 정이다[論性之欲爲情]

「악기樂記」에 의하면, "사람이 태어나 고요한 것은 하늘의 본성이며,
사물에 감촉되어 움직인 것은 본성의 욕구이다"라고 하니, 본성의 욕구가
바로 정이다.

　樂記曰 "人生而靜, 天之性也; 感於物而動, 性之欲也." 性之欲, 便是情.

5. 재才

(1) 재질과 재능에 대한 논변[論才質才能之辨]

재才란 재질과 재능을 말하는데, 재질이란 재료材料와 질간質幹을 말하며, 재능이란 일을 처리할 줄 아는 능력을 말한다. 똑같은 일을 가지고서도 재능을 발휘할 줄 아는 사람이 있는가 하면 전혀 모르는 사람이 있다. 이는 재주가 다르기 때문인데, 용用의 측면에서 말한 것이다.

『맹자』의 "재주의 죄가 아니다"라는 말과 "하늘이 내려준 재주는 다르지 않다" 등등의 말은 모두 재주가 선하다는 것으로 말하였다. 맹자의 성선性善은 대본大本에서 표출됨에 따라서 모두가 한 가지라는 점을 보았었지만, 이를 보다 더 자세하게 논한다면, 이천伊川의 말처럼 "기운이 청명하면 재주가 청명하고, 기운이 혼탁하면 재주가 열악하다"라고 말해야만이 비로소 극진한 말이라고 할 수 있다.

才, 是才質·才能. 才質, 猶言才料·質幹, 是以體言. 才能, 是會做事底, 同這件事, 有人會發揮得, 有人全發揮不去, 便是才不同, 是以用言. 孟子所謂"非才之罪" 及"天之降才, 非爾殊"等語, 皆把才做善底物. 他只是以其從性善大本處發來, 便見都一般. 要說得全備, 須如伊川"氣淸則才淸, 氣濁則才惡"之論, 方盡.

6. 지志

(1) 마음에 지향하는 바를 지라 한다[論心之所之爲志]

지志란 마음에 지향하여 가는 바이니, "……을 향하다"라는 말과 같다. 이는 마음을 바르게 하여 오롯하게 어느 한 곳만을 전일하게 향하여 나가는 것이다. 이를테면 "도에 뜻을 둔다[志於道]"는 말은 모든 마음을 집중하여 도를 지향하여 나가는 것이며, "학문에 뜻을 둔다[志於學]"는 것은 모든 마음을 집중하여 학문을 지향하는 것이다. 하나같이 그것만을 추구하여 반드시 얻고자 하는 것이 곧 지志이다. 만일 도중에 그만둔다거나, 또는 뒤로 물러서려는 뜻이 있으면, 이를 지志라 말할 수 없다.

志者, 心之所之. 之, 猶向也; 謂心之正面, 全向那裏去. 如"志於道", 是心全向於道; "志於學", 是心全向於學, 一直去求討, 要必得這箇物事, 便是志. 若中間有作輟或退轉底意, 便不謂之志.

(2) 지에는 기필의 뜻이 있다[論志有期必之義]

지志 자에는 추향趨向과 기필期必의 뜻이 있다. 목적하는 바를 향하여 그처럼 결연히 시행하여 반드시 얻고자 하는 것을 지志라 한다. 만일 뜻을 세우지 못한다면 한낱 세속인과 다를 바 없는데, 어떻게 사람다운 사람이 될 수 있겠는가? 바르게 뜻을 세워 스스로 성현이 되기를 기약해야만 탁월하게 세속을 뛰어넘어 세파에 휩쓸리지 않고, 용렬한 무리가 되지 않을 것이다. 만일 자포자기를 기꺼이 여긴다면 뜻을 세울 수 없다.

志, 有趨向·期必之意. 趨向那裏去, 期料要恁地決然必欲得之, 便是志. 人若不立志, 只泛泛地, 同流合汚, 便做成甚人? 須是立志, 以聖賢自期, 更能卓然挺出於流俗之中, 至不隨波逐浪, 爲碌碌庸庸之輩. 若甘心於自暴自棄, 便是不能立志.

(3) 뜻은 드높게 세우라[論立志要高]

맹자는 "선비는 뜻을 고상히 한다"고 하였는 바 뜻을 세우는 데에는 고상해야 하며 비루해서는 안 된다.

『논어』에서는 "널리 배우되 뜻을 두텁게 한다"라고 하였다. 입지立志는 일정해야 하고 뒤섞여서는 안 되며, 견고히 하고 느슨해서는 안 된다. "안자는 '순임금은 어떤 사람이며 나는 어떤 사람인가. 그와 같이 행하면, 나 역시 그와 같다'고 하였으며, 공명의公明儀는 '일찍이 주공周公이 <문왕文王은 나의 스승이다>라고 하니, 주공이 어찌 나를 속이겠느냐'고 하였다." 그들은 모두 자신을 스스로 성인으로 기약한 것이며 모두가 훌륭한 뜻을 세운 것이다. 맹자는 "순舜은 천하의 법이 되어 후세에 길이 전해오는데, 나는 한낱 향인鄕人을 면치 못하였으니, 이것이 바로 걱정거리이다. 걱정이 있다면 어떤 것일까? 순임금처럼 되려는 것일 뿐이다"라고 말하였다. 맹자는 스스로 순임금이 되기를 기약한 것으로, 이 또한 훌륭한 뜻을 세운 것이라 할 수 있다.

孟子曰 "士尚志." 立志, 要高不要卑. 論語曰 "博學而篤志." 立志, 要定不要雜,

要堅不要緩. 如顏子曰 "舜何人也? 予何人也? 有爲者, 亦若是." 公明儀曰 "文王,
我師也. 周公, 豈欺我哉?" 皆以聖人自期, 皆是能立志. 孟子曰 "舜爲法於天下,
可傳於後世; 我猶未免爲鄕人也. 是則可憂也. 憂之如何? 如舜而已矣." 孟子以舜
自期, 亦是能立志

(4) 뜻은 반드시 고명하게 세워야 한다[論立志須高明]

입지立志는 반드시 고명정대해야 한다. 대부분의 사람들은 아름다운 바
탕을 지녀 순수하고 고요하고 담박하여 도에 가깝지만, 비루한 곳으로
귀착하는 것을 기꺼이 여겨 도에 뜻을 두지 않는 것은, 뜻을 세우지 못했기
때문이다. 예를 들면 문제文帝는 너그럽고 어질며 공순하고 검박하니, 그의
바탕으로 본다면 훌륭한 제왕이 될 수 있으나, 그가 말하는 바는 그지없이
비루하여, 그에 어떠한 말도 행할 수 없다. 이는 뜻을 세우지 못했기 때문이
다. 그러나 무제武帝는 위로 당우唐虞(堯舜)를 가상히 여겨 고명정대한 의지
를 지향했으나, 그 또한 명예를 좋아하고 순수하지 못함으로써 취할 만한
게 없다.

立志, 須是高明正大人, 多有好資質, 純粹靜淡, 甚近道; 却甘心爲卑陋之歸, 不
肯志於道, 只是不能立志. 如文帝寬仁恭儉, 是其資質, 儘可與爲帝王. 然其言曰卑
之無甚高論, 令今可行也. 却不能立志. 武帝上嘉唐虞, 志向高大. 然又好名駁雜,
無足取.

(5) 위아래 모든 사람이 모두 뜻을 세워야 한다[論上下皆要立志]

정자程子가 상주上奏한 내용 가운데 입지에 관한 말을 살펴보면 가장 간절하다 하겠다. 그는 임금의 입지에 대해서 말하였지만, 학자의 입지도 임금의 입지와 매한가지이다. 단지 일신과 천하라는 대소의 차이가 있을 뿐이다.

程子奏劄, 說立志一段, 最切, 是說人君立志. 學者立志, 與人君立志, 都一般. 只是在身在天下, 有小大之不同.

(6) 학문이란 초지에 달려 있다[論爲學在初志]

학문을 하는 데 가장 긴요한 것은, 맨 처음 뜻을 세울 때 삼가 살펴보고 이를 결정하는 데 있다. 이것이 바로 분기점이다. 의리에 뜻을 두면 군자의 길로, 이익에 뜻을 두면 소인의 길로 들어서게 된다. 순舜의 선함과 도척의 이利는 바로 여기에서 나누어지며, 요堯와 걸桀의 언행 또한 여기에서 나누어진다.

공자는 "마음에 따라 행하되 법도에 벗어나지 않는다[從心不踰矩]"라는 장章은 6절節로 구성되어 있지만, 요지는 학문에 뜻을 둔다[志學]라는 한 구절에 있다. 성인이 애당초 성동기(成童期 : 15세)를 전후하여 학문에 뜻을 둔다는 것은 의논할 여지가 없으나, 오늘날 이를 살펴보면 학문의 문호는 퍽이나 많다.

만일 여기에서 뜻하는 바, 만에 하나라도 잘못되어 성인으로 가는 길에 순수하지 못한다면, 뒤이어 말한 '입효(三十而立)' '불혹不惑(四十而不惑)' '지천명知天命(五十而知天命)' '종심從心(七十而從心所欲不踰矩)'이라는 구절은, 모두 뒤이어서 어긋나게 되며, 따라서 아무런 공효를 얻지 못할 것이다.

　오직 처음 뜻한 바 성인의 학문에 전일한 의지가 있다면, 뒤이어 생기는 많은 절목은 모두 차례차례 순서에 따라 나아갈 수 있을 것이며, 여기에다 게으름이 없는 공부로써 끝마친다면, 비록 지극히 높은 "마음에 하고자 하는 바대로……" 하는 경지 또한 이에서 나아갈 수 있을 것이다.

　爲學緊要處, 最是立志之初, 所當謹審決定, 此正是分頭路處, 纔志於義, 便入君子路; 纔志於利, 便入小人路. 舜跖利善, 正從此而分; 堯桀言行, 正從此而判. 孔子說從心章, 有六節緊要, 正在志學一節上在. 聖人當初成童志學, 固無可議; 自今觀之, 學之門戶雖多, 若此處所志者, 一差不能純乎聖途之適, 則後面所謂立·所謂不惑·所謂知命·所謂從心, 節節都從而差, 無復有見效處. 惟起頭所志者, 果能專心一意於聖人之學, 則後面許多節目, 皆可以次第循序而進, 果有不倦工夫以終之, 則雖從心地位至高, 亦可得而造到矣.

(7) 지란 마음의 취향이다[論志者心之所趣]

　사람들은 흔히 지취志趣라고들 말한다. 취趣란 나아간다[趨]는 뜻이니, 마음의 취향을 말하며, 추趨 또한 지志에 관한 것이다.

　人常言志趣, 趣者, 趨也; 心之所趨也. 趨, 亦志之屬.

7. 의意

(1) 의란 마음에서 나온 것이다[論意者心之所發]

　의意란 마음에서 발생되는 것으로 사량思量, 운용運用의 뜻이 있다. 정情은 본성이 움직임이며, 의意는 마음에서 나오는 것이다. 정이란 마음의 이면에서 자연히 발동되어 두서가 없이 바뀌어 나오는 것으로 성性과 상대되는 것이며, 의意란 마음에서 일어난 생각으로 사량하고 운용하는 것으로써 그처럼 하려고 요하는 것이다. 정을 본성의 움직임이라고 말한 것은 전체적인 면으로서 논한 것인 데 반하여, 의意란 한 생각이 일어나는 곳으로 말한 것이다.

　이 몇 가지를 종합해 보면, 모두 사물을 응접할 때 면전에 나타나는 것이다. 또한 사물을 접촉하지 않았을 때, 내면에서 주재하는 그것은 마음이며, 마음이 동하여 바깥으로 나타나는 기쁨과 성냄[喜怒]의 감정이 정情, 이면의 그것이 동하여 바깥으로 나오게 되는 것은 성性, 운용하고 사량하여 좋아할까 성낼까를 헤아리는 것은 의意, 기뻐하고 성내야 할 사람을 향하여 성내는 마음은 지志, 절도에 맞는 기쁨과 성냄의 중절처中節處는 본성의 도리가 유출된 것으로 당연의 법칙인 이치, 이치라 하는 당연의 근원처가 되는 그곳이 명命이다. 이 허다한 사물은 우리의 면전에서 일찍이 떠난 바 없고 또한 찬연하게 질서정연하여, 서로 얽혀 있지 않을 것이다.

意者, 心之所發也. 有思量·運用之義. 大抵情者, 性之動; 意者, 心之發. 情, 是就心裏面自然發動, 改頭換面出來底, 正與性相對. 意, 是心上撥起一念, 思量運用要恁地底. 情動是全體上論, 意是就起一念處論. 合數者而觀, 纔應接事物時, 便都呈露在面前. 且如一件事物來, 接著在內主宰者, 是心; 動出來或喜或怒, 是情; 裏面有箇物能動出來底, 是性; 運用商量, 要喜那人, 要怒那人, 是意; 心向那所喜所怒之人, 是志; 喜怒之中節處, 又是性中道理流出來, 即其當然之則處, 是理; 其所以當然之根原處, 是命. 一下許多物事, 都在面前, 未嘗相離, 亦燦然不相紊亂.

(2) 뜻은 작고 마음은 크다[論意小而心大]

뜻[意]을 마음에 비교해 보면, 마음은 크고 의意는 작다. 마음은 전체로 말한 것이며, 의意란 마음이라는 전체 상에서 일어나는 한 생각이다.

以意比心, 則心大意小. 心以全體言, 意只是就全體上, 發起一念慮處.

(3) 무의와 성의에 대한 논변[論毋意誠意之辨]

'무의毋意'(『논어』「자로」)의 의意 자는 사사로운 생각으로, '성의誠意'의 의意 자는 좋은 뜻으로 말한 것이다.

毋意之意, 是就私意說; 誠意之意, 是就好底意思說.

(4) 사념은 모두 의이다[論思念皆是意]

사람들은 흔히 의사意思라고들 말한다. 사思란 생각이니, 사려思慮와 염
려念慮 따위가 모두 의意에 관한 것들이다.

母意之意, 是就私意說; 誠意之意, 是就好底意思說

8. 인의예지신仁義禮智信

(1) 오상에는 각기 계분이 있다[論五常各有界分]

인의예지신仁義禮智信 다섯 가지를 오상五常, 또는 오성五性이라 한다. 조화로써 그 본원을 추원推原해 보면 이는 오행의 덕이다. 인仁이란 오행에 있어선 목木의 신神이나 인성人性에 있어서는 인仁이며, 의義란 오행에 있어선 금金의 신이나 인성엔 의義이며, 예禮란 오행에 있어선 화火의 신이나 인성엔 예禮이며, 지智란 오행에 있어선 수水의 신이나 인성엔 지智이다. 인성에는 인 의 예 지 네 가지가 있을 뿐, 신信의 자리는 없다. 이는 마치 오행의 위치에 있어서 목은 동쪽, 금은 서쪽, 화는 남쪽, 수는 북쪽이지만 토는 일정한 자리가 없이 네 지위 가운데 기탁寄託해 있으며, 목은 봄, 화는 여름, 금은 가을, 수는 겨울에 속하나 토는 전일한 기운이 없이 사계절의 사이에 기왕寄旺하는 것과 같다. 사행四行에 토가 없으면 모두 실려 있을 수 없는 것처럼, 인의예지에 신信이 없으면 모두 진실할 수 없다. 인의예지의 진실한 이치[實理]가 신信인 바, 이로써 쉽게 신信을 알 수 있을 것이다. 인의예지란 이처럼 낱낱이 나뉘어서 살펴보고, 다시 이를 종합하여 맥락脈絡(條理)이 어지럽지 않고 분명하게 살펴보아야 한다.

五者, 謂之五常, 亦謂之五性. 就造化上推原來, 只是五行之德. 仁在五行爲木之神, 在人性爲仁. 義在五行爲金之神, 在人性爲義. 禮在五行爲火之神, 在人性爲

禮. 智在五行爲水之神, 在人性爲智. 人性中只有仁義禮智四位, 却無信位; 如五行
木位東·金位西·火位南·水位北, 而土無定位, 只寄旺於四位之中. 木屬春·火屬
夏·金屬秋·水屬冬, 而土無專氣只分旺於四季之間. 四行無土, 便都無所該載; 猶
仁義禮智無信, 便都不實了. 只仁義禮智之實理, 便是信, 信却易曉. 仁義禮智, 須
逐件看得分明; 又要合聚看得脈絡都不亂.

(2) 인은 사단을 총괄한다[論仁充四端]

나누어 보면 인仁은 사랑하는 이치, 의義는 마땅케 하는 이치, 예禮는
공경하는 이치, 지혜는 앎의 이치이다. 바깥으로 나타나는 사랑은 인仁의
용用이나 사랑의 이치는 내재적인 것이며, 사물에 마땅케 하는 것은 의義의
용이나 마땅케 하는 이치는 내재적인 것이며, 밖으로 나타나는 공경은
예禮의 용이나 공경의 이치는 내재적인 것이며, 시비를 아는 것은 지智의
용이나 알 수 있는 이치는 내재적이다.

이 네 가지를 수평으로 본다면 이는 모두 대등한 도리이지만, 오로지
인仁만을 말한다면 인 또한 다른 것에 비해 큰 것으로서 이 네 가지를
총괄하는 것이다. 이 때문에 인이란 마음의 덕이라 한다. 의·예·지 또한
마음의 덕이기는 하지만 마음의 덕이라 말할 수는 없다. 예를 들면, 한
집안에 4형제가 있다고 하자. 맏이는 그 집안을 대표하므로 그 집안을
일컬을 때, 맏이의 지위와 호칭만을 부르더라도 그 아래의 세 아우들은
모두 그 집안의 자제로서 그 안에 포함되는 것이다. 이 또한 그와 같다.
인이란 많은 선의 으뜸으로서 마음의 전덕全德을 대표하는 것이다. 이는
무엇 때문일까? 마음에 갖추어진 천리의 전체가 모두 인이다. 이 도리는
항상 그처럼 활기차며 항상 생생하여 그침이 없다. 그 전체로 들어 말하면

인이라 말하는데, 의·예·지는 모두 그 가운데 포함되어 있다.

인仁이란 털끝만큼이라도 사사로운 인욕이 끼게 되면, 천리는 곧 저해받고 없어지니, 이를 인이라 말할 수 없다. 반드시 지극한 공부로 마음이 순수 온전하여 천리의 공정함으로 인욕의 사사로움을 없애면, 전체에 천리가 두루 유행하여 쉼이 없고 틈이 없으며 부족함이 없게 되니, 바야흐로 이럴 때 인이라 말할 수 있다. 그러므로 인에는 사소한 인이란 있을 수 없는 것이다.

且分別看, 仁是愛之理, 義是宜之理, 禮是敬之理, 智是知之理. 愛發見於外, 乃仁之用; 而愛之理, 則在內. 事物各得其宜, 乃義之用; 而宜之理, 則在內. 恭敬可見處, 乃禮之用; 而敬之理, 則在內. 知箇是知箇非是, 智之用; 而知之理, 則在內. 就四者平看, 則是四箇相對底道理. 專就人看, 則仁又較大, 能兼統四者. 故仁者, 乃心之德; 如禮義智, 亦是心之德, 而不可以心之德言者. 如人一家有兄弟四箇, 長兄當門戶, 稱其家者, 只舉長兄位號爲言, 則下三弟, 皆其家子弟已包在內矣. 若自日三弟者之家, 則拈掇不起, 道理只如此. 然仁所以長衆善, 而專一心之全德者. 何故? 蓋人心所具之天理, 全體都是仁. 這道理常恁地活, 常生生不息. 舉其全體而言, 則謂之仁; 而義禮智皆包在其中. 自爲仁言, 纔有一毫人欲之私, 揷其間, 這天理便隔絶死了, 便不得謂之仁. 須是工夫至到此心純是天理之公, 而絶無一毫人欲之私以間之, 則全體便周流不息, 無間斷無欠闕, 方始是仁. 所以仁, 無些少底仁.

(3) 인·의는 사랑함과 마땅함의 이치이다[論仁義愛宜之理]

인·의仁義에서 일어나는 마음이 곧 측은惻隱과 수오羞惡인데, 행함에 미쳐서 바야흐로 사랑함과 마땅함을 볼 수 있다. 그러므로 "사랑함의 이치, 마땅함의 이치"라 말한다.

仁義起發, 是惻隱羞惡; 及到那人物上, 方見得愛與宜. 故曰 "愛之理·宜之理."

(4) 인은 사랑하는 이치이다[論仁爲愛之理]

"인의 도란 매우 드넓고 크면서도 정밀하고 미세하다. 어찌하여 그 용처用處에서는 다만 사랑이 되고 처음 나타나는 실마리를 측은惻隱이라 하는가."

인이란 마음의 생리生理가 온전한 곳으로 항상 생생불식生生不息 하기에, 그 실마리가 마음에서 싹터 바깥으로 나오면서 이에 측은히 불쌍히 여기는 마음이 형성되며, 측은한 마음을 확충하여 저 사물에 다다름으로써 마침내 사랑이 이뤄지는 것이다. 그러므로 인은 사랑의 뿌리요, 측은은 그 뿌리에서 돋아난 싹이요, 사랑은 또한 싹이 무성하게 뻗어서 이미 성장한 것이다. 이로 살펴보면 인이란 사랑의 이치이며, 사랑은 인의 용用으로써 맥락이 서로 일관되어 있음을 알 수 있다.

仁道甚廣大精微, 何以用處, 只爲愛物, 而發見之端爲惻隱? 曰仁是此心生理全體, 常生生不息. 故其端緒, 方從心中萌動發出來, 自是惻然有隱. 由惻隱而充, 及到那物上, 遂成愛, 故仁乃是愛之根, 而惻隱則根之萌芽, 而愛又萌芽之長茂已成者也. 觀此則仁者愛之理, 愛者仁之用, 自可見得脈絡相關處矣.

(5) 의란 재제와 결단이다[論義是裁制決斷]

의義란 마음으로 논하면, 마음의 재제와 결단을 하는 곳이다. 마땅케 한다[宜]라는 것은 재제와 결단을 가한 뒤에 있는 일이다. 다시 말하면 재

제와 결단으로 이치에 마땅케 한 뒤에 마땅함을 얻을 수 있다. 나의 앞에
일이 닥치면 곧 이의 가부를 결정지어야 한다. 그러므로 주자는 "의가 마
음에 있음은 마치 예리한 칼날이 있는 것과 같아서, 사물이 닥쳐올 때
곧바로 두 동강을 낼 수 있다"라고 말하였다. 만일 가부를 결정짓지 못한다
면, 이는 마음에 명석한 의가 없기 때문이다. 예를 들면, 어느 사람이 나를
찾아와 바깥으로 나가자고 할 때, 나가야 할지 그만두어야 할지를 반드시
결정지어야 한다. 만일 나갈 듯 말 듯 주저하는 마음으로 결정짓지 못한다
면 어찌 의가 있을 수 있겠는가. 이러한 것을 스스로 간파해야 한다. 한유韓
愈는 "행하여 마땅케 하는 것은 의이다"라고 하였는데, 이는 외면으로 지향
되어 '의외설義外說'을 이루기에 이르렀다.

　　義就心上論, 則是裁制決斷處. 宜字, 乃裁斷後字, 裁斷當理然後得宜. 凡事到
面前, 便須有剖判是可是否. 文公謂義之在心如利刃然, 物來觸之, 便成兩片. 若可
否都不能剖判, 便是此心頑鈍無義了. 且如有一人, 來邀我同去, 便須能剖判當
不當出; 若要出又要不出, 於中遲疑不能決斷, 更何義之有? 此等處, 須是自看
得破. 如韓文公以行而宜之之謂義, 則是就外面說成義外去了.

(6) 예는 천리의 절문이다[論禮是天理之節文]

　예禮란 공경하는 마음이요, 천리天理의 절문節文이다. 마음속에 공경하는
마음이 뭉클거리며 바깥으로 나오는 것이 예이며, 이로써 인물을 대하는
데 자연히 절문이 있게 된다.

　절節은 지나침이 없는 것이며, 문文은 미치지 못함이 없는 것이다. 일을
하는데 너무나 절박하여 문채가 없는 것은 미치지 못한 잘못을 범한 것이
며, 자질구레한 절차와 번거로운 문장이 너무나 많은 것은 지나친 잘못으

로 흘러간 것이다. 천리의 절문이란 가장 적절한 곳이다. 바로 그것이 이치
상 마땅한 바이기에 너무 지나침도 없고, 또 미치지 못함도 없는, 당연히
그렇게 해야 할 도리가 바로 중中이다. 그러므로 주렴계는 「태극도설太極圖
說」에서 "인仁 의義 중中 정正"이라 하여, 중中 자로써 예禮 자를 대신하였는
데, 여기에서 더욱 더 친절함을 찾아볼 수 있다.

> 禮者, 心之敬而天理之節文也. 心中有箇敬, 油然自生, 便是禮; 見於應接, 便自
> 然有箇節文. 節則無太過, 文則無不及. 如做事太質無文彩, 是失之不及; 末節繁文
> 太盛, 是流於太過. 天理之節文, 乃其恰好處. 恰好處, 便是理合當如此. 更無太過,
> 更無不及; 當然而然, 便即是中. 故濂溪太極圖說, 仁義中正, 以中字代禮字, 尤見
> 親切.

(7) 절문이 있어야 바야흐로 의칙이 있을 수 있다[論有節文方有儀則]

주자가 "예는 천리天理의 절문節文이며, 인사人事의 의칙儀則"이라 하여
두 구절을 대칭으로 말한 것은 무엇 때문일까? 천리는 인사에 내재된 이치
로서 마음에 갖춰져 있다. 천리는 중심에 내재되어 있다가 사물상에 나타
나며, 인사는 외면에 있으나 중심에 근본하니, 천리는 체體이며 인사는
그 용用이다. 의義란 용用으로서 바깥에 나타나는 모습이 찬연하여 남들이
본받을 수 있다는 뜻이니, 이는 절문節文의 문文 자와 상응한다. 칙則이란
법칙, 준칙을 말한다. 이는 골자로서 중심에 간직되어 확연히 바뀔 수 없다
는 뜻이니, 절문節文의 절節 자에 상응하는 글자이다. 문장[文]이 있는 뒤에
의식[儀]이 있고, 절제[節]가 있는 뒤에 준칙이 있으므로, 반드시 천리의
절문節文이 있는 뒤에야 인사의 의칙儀則이 있다. 예란 반드시 이 두 가지
뜻을 겸해서 보아야만이 원활하고 완벽하다 하겠다.

文公曰禮者, 天理之節文而人事之儀則. 以兩句對言之, 何也? 蓋天理, 只是人事中之理而具於心者也. 天理在中而著見於人事, 人事在外而根於中. 天理其體, 而人事其用也. 儀, 謂容儀而形見於外者, 有粲然可象底意, 與文字相應; 則, 謂法則準則, 是箇骨子, 所以存於中者, 乃確然不易之意, 與節字相應. 文而後儀, 節而後則, 必有天理之節文而後有人事之儀則, 言須盡此二者, 意乃圓備.

(8) 지혜는 지각이다[論智是知覺]

지혜는 마음에 하나의 지각이 있는 곳이다. 시시비비를 알아서 확고히 정하는 것이 지혜이다. 맹자는 "지혜의 실상은 두 가지(愛親·敬長)를 알고서 버리지 않는 것이 바로 그것이다"라고 하였다. '……알고서'라는 것은 아는 것[知識]이며, '버리지 않는다'라는 것은 확정하여 바뀌지 않는다는 뜻이다.

智, 是心中一箇知覺處. 知得是非非, 恁地確定, 是智. 孟子謂知斯二者弗去是也. 知是知識, 弗去便是確定不易之意.

(9) 지혜는 물과 같다[論智如水以成智]*

지혜란 알고서 확정짓는 것인데, 무엇 때문에 오행의 수水에 속하는 것일까?

물이란 맑아서 사물을 비춰볼 수 있기에 지혜와 같으며, 또한 조화의 근본이기도 하다. 천지의 만물은 모두 물을 얻어야만 살아갈 수 있다. 지하

---

* 抄錄本에서는 이의 제목에 대해서 의문을 제기한 바 있다.

의 물줄기에 의해 만물이 윤택해지는 것을 본다면, 어느 물건이든 물에 의해서 살아감을 알 수 있다. 이는 모든 일에 지혜가 아니고서는 이룰 수 없는 것과 같으니 확실하게 알았을 때 비로소 이룰 수 있다. 물은 만물의 처음과 끝을 이뤄 주며, 지혜 또한 모든 일의 처음과 끝을 이뤄 주는 것이다.

　問智是知得確定, 在五行何以属水? 曰水淸明可鑒似智, 又是造化之根本. 凡天地間萬物得水方生, 只看地下泉脈滋潤, 何物不資之以生? 亦猶萬事非智不可. 便知得確定, 方能成此. 水於萬物, 所以成終而成始; 而智亦萬事之所以成終而成始者也.

(10) 사단의 이발과 미발의 차이점[論四端已發未發之理]

　맹자의 사단설四端說은 외면에서 볼 수 있는 것으로서 그 내면에 간직되어 있는 바를 증험해 보는 것이다. 예를 들면 갑자기 어린 아이가 우물 속에 빠지는 것을 보았을 때, 자연히 측은한 마음이 생기는데, 이때 그 이면에 내재되어 있는 인仁을 볼 수 있으며, 발길로 차거나 욕을 하면서 주는 음식은 걸인도 부끄럽게 여겨 기꺼이 먹지 않는 데에서 그 이면에 내재되어 있는 의義를 볼 수 있으며, 손님을 대접하는 즈음에 자연히 우러나오는 공경의 마음이 있는 것으로 이면에 내재되어 있는 예禮를 볼 수 있으며, 그릇된 일에 그릇됨을 깨닫고 옳은 일에 옳음을 깨닫는 데에서 그 이면에 내재되어 있는 지혜를 볼 수 있다.

　그 이면에 이 네 가지의 체體가 존재하므로 이 네 가지의 실마리가 자연 바깥으로 나타나는 것이다. 이른바 "그 정情은 '선'하다"라고 말한 것과 같다. 그러나 이른바 '선'하다는 것은, 본성이란 이처럼 모호하다가 바깥으로 나타날 때, 비로소 사단이 생겨 나오는 것이 아니라, 미발시未發時엔

아직 그것이 보이지 않았을 뿐이다. 맹자는 이러한 경우를 들어서 본성이 본디 선하다는 점을 분명하게 밝혀 주었다. 이 때문에 정자程子는 "후세에 끼친 맹자의 공적은 '성선性善' 한 마디 말에 있다"라고 하였다.

孟子四端之說, 是就外面可見底, 以驗其中之所有. 如乍見孺子入井, 便自然有惻隱之心, 便見得裏面有這仁. 如行道乞人, 纏蹴爾呼爾而與之, 便自羞惡而不肯食, 便見得裏面有這義. 如一接賓客之頃, 便自然有恭敬之心, 便見得裏面有這禮. 一件事來非底, 便自覺得爲非, 是底便自覺得爲是, 便見得裏面有這智. 惟是裏面有是四者之體, 故四者端緒自然發見於外, 所謂乃若其情則可以爲善, 乃所謂善也. 以見性不是箇含糊底物, 到發來方有四端; 但未發則未可見耳. 孟子就此處, 開發人証印得本來之善甚分明. 所以程子謂有功於萬世者性善之一言.

(11) 본성은 다만 믿음이다[論性只是信]*

믿음[信]이란 본성에 있어서 이 네 가지를 모두 진실하게 해 주는 도리인데, 바깥으로 나오면 곧 충신忠信이라 하는 신信이 된다. 이는 내면에 이러한 믿음이 있었기에 바깥으로 나올 때, 비로소 충신의 신信이 된다. 실상은 충신이 하나인데, 둘로 나뉘어 이름 붙여졌기 때문이니, 바로 신信의 실마리이기도 하다. 이는 외면의 사물을 접촉하는 근원으로 말한 것이다.

信在性, 只是四者都實底道理; 及發出來, 便爲忠信之信. 由內面有此信, 故發出來, 方有忠信之信. 忠信只是一物, 而判作二者, 便是信之端緒, 是統外面應接事物發原處說.

---

* 抄錄本에서 이의 제목에 대해 의문을 제기한 바 있다.

(12) 사단은 일상생활에 항상 나타나 있다[論四端日用常見]

이 네 가지의 실마리가 항상 일상생활에 나타나 있는 데에도, 이 이치를 보지 못하기에 까마득히 모르게 된 것이다. 예컨대 한 가지 일을 당면하면 그 나름의 옳음과 그릇됨이 있으니, 이를 아는 것이 지혜이다. 만일 옳은지도 그른지도 모른다면, 이는 마음에 지각이 없는 어리석은 자이다.

이미 시비를 분명히 하면 반드시 이를 판단할 수 있다. 마땅히 이처럼 하고 저처럼 해서는 안 되는 것을 알고서, 이의 가부可否와 종위從違를 결정짓는 그것이 바로 의義이다. 만일 이처럼 하려고 하면서도 미련 없이 저것을 버리지 못하고, 어정쩡한 중간 입장에서 한계를 긋지 못하는 것은 어리석은 마음으로서 의가 없기 때문이다.

이미 결정했으면 그처럼 행하여야 한다. 이 일은 왜 너무 지나쳤고 왜 미치지 못했는가를 알고서 중정中正으로써 가장 적절한 절문節文을 두어 지나치거나 미치지 못함이 없도록 하는 것이 곧 예禮이다.

일을 하는 데 이미 중도를 얻고, 또한 그 사이에 조금도 사사로운 마음이 없다면, 이 모두가 천리의 유행으로 이것이 곧 인仁이다. 일을 하되 처음부터 끝까지 모두 이러한 마음으로 진실하게 하는 것이 곧 신信이다. 이는 아래에서부터 위를 말하는 것이다.

만일 위에서 아래로 말한다면, 또한 손님을 맞이함에 있어 처음 그 사실을 듣자마자 곧 측은한 마음이 마음속에서 동요되는 것은 인仁이며, 측은한 생각이 마음속에 일렁이고 엄숙히 공경하는 마음이 생겨 그를 접견하는 것이 예禮이며, 접견을 마치고서 어떻게 대접할까를 생각하여 차로 대접해야 할지, 아니면 술로 대접해야 할지, 이를 경중 후박에 맞도록 처리하는 것이 의義이며, 경중과 후박을 명백하고 일정하게 하는 것이 지智이며, 처음부터 끝까지 모두 다 진실하게 하는 것은 신信이다. 이 도리는 끝이 없이 순환하는 것이니, 이를 익히 본다면 대용大用과 소용小用이 모두 시의적절하게 처리될 것이며, 횡설수설橫說豎說이 모두 통할 수 있다.

　四者端緒, 日用間常常發見; 只是人看理不明, 故茫然不知得. 且如一事到面前, 便自有箇是有箇非; 須是知得, 此 便是智. 若是也不知, 非也不知, 便是心中頑愚無知覺了. 既知得是非已明, 便須判斷, 只當如此做, 不當如彼做, 有可否從違, 便是義. 若要做此, 又不能割捨得; 彼只管半間半界, 便是心中頑鈍而無義. 既斷定了, 只如此做, 便看此事如何是太過, 如何是不及, 做得正中恰好, 有箇節文, 無過無不及, 此便是禮. 做事既得中, 更無些子私意夾雜其間, 便都純是天理流行, 此便是仁. 事做成了, 從頭至尾, 皆此心真實所爲, 便是信. 此是從下說上去. 若從上說下來, 且如與箇賓客相接, 初纔聞之, 便自有箇惻隱之心, 怛然動於中, 是仁. 此心既怛然動於中, 便肅然起敬去接他, 是禮. 既接見畢, 便須商量, 合作如何待, 或喫茶或飲酒, 輕重厚薄, 處之得宜, 是義. 或輕或重, 或厚或薄, 明白一定, 是智. 從首至末, 皆真實, 是信. 此道理循環無端, 若見得熟, 則大用小用皆宜, 橫說豎說皆通.

(13) 인은 마음의 전체 덕이다[論仁是心之全德]

인仁은 마음의 전덕全德으로 이 네 가지를 총괄하는 것이기에, 의예지신義禮智信은 인仁이 없이는 성립될 수 없다. 인仁이란 마음속에 있는 하나의 생리로서 항시 유행하여 생생불식生生不息하며, 처음과 끝이 일관되어 간단이 없다. 만약 이러한 생리가 없다면 마음은 곧 죽어버리게 된다. 그렇다면 사람을 대접하고 손님을 맞이함에 있어서 공경하는 마음이 어디에서 나올 수 있겠는가? 이것이 이른바 예禮가 없음이며, 또한 일을 처리하는 즈음에 제재 단정할 줄 모른다면 의義가 있을 수 없으며, 시비에 대해 멍청스레 아는 바 없다면 지智가 있을 수 없다. 이른바 이 네 가지가 없다면 또한 이를 어떻게 실리實理라 말할 수 있겠는가.

仁者, 心之全德, 兼統四者; 義禮智, 無仁不得. 蓋仁是心中箇生理, 常行生生不息, 徹終始, 無間斷. 苟無這生理, 則心便死了. 其待人接賓恭敬, 何自而發? 必無所謂禮. 處事之際, 必不解裁斷, 而無所謂義. 其於是非, 亦必頑然無所知覺, 而無所謂智. 既無是四者, 又烏有所謂實理哉?

(14) 사단은 네 가지 덕일 뿐이다[論四端只是四德]

인성의 인 의 예 지는 천지의 원 형 리 정의 이치이다. 인仁은 하늘에 있어선 원元, 계절로는 봄이다. 이는 생물生物의 비롯이기에 만물이 바야흐로 싹트고 나타나게 된다. 인仁의 생생生生은 많은 선에 으뜸이다. 예禮는 하늘에 있어선 형亨, 계절로는 여름이다. 만물은 이 계절에 모두 성장하고 많은 아름다움이 모여드는 바이다. 이를테면 경례經禮 삼백三百과 곡례曲禮 삼천三千이 찬연하여 문물文物이 성대한 것도 많은 아름다움이 모인 것이다. 의義는 하늘에 있어선 이利, 계절로는 가을이다. 만물은 이 계절에 모두 성숙하며 각기 제자리를 얻는다. 이는 마치 의義란 모든 일을 절제節制하고, 또한 각각 그 마땅함을 얻는 것과 같다. 가을에는 숙살肅殺의 기운이 있으며, 의 또한 엄숙한 뜻이 있다. 지智란 하늘에 있어선 정貞, 계절로는 겨울이다. 만물이 이 계절에 이르면 모두가 뿌리로 되돌아와 본래의 명으로 회복되고 수렴되어 모두가 안정되는 것이다. 이를테면 지혜는 모든 일의 시비를 보고서 모두 일정하게 확고히 바뀌지 않도록 하는 그것이 바로 정고貞固의 도리이다.

정貞은 또다시 원元을, 원은 형亨을, 형은 이利를, 이는 정貞을 낳으면서 끝없이 순환하는 것이다. 이를 종합하여 보면, 단 하나의 원元이 있을 뿐이다. 원元은 하나의 생의生意이며, 형亨은 생의의 형통이며, 이利는 생의의 성숙이며, 정貞은 생의의 갈무리이다. 이 원元은 사단四端을 모두 통하기 때문에 공자는 "위대하다. 건원乾元이여! 만물이 힘입어 비롯하나니, 이에 하늘을 거느리도다"라고 하였다. 하늘을 거느림[統天]이란 처음과 끝에 두루 유행하여, 모두 하나의 원元이 되는 것이다. 이를테면 인仁이란 네 가지를 모두 통솔하니, 의義 예禮 지智는 모두 인仁이다.

사단四端에 있어서 측은惻隱 일단一端 또한 수오羞惡 사양辭讓 시비是非의 실마리를 관통하여 이를 총괄하는 것이다. 사단의 처음, 지각知覺 발동發動의 초기, 곧 참다운 정이 간절할 때 측은한 마음이 모두 관통하는 바를 스스로 볼 수 있다. 그러므로 정자程子의 역전易傳에서 "사덕四德의 원元은 오상五常의 인仁과 같기에, 부분적으로 말하면 하나의 일이나, 전체로 말하면 네 가지를 포괄한다"라고 하였다. 이는 사람에게 보여주는 바 친절하여 만세에 바뀔 수 없는 정론이다.

人性之有仁義禮智, 只是天地元亨利貞之理. 仁在天爲元, 於時爲春, 乃生物之始, 萬物於此方萌芽發露; 如仁之生生, 所以爲衆善之長也. 禮在天爲亨, 於時爲夏, 萬物到此時, 一齊盛長, 衆美所會聚; 如經禮三百曲禮三千, 粲然文物之盛, 亦衆美所會聚也. 義在天爲利, 於時爲秋, 蓋萬物到此時, 皆成遂各得其所; 如義斷制萬事, 亦各得其宜; 秋有肅殺氣, 義亦有嚴肅底意. 智在天爲貞, 於時爲冬, 萬物到此, 皆歸根復命, 收斂都定了; 如智見得萬事, 是非都一定確然不可易, 便是貞固道理. 貞後又生元, 元又生亨, 亨又生利, 利又生貞, 只管如此去循環無端. 總而言之, 又只是一箇元. 蓋元是箇生意, 亨只是此生意之通, 利只是此生意之遂, 貞也只是此生意之藏. 此元所以兼統四德, 故曰大哉乾元萬物資始乃統天, 謂統乎天, 則終始周流, 都是一箇元. 知仁兼統四者, 義禮智都是仁. 至其爲四端, 則所謂惻隱一端, 亦貫通乎辭遜羞惡是非之端, 而爲之統焉. 今只就四端, 不覺發動之初, 眞情懇切時, 便自見得惻隱貫通處. 故程傳曰四德之元, 猶五常之仁. 偏言則一事, 專言則包四者. 可謂示人親切, 萬古不易之論矣.

(15) 사단은 모두 천리이다[論四端皆是天理]

왜 의義 예禮 지智를 모두 인仁이라 말하는 걸까? 인仁이란 마음 전체가
모두 천리의 유행이며, 예의禮儀 삼백과 위의威儀 삼천 또한 모두가 천리의
유행이며, 의義의 단절斷截로써 모든 일에 마땅함을 얻는 것 또한 모두가
천리의 유행이며, 모든 일을 분별하여 시비를 확정짓는 지혜 또한 모두가
천리의 유행이기 때문이다.

何謂義禮智都是仁? 蓋仁者, 此心渾是天理流行. 到那禮儀三百威儀三千, 亦都
渾是這天理流行; 到那義裁斷千條萬緒, 各得其宜, 亦都渾是這天理流行; 到這智
分別萬事是非各定, 亦都渾是這天理流行.

(16) 사단은 인·의일 뿐이다[論四端只是仁義]

인 의 예 지 네 가지를 크게 두 가지로 나눈다면, 인의仁義 두 가지일
뿐이다. 이는 춘하추동 사계절을 크게 나누면 음양 둘뿐이라는 것과 같다.
봄과 여름은 양, 가을과 겨울은 음이다. 여름의 통창通暢한 도는 봄의 발생
기운이 성대한 곳이며, 겨울의 수렴 저장은 가을의 숙살肅殺 기운이 뿌리로
돌아가는 시기이다. 그러므로 예의禮儀 삼백과 위의威儀 삼천이란 천리가
유행하여 뚜렷이 나타나는 곳이며, 시비를 확정짓는 지혜는 의義의 단재斷
截로써 각각 올바르게 하는 곳이다. 주자 또한 "예는 인仁의 나타남이며,
지혜는 의義의 갈무리이다"라고 말하였다.

仁義禮智四者, 判作兩邊, 只作仁義兩箇; 如春夏秋冬, 四時分來, 只是陰陽兩
箇. 春夏屬陽, 秋冬屬陰. 夏之通暢, 只是春之發生盛大處; 冬之藏斂, 只是秋之肅
殺歸宿處. 故禮儀三百威儀三千, 只是天理流行顯著處; 智之是非確定, 只是義之
裁斷割正處. 文公曰禮者仁之著, 智者義之藏.

(17) 오상의 의리는 널리 퍼져 있다[論五常義理鋪敍(凡三段)]

1) 사물로 말한다면, 부자의 친함이 있음은 인仁, 군신의 의리가 있음은
의義, 부부의 분별이 있음은 예禮, 장유의 차서가 있음은 지智, 벗에게 믿음
이 있음은 신信이다. 이는 종縱으로 본 것이다.

就事物言, 父子有親便是仁, 君臣有義便是義, 夫婦有別便是禮, 長幼有序便是
智, 朋友有信便是信. 此又是竪觀底思.

2) 이를 횡橫으로 살펴보면, 인仁이란 이른바 친親이니, 의리 분별 차서
믿음[義別序信] 모두가 마음의 천리 유행이요, 또한 인仁이다. 의義로 말하면
그것을 마땅하게 친히 하고, 마땅하게 의로 하고, 마땅하게 분별하고, 마땅
하게 차서로 하고, 마땅하게 믿음이 있게 하는 것이 모두 각자의 이치에
마땅케 하는 의義이며, 예로 말하면 친함과 의리[親義]와 차서와 믿음[序信]
을 행하는 가운데 절문節文이 있는 것이 예禮이며, 지智로 말하면 오상五常
의 마땅한 바를 알아 혼미함이 없는 것이 또한 지智이며, 신信으로 말하면
이 다섯 가지를 미덥게 하여 참으로 망령됨이 없는 것 또한 신信이다.

若橫而觀之, 以仁言則所謂親; 義序別信, 皆莫非此心天理流行, 又是仁. 以義
言, 則只那合當親·合當義·合當別·合當序·合當信底, 皆各當乎理之宜, 又是義.
以禮言, 則所以行乎親義別序信之中節文, 又是禮. 以智言, 則所以知是五者當然

而不昧, 又是智. 以信言, 則所以實是五者誠然而不妄, 又是信.

3) 또 이를 뒤섞어서 말한다면, 어버이를 사랑하는 것[親親]은 인仁이다. 어버이를 진실로 사랑하는 마음은 인仁의 인仁, 어버이게 간언하는 바는 인의 의義, 어버이의 잠자리를 살피고 문안을 드리는 절문節文은 인의 예禮, 양지良知로써 이와 같은 사랑을 아는 것은 인의 지智, 어버이를 섬기는 진실이 되는 바는 인의 신信이다.

형을 뒤따르는 것은 의義이다. 형을 사랑하는 진심이 의의 인仁, 항상 변함없이 공경하는 바가 형에게 있음은 의의 의義, 어른의 뒤를 따라 서서히 가는 절문은 의의 예禮, 양지良知로써 이와 같은 공경을 아는 것은 의의 지智, 형을 따르는 진실이 되는 바는 의의 신信이다.

손님에게 공경하는 것은 예禮이다. 그 가운데 정성과 사랑으로 하는 바는 예의 인仁, 마땅케 대접하는 바는 예의 의義, 주선하는 절문은 예의 예禮, 어지럽지 않게 술잔을 주고받는 것은 예의 지智, 손님을 공경하는 진실이 되는 바는 예의 신信이다.

사물을 밝게 살피는 것은 지혜이다. 시시비비를 간절히 하고 측은스럽게 생각하는 것은 지의 인仁, 시시비비를 마땅케 하는 것은 지의 의義, 시시비비의 중절中節은 지의 예禮, 시시비비를 일정케 하는 것은 지의 지智, 시비의 실상이 되는 바는 지의 신信이다. 말을 실천하는 것은 믿음[信]이다. 천리天理의 공정함을 따르는 것은 신의 인仁, 모두 천리에 맞게 말하는 것은 신의 의義, 말을 하되 절도에 맞는 것은 신의 예禮, 조리가 있어 어지럽지 않은 것은 신의 지智, 이 말의 진실이 되는 바는 신의 신信이다.

若又錯而言之, 親親, 仁也. 所以愛親之誠, 則仁之仁也; 所以諫乎親, 則仁之義也; 所以溫凊定省之節文, 則仁之禮也; 自良知無不知是愛, 則仁之智也; 所以爲事親之實, 則仁之信也. 從兄, 義也. 所以爲愛兄之誠, 則義之仁也; 所以庸敬在兄,則義之義也; 所以徐行後長之節文, 則義之禮也; 自良知無不知是敬, 則義之智也; 所以爲從兄之實, 則義之信也. 敬賓, 禮也. 所以懇惻於中, 則禮之仁也; 所以接待之宜, 則禮之義也; 所以周旋之節文, 則禮之禮也; 所以酬酢而不亂, 則禮之智也; 所以爲敬賓之實, 則禮之信也. 察物, 智也. 是是非非之懇惻, 則智之仁也; 是是非非之得宜, 則智之義也; 是是非非之中節, 則智之禮也; 是是非非之一定, 則智之智也; 所以爲是非之實, 則智之信也. 復斯言也, 由乎天理之公, 則信之仁也; 發而皆天理之宜, 則信之義也; 出而中節, 則信之禮也; 所以有條而不紊, 則信之智也; 所以爲是言之實, 則信之信也.

4) 그러므로 인의예지신 가운데 인仁이, 인의예지신 가운데 의義가, 인의예지신 가운데 예禮가, 인의예지신 가운데에 지智가, 인의예지신 가운데 신信이 있기도 하고, 또한 인仁 가운데 인의예지신이, 의義 가운데 인의예지신이, 예禮 가운데 인의예지신이, 지智 가운데 인의예지신이, 신信 가운데 인의예지신이 있기도 하다.

故有仁義禮智信中之仁, 有仁義禮智信中之義, 有仁義禮智信中之禮, 有仁義禮智信中之智, 有仁義禮智信中之信; 有仁中之仁義禮智信, 有義中之仁義禮智信, 有禮中之仁義禮智信, 有智中之仁義禮智信, 有信中之仁義禮智信.

(18) 오상의 상생 맥락[論五常相生脈絡]

사람을 만나고 접촉하는 것으로 말하면 인仁의 생리生理가 유행하는 가운데 예禮의 공손한 절문節文을 빚어내며, 예의 공손한 절문 가운데 의義의 단재斷裁로써 적절함[宜]을 빚어내기도 하며, 의의 단재로써 적절함을 얻은 가운데 지혜의 시비를 빚어내기도 하며, 지혜의 시비 수렴의 가운데 인의 생리 유행을 빚어내기도 한다. 원래 스스로 맥락이 연결되어 있기에 한계가 분명하여 서로 미치지 못하는 단절이 아니다.

自其過接處言之, 如仁生理流行中, 便醞釀箇禮之恭遜節文來; 禮恭遜節文中, 便醞釀箇義之裁斷得宜來; 義裁斷得宜中, 便醞釀箇智之是非一定來; 到這智是非一定處, 已收藏了於其中; 又復醞釀仁之生理流行來. 元自有脈絡相因, 非是界分截然不相及.

(19) 오상이란 감촉에 따라 움직인다[論五常隨觸而動(凡三段)]*

1) 이 다섯 가지는 감촉에 따라서 발산되고 용用에 따라서 응하되, 더러는 하나의 감촉으로 모두 동하기도 하고, 서로의 교착으로 나타나기도 하고, 어지럽지 않는 차서가 있기도 하고, 뒤섞여 모두 함께 나감으로써 차례대로 말하지 못하는 경우도 있다. 그리고 큰 곳에는 크게, 작은 곳에는 작게, 성긴 곳에는 성글게, 촘촘한 곳에는 촘촘하게 있다. 이와 같이 종횡縱橫으로 전도顚倒되어 통하지 않은 바 없다.

五者隨感而發, 隨用而應, 或纔一觸而俱動, 或相交錯而互見, 或秩然有序而不紊, 或雜然並出, 而不可以序言. 大處則大有, 小處則小有, 疎處則疎, 有密處則密, 有縱橫顚倒, 無所不通

2) 사람이 재앙을 당하거나 상처를 입으면 측은한 마음으로 으레 그의 상처에 동정을 표하는 것은 인仁 가운데 의義를, 타인의 잘못을 보면 그를 미워하면서도 반드시 그가 고쳐 선을 따르도록 바라는 것은 의 가운데

---

* 抄錄本에서는 이를 모두 합하여 1段으로 처리하였다.

인을 수반한 것이다.

見人之災傷, 則爲之惻然而必憤其所以傷之者, 是仁中含帶義來; 見人之不善, 則爲之憎惡而必欲其改以從善, 是義中含帶仁來.

3) 큰 손님을 맞이할 때 이를 위해서 공경을 다하고 반드시 잘못이 있을까 뒤돌아보며 두려워하는 것은 예禮 가운데 지혜를, 아름답고 악하고 희고 검은 물건을 보았을 때 이를 분별하여 반드시 각자에 맞는 분수를 두어 어지럽지 않게 하는 것은 지智의 가운데 예를 수반한 것이다.

見大賓, 爲之致敬, 必照顧惟恐其失儀, 是禮中含帶智來; 見物之美惡黑白, 爲之辨別, 必自各有定分不相亂, 是智中含帶禮來.

(20) 인은 모든 선을 포괄한다[論仁包萬善]

공자의 문하에서는 사람을 가르칠 때 인仁을 구하는 것으로 큰 비중을 삼았기에 오로지 인仁만을 말하였는데, 이는 인仁은 모든 선을 포괄하므로 능히 인을 행하면 모든 선은 다 그 가운데 있기 때문이다. 맹자에 이르러서는 인의를 대칭으로 말하였는데, 이는 사계절을 음양으로 나누어 보는 것과 같다.

孔門教人, 求仁爲大, 只專言仁. 以仁含萬善, 能仁則萬善在其中矣. 至孟子, 乃兼仁義對言之, 猶四時之陰陽也.

(21) 제자들이 인을 선으로 말한 데 대하여[論諸子言仁之善]

공문孔門의 후인들은 모두 인仁에 대해서 알지 못하였고, 한대漢代 학자들은 은애설恩愛說로 논하였을 뿐이다. 이 또한 너무나 천착된 말이며, 사랑이라는 것 또한 거듭된 말로써 인仁을 모두 외재현상外在現象으로만 간주하였다. 이 때문에 한퇴지韓退之(韓愈)는 결국 "박애博愛를 인仁"이라고 말하였는데, 정자程子에 이르러서야 처음으로 명백히 분별되었다. 그의 말에 의하면, "인仁이란 성性이며, 사랑이란 정情이다"라고 하였다.

그러나 정자程子의 말이 나온 이후로 그 문인 또한 사랑을 정이라 하는 말을 모두 버리고서 하나같이 고차원적인 것만을 추구해 나감으로써 "인仁은 사랑의 본성이며, 사랑은 인의 정"임을 알지 못하였다. 사랑이란 곧바로 인仁이라 이름할 수 없지만 인仁 또한 어떻게 사랑을 떠날 수 있겠는가. 상채上蔡(謝良佐)는 오로지 지각만으로 인仁을 말하였고, 또한 불씨佛氏의 "작용시성설作用是性說"로 빠져들게 된 것이다. 인仁에는 지각이 있지만 지각을 인仁이라고 말할 수는 없다. 여기에서 다시 한 번 변하면, 지각이란 순전한 이치요, 곧 인仁이라는 말이 된다.

귀산龜山(楊時) 또한 "만물이 나와 더불어 하나가 되는 것이 인仁의 체體"라고 말하였다. 물론 인仁이란 만물과 더불어 하나가 되는 것이지만, 만물과 하나가 되는 것을 바로 인仁이라 말하는 것은 옳지 못하다. 그것은 인의 도량[量]으로 말한 것이다. 만일 여기에서 다시 한 번 변하면, 만물과 하나가 되기 이전에 내외가 하나로 통하여 순전한 천리의 유행으로 사이가 없는 것이 곧 인이라는 말이 된다.

여씨呂氏의 「극기명克己銘」에서는 또한 "몸을 극복하고자 한다면, 모름지기 만물과 일체가 되었을 때, 바야흐로 인이다"라고 한다. 이는 모두 인仁을 공허한 외재의 것으로, 나와는 전혀 관계되는 바 없다가 막상 자신과 사물이 접촉할 때 극기를 공부할 수 있는 것이지, 평상시 홀로 거처하면서 사물과의 접촉이 없을 때에는 극기 공부를 할 곳이 없다고 인식한 데에 기인한 것이다. 이는 매우 엉성하고 동떨어진 말이다.

그러나 만일 그와 같은 말에 준하여 볼 경우, 내 자신이 어떻게 만물과 더불어 하나로 부합될 수 있으며, 어떻게 사방팔방을 모두 나의 범주 속에 둘 수 있겠는가? 이는 한낱 인仁 가운데 대개 그와 같은 기상이 있으리라는 것을 가상해서 말한 것이다. 그러나 실제로 인이란 어느 곳에 존재할 수 있겠는가? 이는 옛적에 공자와 안자顏子가 전수했던 심법心法의 본지를 잃은 것이며, 그 밖의 문인 또한 모두가 식견이 좁아서 친절하게 말한 사람이 없는 데에서 기인한 것이다.

孔門後人, 都不識仁; 漢人只把做恩惠說, 是又太泥了; 愛又就上起樓起閣, 將仁看得全粗了, 故韓子遂以博愛爲仁. 至程子始分別得明白, 謂仁是性, 愛是情. 然自程子此言一出, 門人又將愛全掉了, 一向求高遠去, 不知仁是愛之性·愛是仁之情. 愛雖不可以正名仁, 而仁亦豈能離得愛? 上蔡遂專以知覺言仁, 又流入佛氏作用是性之說去. 夫仁者固能知覺, 謂知覺爲仁, 固不可. 若能轉一步看, 只知覺純是理, 便是仁也. 龜山又以萬物與我爲一爲仁體. 夫仁者, 固能與物爲一, 謂與物爲一爲仁, 則不可. 此乃是仁之量. 若能轉一步看, 只於物爲一之前, 徹表裏, 純是天理流行無間, 便是仁也. 呂氏克己銘, 又欲克去有己, 須與物合爲一體, 方爲仁; 認得仁都曠蕩在外了, 於我都無統攝; 必己與物對時, 方下得克己工夫. 若平居獨處不與物對時工夫, 便無可下手處, 可謂疎闊之甚. 據其實, 己如何得與物合一洞然, 八方如何得皆在我闥之內? 此不過只是想像簡仁中大抵氣象如此耳. 仁實何在焉? 殊失向來孔門傳授心法本旨. 其他門人 又淺, 皆無有說得親切者.

(22) 정자의 인에 대한 주요 논지[論程子論仁之要]*

정자의 논지에 의하면, "마음을 비유하면 곡식의 종자와 같으며, 싹이 터 나올 수 있는 본성이 곧 인仁이다"라고 한다. 이 한 마디의 말은 지극히 친절하다고 하겠다. 이에 준하여 또다시 "인은 본성이며 사랑은 정이다" "인은 각覺 자로 주석을 붙일 수 없다" "공정함으로써 사람이 이를 체득하는 것이 인仁이다" 따위의 여러 말들을 서로 참고하여 살펴보면, 그가 말한 주된 뜻에서 어긋나지 않을 것이며, 또한 그 의의를 알 수 있을 것이다.

程子論心, 譬如穀種; 生之性, 便是仁. 此一語, 說得極親切. 只按此爲準去看, 更兼所謂仁=是性·愛是情, 及仁不可訓覺, 與公而以人體之故爲仁等數語, 相參照 體認出來, 則主意不差而仁可得矣.

(23) 인에 대한 논지는 똑같지 않다[論言仁之旨不同]

인仁은 이치[理]로 말하는가 하면 마음[心]으로 말하기도 하고 일[事]로 말하기도 하였다. 이치로 말하면 마음의 전체가 곧 천리의 공정함이니, 주자가 말한 "마음의 덕, 사랑의 이치"란 이치로 말한 것이다. "마음의 덕"이란 전체설로 그것은 본체이며, '사랑의 이치'란 부분설로 그것은 작용이다. 정자의 "인이란 천하의 공정함이니, 선의 근본이다"라는 말 또한 이치로 말한 것이다. 마음으로 말하면 마음이 순전한 천리의 공정함으로 인욕의 사사로움이 조금도 없는 것이다. 공자의 "안회顏回는 3개월 동안 인仁을 어기지 않았다"라는 말과 정자의 "털끝만큼도 사욕이 없는 것이니,

---

* 抄錄本에서는 아래의 2항을 "程子論仁 凡二條"로써 별항 처리하였다.

조금이라도 사욕이 있다면 그것은 인이 아니다"라는 말과 "옹옹(仲弓)이 인仁을 한 줄은 모르겠지만……"이라는 말들은 모두 마음으로 말한 것이다.

일로 말한 것은 이치에 마땅케 하여 사사로운 마음이 없는 것을 말한다. "백이숙제伯夷叔齊는 인을 구하려다 인을 얻었다"라는 말과 "은殷나라에는 세 사람의 어진 이[三仁]가 있었다"라는 말과 '영윤자문令尹子文의 충성'과 '문자文子의 청백'은 모두 "인仁인지 아닌지 알 수 없지만, 어떻게 그것을 인이라 말할 수 있겠느냐"라는 말들이 이러한 뜻이다.

공부로 말하면 인욕을 버리고 천리에 회복하여 본심의 덕을 온전히 하는 것일 뿐이다. 이를테면, 공자는 당시 많은 제자들의 인仁의 물음에 대하여 각기 다른 그들의 재질과 병폐의 차이에 따라서 말하였지만, 귀결처는 여기에서 벗어나지 않는다.

仁有以理言者, 有以心言者, 有以事言者. 以理言, 則只是此心全體天理之公; 如文公所謂心之德愛之理, 此是以理言者也. 心之德, 乃專言而其體也; 愛之理, 乃偏言而其用也. 程子曰仁者, 天下之公, 善之本也. 亦以理言者也. 以心言, 則知此心純是天理之公而絶無一毫人欲之私以間之也, 如夫子稱回也三月不違仁; 程子謂只是無纖毫私欲, 少有私欲, 便是不仁; 及雍也不知其仁等類, 皆是以心言者也. 以事言, 則只是當理而無私心之謂, 如夷齊求仁而得仁, 殷有三仁, 及子文之忠, 文子之淸, 皆未知焉得仁等類 是也. 若以用功言, 則只是去人欲復天理, 以全其本心之德而已矣; 如夫子當時答輩子問仁, 雖各隨其才質病痛之不同, 而其旨意所歸大槪, 不越乎此.

9. 충신忠信

(1) 충신이란 많은 선 가운데 있다[論忠信在萬善之中]

충신忠信은 공부하는 입장에서 쓴 글자이다. 본성에는 인의예지 네 가지가 있을 뿐이다. 그러나 모든 선은 다 여기에서 나오는 것이다. 이 네 가지는 실로 모든 선을 총괄하는 것이다. 예를 들면 충신과 효제 따위는 모두 많은 선 가운데에 있는 것이다. 효도와 공경은 인仁의 실상이지만 어버이를 섬기고 형을 섬기는 것에 따라서 이를 효제, 충신이라 일컫는다. 이는 오상五常의 실리實理에 의하여 발생되지만, 사물을 접촉하여 발생하는 것으로 말할 때, 비로소 이를 충신이라 한다.

忠信, 是就人用工夫上立字. 大抵性中, 只有箇仁義禮智四位; 萬善皆從此而生, 此四位實爲萬善之總括. 如忠信, 如孝弟等類, 皆在萬善之中. 孝弟, 便是箇仁之實; 但到那事親從兄處, 方始目之曰孝弟. 忠信, 便只是五常實理之發, 但到那接物發言處, 方始名之曰忠信.

(2) 이정의 충신에 관한 의론[論二程議論忠信之理]

충신 두 글자에 대해 예로부터 분명히 아는 사람이 없었다. 많은 사람들은 충忠을 말할 때, 임금을 속이지 않고 섬기는 것을 충신이라 말하였다. 물론 충성이란 임금을 속이지 않는 것이라지만, 속이지 않는 그것만으로 충신忠信이라 한다면, 이는 타당하지 못하다. 이렇게 보면, 충이라는 글자는 임금을 섬기는 방편으로 말한 것일 뿐이다.

신信 또한 의심하지 않는 것을 믿음이라 말하였다. 이 또한 믿음이란 참으로 의심하지 않는 것이라지만, 의심하지 않는 것만으로 신을 해석하는 것은 옳지 않다. 그렇다면 그들의 말처럼 의심하지 않는다는 것은 과연 무슨 일을 의심하지 않는다는 것일까? 이 글자에 대한 골격이 뚜렷이 나타나 있지 않았다. 그 후 정자에 이르러서야 "자신을 다하는 것을 충忠"이라 하고, "진실하게 하는 것을 신信"이라 말함으로써 비로소 그 의의를 확실하게 단정하여 말한 셈이다.

"몸을 다한다"는 것은 자신의 마음 이면의 것을 다한, 즉 주재를 간직한 것으로 말하였다. 반드시 한 털끝만큼이라도 다하지 못한 바가 없어야만 이를 충이라 한다. 예를 들면 십분十分 말을 해야 할 때, 7분만을 말하고 2, 3분을 남겨 두었다면 이는 다하지 못함이니 충이라 말할 수 없다.

"진실하게 한다"는 것은 예컨대 말을 할 때는 실제 사물에 근거해서 없는 것은 없다 하고 있는 것은 있다고 말하는 것이다. 만일 없는 것을 있다 하고, 있는 것을 없다 한다면 이는 진실하지 못하므로 신이라 말할 수 없다.

그러나 충신이란 두 가지로 나누어 볼 수 없다. 내면의 마음이 밖으로 표출될 때 다하지 못하는 바 없음을 충이라 하고, 바깥으로 나올 때 모두 진실하게 하는 것을 신이라 한다. 명도 선생明道先生은 이에 대해 명쾌하게 밝힌 바 있다. "나에게서 말하여 스스로 다한 것을 충이라 하고, 사물을 따라 어김이 없는 것을 신이라 한다"라고 한 말이 그것이다. 자신의 마음속에서 밖으로 나올 때 하나라도 다하지 못하는 바 없는 것을 충이라 하고,

사물의 실상을 따라서 조금도 어긋남이 없이, 옳은 것은 옳다 하여 그 옳음에 어긋난 바 없게 하며, 그릇된 것은 그릇되었다 하여 그 그릇된 것에 어긋나지 않도록 하는 것을 신이라 한다. 이천의 말은 간단하면서도 요긴하고 확실하지만, 명도의 말은 막힘이 없이 넘쳐 흐르는 기상이 있다.

忠信二字, 從古未有解人得分曉. 諸家說忠, 都只是以事君不欺爲言. 夫忠固能不欺, 而以不欺名忠則不可. 如此則忠之一字, 只事君方使得說. 信又只以不疑爲言, 信固能不疑, 而以不疑解信則不可. 如此則所謂不疑者, 不疑何事? 直至程子曰盡己之謂忠, 以實之謂信, 方說得確定. 盡己, 自盡自家心裏面以所存主者而言, 須是無一毫不盡, 方是忠; 如十分裏話, 只說得七八分, 猶留兩三分, 便是不盡, 不得謂之忠. 以實, 是就言上說, 有話只據此實物說, 無便曰無, 有便曰有. 若以無爲有, 以有爲無, 便是不以實, 不得謂之信. 忠信非判然二物, 從内面發出, 無一不盡, 是忠; 發出外來, 皆以實, 是信. 明道發得又明暢, 曰發己自盡爲忠, 循物無違爲信. 從己心中發出, 無一不盡, 是忠; 循那物之實, 是信. 無些子違背他, 如是便曰是, 不與是底相背; 非便曰非, 不與非底相背, 便是信. 伊川說得簡要確實, 明道說得發越條暢.

(3) 충신에는 각기 주한 바 있다[論忠信各有所主]

신이란 말로써 말하기도 하니, 말을 할 때 진실하게 하는 것이며, 일로써 말한 것도 있으니, 일을 할 때 진실하게 하는 것이다. 그것은 실리實理로 말하기도 하고, 진실한 마음[實心]으로 말하기도 한다.

信, 有就言上說, 是發言之實; 有就事上說, 是做事之實. 有以實理言, 有以實心言.

(4) 충신이란 사람이 공부하는 곳이다[論忠信是人用工處]

충신 두 글자는 '성誠'의 뜻에 가깝다. 충신忠信은 진실한 것이며, 성誠 또한 진실한 것이지만, 성은 자연(비인위적)의 진실이요, 충신은 공부(노력. 인위적)를 하여 진실케 하는 것이기에 성은 본연의 천부적天賦的인 진실된 도리 그 자체로 말하고, 충신은 인간이 해야 할 공부로써 말한 것이다.

忠信兩字, 近誠字. 忠信只是實, 誠也只是實; 但誠是自然實底, 忠信是做工夫 實底. 誠, 是就本然天賦真實道理上立字, 忠信, 是就人做工夫上立字.

(5) 신을 말하는 데는 각기 주하는 바 다르다[論言信各有異主]

충신의 신信과 오상五常의 신信은 어떻게 구별하여 보아야 할까? 오상의 신은 마음의 진실한 이치實理로써 말하고, 충신의 신은 언어의 진실한 이치 로써 말하니, 이를 하나하나 밝게 꿰뚫어 보아야 할 것이다. 옛 사람의 말에는 충신의 신으로 말하기도 하고, 오상의 신으로 말하기도 하였으므 로, 하나를 고집하여 보아서는 안 된다. 만일 이를 고집하여 보면 뜻이 통하지 않는다.

忠信之信與五常之信, 如何分別? 五常之信, 以心之實理而言; 忠信之信, 以言 之實而言, 須是逐一看得透徹. 古人言語, 有就忠信之信言者, 有就五常之信言者, 不可執一看; 若泥著則不通.

(6) 충신의 천도·인도에 관하여[論忠信天人之度透]

성誠과 충신忠信을 대칭으로 말하면 성은 천도, 충신은 인도이다. 그러나
충과 신을 대칭으로 말하면 충은 천도, 신은 인도이다.

誠與忠信對, 則誠天道, 忠信人道; 忠與信對, 則忠天道, 信人道.

(7) 성현의 충신에 대해서[論聖賢之忠信]

성인 경지에서의 충신은 진실한 자[誠者]이니 이는 천도[天道 : 自然的]이며,
현인 경지에서의 충신은 진실하려고 생각하는 자[誠之者]이니, 이는 인도[人
道 : 人爲的]이다.

聖人分上忠信, 便是誠, 是天道; 賢人分上忠信, 只是思誠, 是人道.

(8) 충신은 내 마음의 주인이다[論忠信爲吾心之主]

공자는 "충신忠信을 주로 한다"고 하니, 주로 한다는 뜻의 주主 자는 빈賓
의 대칭이다. 손님이란 바깥사람으로서 출입에 떳떳함이 없는 자이며, 주
인은 집주인으로서 항상 그 집에 거주하는 것이다. 충신으로 내 마음의
주인을 삼는다는 것은, 항상 마음속에 충신을 간직해 두려는 것이다. 마음
속에 주로 하는 바 충신이면 그 가운데 많은 도리는 모두 이에 진실하게
존재할 수 있으나, 만일 충신이 없으면 모든 도리는 다 공허하게 된다.
주主 자를 쓴 데에는 큰 의미가 담겨 있다.

孔子曰主忠信, 主與賓相對. 賓是外人, 出入無常; 主人是吾家之主, 常存在這屋

裏. 以忠信爲吾心之主, 是中心常要忠信, 盖無時而不在, 是也. 心中所主者忠信, 則其中許多道理, 便都實在這裏. 若無忠信, 則一切道理都虛了, 主字下得極有力.

(9) 충신의 의의를 간파해야 한다[論忠信要看透]

충신 등의 자의를 투철하게 간파하면 어느 문장에서나 통하지 않는 바 없다. 예컨대 임금을 섬기는 충은 자신의 마음을 극진히 다하여 임금을 섬기는 것이며, 남을 위하여 꾀할 때의 충, 또한 자신의 마음을 극진히 다하여 남을 위하여 일하는 것이다. 그리고 벗과의 사귐에 있어서의 믿음 또한 이를 진실케 하여 벗과의 사귐이며, 사람과의 사귐에 있어서의 믿음 또한 이를 진실케 하여 사람과의 사귐을 가지는 것이다.

忠信等字, 骨看得透, 則無往而不通. 如事君之忠, 亦只是盡己之心以事君; 爲人謀之忠, 亦只是盡己之心以爲人謀耳. 如與朋友交之信, 亦只是以實而與朋友交; 與國人交之信, 亦只是以實而與國人交耳.

10. 충서忠恕

(1) 충과 서의 의의에 대하여[論忠與恕之義]*

충신의 충忠은 신信 자와 대칭으로, 충서忠恕 또한 충忠과 서恕를 대칭으로 말하였다. 이천伊川은 "나의 몸을 다하는 것을 충이라 하고, 몸을 미루어 미쳐 가는 것을 서恕"라 한다. 충은 마음을 미뤄 가는 것으로 말하니, 나의 마음을 지극히 다하여 진실하게 하는 것이며, 서는 사람과 사물을 접촉하는 곳으로 말하니, 내 마음의 진실한 바를 미루어 사람과 사물에게 미쳐 가는 것이다. 자의로 해석하면 '중심中心을 충忠'이라 하는 것은 나의 내면의 마음[中心]을 다하여 진실하게 하는 것을 충이라 하고, '여심如心을 서恕'라 한 것은 자기의 마음을 미루어 사람에게 미쳐 가되 나의 마음에 하고자하는 바와 같이 해 주려고 하는 것이 곧 서이기 때문이다.

공자의 "내가 원하지 않는 바를 남에게 베풀지 말라"라는 말은 일부분만 논한 것일 뿐, 또한 여기에 그친 것은 아니다. "내가 원하지 않는 바를 베풀지 말라"는 것은 곧 내가 원하는 일을 반드시 사람에게 베풀라는 말이다. 예를 들면, 내가 효도를 하고자 원하는 것은 저 사람 또한 효도를 하고자 원하는 바이며, 내가 공경을 하고자 원하는 것은 저 사람 또한 공경을

---

* 抄錄本에서는 2항으로 나누어 보았는데, 錯簡이 없지 않다.

하고자 원하는 바이므로 반드시 효도하고, 공경하고자 하는 나의 마음을 미루어 저 사람 또한 효도하려 하고 공경하려는 마음에 미쳐 가 주는 것이며, 내가 지위에 서기를 원한다면 저 사람 또한 그 지위에 서기를 원하는 일이며, 내가 달達하기를 원한다면 저 사람 또한 달하기를 원하는 일이다. 따라서 반드시 내가 서고자 하고 달하고자 하는 마음을 저 사람에게 미쳐 줌으로써, 저 사람 또한 서고자 하며 달하고자 하는 마음을 이루도록 마련해 주는 것이 곧 서이다. 이는 나의 마음을 저 사람에게 전하는 것일 뿐이다. 그러나 서의 도리는 매우 광범위하다. 선비에겐 단지 한 집안에서 응하는 데 그치기에 그 범위가 작으므로, 그에 따라서 미루어 나가는 바 또한 한계가 있지만, 높은 지위에 있는 자로 말하면 미루어 가는 바 크며 미쳐 가는 바 또한 광범위하다. 이에 천자의 지위에 있으면 그의 미루어 나가는 바는 더욱 클 것이다. 그것은 천자 자신이 온 천하로써 나의 부모를 받들면서 천하 만백성의 부모를 굶주리고 추위에 떨게 하여 그들의 효도를 이루어 주지 못한다거나, 나의 어른을 존경하고 나의 어린이를 사랑하면서 천하 만백성의 형제 처자를 이산토록 만들어 그들의 거처를 편치 못하게 한다거나, 사해의 부를 누리면서도 하소연할 곳 없는 곤궁한 사람들이 삶을 즐겁게 누리지 못하게 한다는 것은, 모두가 내 몸을 미루어 나아가지 못한 것이며, 이는 곧 서를 행하지 못했기 때문이다.

忠信, 是以忠對信而論; 忠恕, 又是以忠對恕而論. 伊川謂盡己之謂忠, 推己之謂恕. 忠是就心說, 是盡己之心, 無不眞實者; 恕是就待人接物處說, 只是推己心之所眞實者, 以及人物而已. 字義, 中心爲忠, 是盡己之中, 心無不實, 故爲忠; 如心爲恕, 是推己心以及人, 要如己心之所欲者, 便是恕. 夫子謂己所不欲, 勿施於人, 只是就一邊論; 其實不止是勿施己所不欲者, 凡己之所欲者, 須要施於人, 方可. 如己欲孝, 人亦欲孝; 己欲弟, 人亦欲弟. 必推己之所欲孝欲弟者以及人, 使人得以遂其欲孝欲弟之心. 己欲立, 人亦欲立; 己欲達, 人亦欲達. 必欲推己之欲立欲達者以及人, 使人亦得以遂其欲立欲達之心, 便是恕, 只是己心底流去到那物而已. 然恕道理甚大, 在士人, 只一門之內, 應接無幾, 其所推者有限; 就有位者而言, 則所推者大, 而所及者甚廣. 苟中天下而立, 則所推者愈大, 如吾欲以天下養其親, 却使天下之人父母凍餓, 不得以遂其孝; 吾欲長吾長·幼吾幼, 却使天下之人兄弟妻子離散, 不得以安其處; 吾欲享四海之富, 却使海內困窮無告者, 不得以遂其生生之樂. 如此, 便是全不推己, 便是不恕.

(2) 충과 서는 하나이다[論忠恕只是一物]

충忠과 서恕는 하나이다. 이를 둘로 나누면 두 가지가 되는 것이다. 상채上蔡(謝良佐)는 "충과 서는 마치 형체와 그림자 같다"고 하였으니, 참으로 훌륭한 말이다. 마음에 간직한 바 이미 다[忠]하면 밖으로 나오매 서恕가 되는 것이다. 사물을 접촉하는 곳에서 서를 하지 못한다면, 내 마음에 있는 바는 반드시 모두 진실하지 못할 것이다. 충의 마음이 밖으로 나오는 것이 곧 서의 일이며, 서의 일을 할 수 있는 것이 곧 충의 마음이다.

大槪忠恕, 只是一物; 就中截作兩片, 則爲二物. 上蔡謂忠恕猶形影, 說得好. 蓋存諸中者旣忠, 則發出外來, 便是恕. 應事接物處, 不恕則在我者, 必不十分眞實. 故發出忠底心, 便是恕底事; 做成恕底事, 便是忠底心.

(3) 충으로 일관하는 것이 곧 서이다[論忠以貫注便是恕]

1) 성인의 경지에 있어서는 일상생활 천만 가지 모든 일들에 하나의 혼륜渾淪 진실眞實한 이치가 유행하여 모든 것을 일관하므로, 여기에 또다

시 추推 자를 첨가해 쓸 수 없는 것이다. 증자曾子가 "부자夫子의 도는 충서
忠恕일 뿐이다"라고 말한 것은, 단지 학자의 공부에 해당되는 두 글자[忠恕]
를 빌어서 성인의 일관一貫에 대한 뜻을 표현하여, 학자들이 쉽게 이해할
수 있도록 도와주려는 데 그 의도가 있을 뿐이다.

在聖人分上, 則日用千條萬緒, 只是一箇渾淪真實底流行去貫注他, 更下不得
一箇推字. 曾子謂夫子之道忠恕, 只是借學者工夫上二字來, 形容聖人一貫之旨,
使人易曉而已.

2) 예를 들면 나무 뿌리의 활기찬 생명력의 의지[生意]는 충忠이며, 활기찬
생명력의 의지가 유행하여 가지마다 꽃마다 순환하는 것은 서恕이다. 만일
충신과 함께 말하면 일정한 곳에 이르러 나뭇가지는 하나의 가지로 형성되
고, 꽃술은 하나의 꽃술로 만들어지는 것이 바로 신信이다.

如木根上一箇生意是忠, 則是這一箇生意流行, 貫注於千枝萬蘂底, 便是恕. 若
以忠恕並論, 只到那地頭定處, 枝成枝·蘂成蘂便, 是信.

(4) 충서는 학자의 일이다[論忠恕是學者事]

충서란 본디 학자의 공부이다. 정자는 "'하늘의 명이여, 아, 심오하여
그침이 없다'고 하니 이는 충이며, '건도乾道의 변화에 따라서 제각기 성명
性命을 바르게 한다'고 하니 서이다"라고 하였다. 하늘에 대하여 어떻게
진기盡己(忠)이니, 추기推己(恕)이니를 말할 수 있겠는가. 이는 다만 널리 천지
에 나아가 그 이치가 모두 하나임을 말한 것이다. 또한 하늘의 명이란
원元에서 형亨으로, 형에서 이利로, 이에서 정貞으로, 정은 또다시 원元이
되어, 만고에 끝없이 순환하며, 잠시도 멈추지 않는다. 이것이 하나의 망령

됨이 없는 진실한 도리[眞實無妄]인데, 만물은 각기 이것을 갖추고 태어나 크고 작고, 높고 낮은 데에 따라서 제각기 그 부여받은 성명性命을 바르게 한다. 이것이 하늘의 충서이다. 성인의 마음에는 하나의 혼륜渾淪한 대본大本이 유행하여 널리 응하여 사물마다 각기 마땅히 그쳐야 할 곳에 그치니, 이것이 성인의 충서이다.

大槩忠恕, 本只是學者工夫事. 程子謂"維天之命, 於穆不已." 忠也. "乾道變化, 各正性命." 恕也. 天豈能盡己推己? 此只是廣就天地, 言其理都一般耳. 且如維天之命, 元而亨·亨而利·利而貞·貞而復元, 萬古循環, 無一息之停, 只是一箇眞實無妄道理; 而萬物各具此以生, 洪纖高下, 各正其所賦受之性命, 此是天之忠恕也. 在聖人, 也只是此心中一箇渾淪大本, 流行泛應, 而事事物物, 莫不各止其所當止之所, 此是聖人之忠恕也.

(5) 충서는 이일분수이다[論忠恕理一而分殊]

상채上蔡(謝良佐)는 "천지의 충서가 있으니, '지성至誠으로서 쉼이 없으며, 만물이 제각기 제자리를 얻는다'라는 것이 바로 이것이며, 성인의 충서가 있으니, '우리의 도는 하나로써 모든 것을 관통한다[吾道一以貫之]는 것이 바로 그것이며, 학자의 충서가 있으니 '내가 원하지 않는 바를 남에게 베풀지 말라'는 것이 그것이다"라고 하였다. 이 모두가 이치는 하나이지만, 분수가 각기 다름을 말함이다.

有天地之忠恕, "至誠無息而萬物各得其所" 是也; 有聖人之忠恕, "吾道一以貫之" 是也; 有學者之忠恕, "己所不欲勿施於人" 是也, 皆理一而分殊.

(6) 성인의 충서에 대하여[論聖人之忠恕]

성인의 충忠은 바로 성誠이기에 다시 극진히 해야 할 것조차 없으며,
성인의 서恕는 곧 인仁이기에 다시 미루어 나갈 것조차 없다. 정자는 "몸으
로써 물物에 미치는 것은 인仁이요, 몸을 미루어 물에 미치는 것은 서恕"라
고 말하였는데, 이는 "몸으로써……" 한다는 것은 자연이요, "몸을 미루
어……" 한다는 것은 인위적[著力]이기 때문이다.

　聖人之忠, 便是誠, 更不待盡; 聖人之恕, 便只是仁, 更不待推. 程子曰 以己及
物, 仁也; 推己及物, 恕也. 無他, 以己者是自然, 推己者是著力.

(7) 학자는 반드시 몸을 미루어 나가야 한다[論學者須是推己]

성인은 본디 사사로운 생각이 없으므로, 그 마음이 막힘없이 드넓고
공명정대하여, 사물이 다다르매 그에 따라서 순응하는 것이지, 어찌 굳이
애써 나감이 있겠는가. 그러나 학자에게는 사사로운 생각이 없지 않기에,
사사로운 마음에 얽매여 물物을 대함에 피아彼我의 간격이 없지 않다. 그러
므로 반드시 힘을 써서 미뤄 나갔을 때, 바야흐로 저 사물에 미쳐 갈 수
있으며, 저 사물에 이미 미뤄 나아가면 그 또한 막힘없이 드넓고 공명정대
할 수 있다.

　이 때문에 자공子貢이 공자에게 "한 마디 말을 가지고서 몸이 마치는
날까지 행할 수 있는 게 있습니까?"라고 묻자 "그것은 서恕!"라고 말한
바 있다. 학자는 반드시 힘을 다하여 몸을 미루어 사람에게 미쳐 간다면,
사사로운 뜻이 용납되는 바 없어 인仁을 얻을 수 있다.

　聖人本無私意, 此心豁然大公, 物來而順應, 何待於推? 學者未免有私意錮於其

中, 視物未能無爾汝之間, 須是用力推去, 方能及到這物上. 旣推得去, 則亦豁然大
公矣. 所以子貢問一言, 而"可以終身行之者其恕乎?" 盖學者須是著力, 推己以及
物, 則私意無所容而仁可得矣.

(8) 서를 말하면 충은 그 가운데 있다[論言恕則忠在其中]

충忠은 자신에게 있으나 서恕는 남에게 있는 것이다. 그러나 서를 말하면
충은 그 가운데 있다. 예를 들면 "몸을 미루어 나가는 것을 '서'라 한다[推
'己'之謂恕]" "내가 원하지 않는 바를 남에게 베풀지 말라['己'所不欲 勿施於人]"
라는 데에서 말한 '몸[己]'이라는 한 글자에는 충의 의의를 포괄하고 있다.
만일 나에게 충이 없다면 무엇으로 미루어 나갈 수 있겠는가. 충이 없는
서는 고식姑息으로 흘러가게 된다. 이는 마음속에서 우러나와 물物에 미쳐
간 것이 아니기 때문이다.

忠是在己底, 恕是在人底. 單言恕則忠在其中, 如曰推己之謂恕, 己所不欲, 勿
施於人, 只己之一字, 便含忠意了. 己若無忠, 則從何物推去? 無忠而恕, 便流爲姑
息, 而非所謂由中及物者矣.

(9) 『논어』와 『중용』에서 말하는 차이점[論論語中庸所指之異]

『중용』의 "충서는 도와의 거리가 멀지 않다"라는 말은, 학자의 충서를
말하며, 증자의 "공자의 도는 충서일 뿐이다"라는 말은 성인의 충서를 말
한 것이다. 성인의 충서는 천도, 학자의 충서는 인도이다.

中庸說忠恕違道不遠, 正是說學者之忠恕; 曾子說夫子之道忠恕, 乃是說聖人

之忠恕. 聖人忠恕, 是天道; 學者忠恕, 是人道.

(10) 자신을 미루어 서로써 사람에게 미쳐 간다[論推己之恕以及人]*

공자는, 자공子貢이 서恕를 물은 데 대하여 말하기를 "내가 원하지 않는 바를 사람에게 베풀지 말라"고 한 것은, 『중용』에서 말하는 "내 자신에 베풀어 원하지 않는 바를 또한 저 사람에게 베풀지 말라[……勿施……]" 라는 뜻이다. 그리고 훗날 자공이 또다시 말하기를 "나는 남들이 나에게 하는 것이 바람직하지 않은 일은 내 또한 저 사람에게 더하는 일이 없고자 [……無加……] 한다"라고 하였다. 이 또한 이 뜻과 다른 바 없는데, 공자 는 도리어 "네[子貢]가 미칠 바 아니다"라고 말하였다.

그러나 정자程子에 이르러서 또다시 인仁과 서恕에 대한 논변이 있었는 데, 그 뜻은 무엇일까? 이치는 하나이되 분수가 다르기 때문이다. '무가無加' 라는 말은 자연스럽게 자신을 남에게 미쳐 가는 것이며, '물시勿施'라는 말은 힘껏 자신을 미루어 남에게 미쳐 가는 것이다.

夫子語子貢之恕, 曰 "己所不欲, 勿施於人." 此即是中庸說"施諸己而不願, 亦 勿施於人也." 異時子貢, 又曰 "我不欲人之加我也, 吾亦欲無加諸人" 亦即是此 意. 似無異旨, 而夫子乃以爲"賜也! 非爾所及." 至程子, 又有仁恕之辨, 何也? 盖 是亦理一而分殊. 曰無加云者, 是以己自然及物之事, 曰勿施云者, 是用力推己及 物之事.

---

* 抄錄本에서는 이 제목에 대해 의문을 제기하였다.

(11) 후인들의 서에 대한 착오[論後人言恕之差]

한대漢代 이후 서恕 자의 의의는 매우 불투명하였다. 심지어는 "자신의 아량을 주로 하여 잘 미루어 간다"라고 하였으며, 아조我朝(宋代) 범충선공 范忠宣公 또한 "나를 용서하는 마음으로 타인을 용서한다[以恕己之心恕人]"라고 하였다. 이는 서라는 한 글자를 자신에 붙여 볼 줄을 모른 것이다. 그들의 말에 의하면, 서는 단지 저 사람에게 절박하지 않고 너그럽게 대해 주는 뜻으로 보았다. 이와 같이 본다면, 나에게 허물이 있을 경우 나 또한 스스로 자신을 용서하고, 저 사람에게 허물이 있다면 아울러 사람까지도 용서한다는 것이다. 이는 서로가 어질지 못한 데로 함께 빠져 들어가는 것이다. 이 어찌 옛 사람들이 말한 "몸을 미뤄 간다"거나 "나의 마음과 같이 한다"는 말의 참뜻이라고 할 수 있겠는가. 그러므로 충선공의 "사람을 꾸짖는 마음으로 내 자신을 꾸짖는다"라는 구절은 옳은 말이라 할 수 있지만, "내 자신을 용서하는 마음으로 사람을 용서한다"라는 구절은 타당하지 못하다. 그가 말하는 서란 "요즘 사람들은 남을 잘 용서하지 않는다"라는 뜻으로 해석한 것이다. 이처럼 서恕 자의 뜻이 밝혀지지 못한 데에서 빚어지는 해가 적지 않다.

自漢以來, 恕字義甚不明. 至有謂善恕己量主者, 而我朝范忠宣公, 亦謂"以恕己之心恕人." 不知恕之一字, 就己上著不得. 據他說恕字, 只似簡饒人底意. 如此則是己有過, 且自恕己人有過; 又幷恕人, 是相率爲不肖之歸, 豈古人推己如心之義乎? 故忠宣公謂以責人之心責己一句說得是, 以恕己之心恕人一句說得不是. 其所謂恕, 恰似今人說且恕不輕恕之意, 字義不明, 爲害非輕.

11. 일관一貫

(1) 일관의 대본과 유행처에 대하여[論一貫大本流行處]

　일一이란 하나의 이치이다. 이는 전체가 혼륜渾淪한 하나의 대본처大本處이며, 관貫이란 하나의 이치가 유행하여 만사만물의 사이를 관통하는 것이다. 성인의 마음 또한 전체가 혼륜하여 다만 한 이치가 있을 뿐이다. 이는 곧 하나의 큰 근본이 되는 곳이니, 큰 근본 가운데에서 유출되어 용用으로 나타나게 된다. 그것은 바로 군신에게 있어서는 의義, 부자에게 있어서는 인仁, 형제에게 있어서는 우애, 부부에게 있어서는 분별, 벗에게 있어서는 믿음이다. 이를 다시 나누어서 말하면 부모에게 있어서는 사랑이, 자식에게 있어서는 효도가, 임금에게 있어서는 어짊이, 신하에게 있어서는 공경이다. 뿐만 아니라, 이보다 더 미세한 것으로 말하면 시각의 밝음, 청각의 귀밝음, 안색의 온화함, 용모의 공손함이다. 이와 같이 곡례曲禮 삼천, 위의威儀 삼백의 거동, 동용動容 주선周旋의 예禮, 그리고 「향당鄕黨」편의 조목과 같이, 예컨대 관리와 봉사를 보았을 때 반드시 예모禮貌를 갖추는 것과, 또는 벼슬을 하거나 그만두거나 오래 하거나 빨리 하거나 또는 온화하면서도 위엄이 있다거나 공손하면서도 편안하다거나 혹은 공손히 거처하거나 혹은 공경히 일을 집행하는 것이며, 모든 일상생활의 사이에 작게는 쇄소灑掃 응대應對 진퇴進退, 크게는 천지와의 동참, 천지 화육化育의 찬조贊助, 그리

고 제반 행동과 온갖 선함, 그리고 천만 가지의 일들이 모두 이 하나의
대본大本에서 유행되고 관통되지 않은 것들이 없다.

一只是這箇道理全體渾淪, 一大本處; 貫是這一理流出去, 貫串乎萬事萬物之
間. 聖人之心, 全體渾淪, 只是一理, 這是一箇大本處. 從這大本中, 流出見於用.
在君臣則爲義, 在父子則爲仁, 在兄弟則爲友, 在夫婦則爲別, 在朋友則爲信. 又分
而言之, 在父則爲慈, 在子則爲孝, 在君則爲仁, 在臣則爲敬. 又纖悉而言之, 爲視
之明·聽之聰·色之溫·貌之恭, 凡三千三百之儀動容周旋之禮; 又如鄕黨之條目,
如"見冕者與瞽者必以貌." 如或仕或止或久或速, 或溫而厲, 或恭而安, 或爲居處
之恭, 或爲執事之敬. 是日用間, 微而灑掃應對進退, 大而參天地贊化育, 凡百行萬
善, 千條萬緒, 無非此一大本流行貫串.

(2) 일본만수의 상용 원리[論一本萬殊相融之理]

내면의 혼륜한 한 이치로 말하면 모든 선이 이에 갖춰져 있고, 일만
이치가 외면으로 나타난 바로 말하여도 또한 한 이치이다. 때문에 일본一本
(一理)은 만수萬殊(萬理)를 관통하고, 만수萬殊는 일본一本에 근본하고 있다.

自其渾淪一理而言, 萬理無不森然具備; 自其萬理著見而言, 又無非卽此一理
也. 一所以貫乎萬, 而萬無不本乎一.

(3) 일관과 충서의 귀취는 하나이다[論一貫忠恕歸趣之一]

일관一貫은 천도이다. 공자가 말한 일이관지一以貫之는 증자에게 친절히
말해 준 것이며, 증자가 말한 충서는 일관一貫을 형용함에 있어, 인도의

실상을 빌어 천도의 오묘함을 밝힌 것이기에, 이는 더욱 확실하고 절실한 것이다. 충忠이 일一이요, 서恕가 곧 관貫이다. 나의 마음을 극진히 하여 거짓이 없이 참으로 진실하면 마음이 혼륜하니, 곧 하나의 천리이다. 이것이 대본처大本處이다. 어느 물건이든 이것이 갖춰져 있지 않은 게 없으며, 이로 말미암아 수작酬酌과 응접應接에 따라서 갖가지 일로 흩어지게 되니, 어느 일인들 이 마음에서 나오지 않은 것이 있겠으며, 어느 도리인들 이에서 나오지 않은 것이 있겠는가. 이에서 일관처一貫處를 볼 수 있다. 이 때문에 증자의 말은 이치상에 있어 더욱 분명하고 간절하다. 성인의 심오한 바를 더욱 빠뜨림 없이 극진히 다하여, 배우는 자는 이로써 더욱 유력하게 되었다. 따라서 도에 나아가고 덕으로 들어감에 있어 이를 근거로 하면, 실제로 착수하여 힘써 나아갈 수 있는 길이 바로 여기에 있다.

一貫, 是天道; 一以貫之, 聖人. 此語向曾子說得甚親切. 曾子忠恕, 即所以形容此一貫, 借人道之實, 以發明天道之妙, 尤爲確定切實. 盖忠即是一, 恕即是貫. 夫盡己之心, 真實無妄, 則此心渾淪是一箇天理, 即此便是大本處, 何物不具於此? 由是而酬酢應接, 散爲萬事, 那箇事不從這心做去? 那箇道理, 不從這裏發出, 即此便見一貫處. 故曾子之說, 於理尤爲確定切實; 於聖人之蘊, 尤爲該盡; 而於學者, 尤爲有力. 其進道入德, 有可依據, 實下手處.

(4) 공부란 엽등이 있어서는 안 된다[論做工不可躐進]

배우는 사람이란 공부함에 있어서 차례를 뛰어넘어서는 안 된다. 이른바 일一이란 전일한 마음으로 일에 임해 나가는 것이며, 관貫이란 일용 생활의 사이에 천만 가지의 일마다 각기 하나하나 그 이치의 소이연所以然을 정밀하게 살피고, 그 일에 마땅히 그처럼 해야 할 바를 실천한 뒤에야 일만 이치를 한 이치로 귀결시킬 수 있으며, 성인의 혼륜渾淪한 태극의 전체가 이로부터 출발하여, 위로 천리에 도달할 수 있다.

　在學者做工夫, 不可躐進. 那所謂一, 只當專從事其所; 貫, 凡日用間, 千條萬緒, 各一一精察其理之所以然而實踐其事之所當然, 然後合萬理爲一理, 而聖人渾淪太極之全體, 自此可以上達矣.

(5) 모든 것은 일원의 대본처에서 유출된다[論一元大本流出]

하늘이란 다만 일원一元의 기운이 끝없이 유행하는 것이다. 이것이 대본大本이요, 태극太極이다. 만물이란 이에서 유출, 형성되는데 혹 섬세한 것, 굵은 것, 높은 것, 낮은 것, 그리고 하늘을 나는 새, 강물에서 헤엄치는 물고기, 달리는 동물, 뿌리박힌 식물이 되어 제각기 그들이 원하는 바를 얻고, 제각기 하나의 태극을 갖춤으로써 하나하나가 모두 만족스러워 부족하다거나 이지러진 것이 없다. 그러나 하늘이 고의적으로 낱낱이 만물을 꾸며 주는 것은 아니다. 모두가 자연에 의해 그처럼 되는 것이다. 대본大本에서 유출되는 것이 바로 하늘의 일관처一貫處이다.

　天, 只是一元之氣流行不息如此, 卽這便是大本, 便是太極. 萬物從這中流出去, 或纖或洪, 或高或下, 或飛或潛, 或動或植, 無不各得其所欲, 各具一太極去, 箇箇各足, 無有欠缺, 亦不是天逐一去粧點皆自然而然從大本中流出來此便是天之一貫處.

12. 성誠

(1) 성은 자연의 이치이다[論誠是自然之理]

성誠 자는 충신忠信의 의의와 매우 유사하지만, 반드시 이를 구분지어
보아야 한다. 성誠은 자연의 이치로 표현한 글자이며, 충신은 인간의 공부
(노력)로 말한 것이다.

誠字與忠信字, 極相近, 須有分別. 誠是就自然之理上, 形容出一字; 忠信是就
人用工夫上說.

(2) 후세의 성에 대한 착오[論後世言誠之差]

성誠 자에 대한 논지는 후세에 이르러 모두 잘못 말해 오다가 이천伊川에
이르러 "망령됨이 없는 것을 성이라 한다[無妄之謂誠]"라는 말에 따라서, 처
음으로 그 뜻이 밝혀지게 되었으며, 주자에 이르러 또다시 두 자를 더하여
"진실무망眞實無妄을 성誠"이라고 말함으로써 그 도리가 더욱 분명해지고
쉽게 알 수 있게 되었다. 그러나 후세에는 지성至誠 두 글자를 설명함에
있어 동부동動不動을 막론하고, 모든 사람에게 이 글자를 씀으로써, 다만
겸손, 공손, 공경, 삼가의 뜻으로 인식하게 되었다. 성誠이란 진실무망을

이른 것이며, 지성至誠은 진실함이 지극하여 티끌만큼도 미진한 바 없음을
뜻하므로, 이는 오로지 성인에게 해당되는 것이지, 어떻게 많은 사람에게
이러한 말을 쓸 수 있겠는가.

 誠字, 後世都說差了, 到伊川, 方云無妄之謂誠字, 義始明; 至晦翁, 又增兩字,
曰眞實無妄之謂誠, 道理尤見分曉, 後世說至誠兩字, 動不動加諸人, 只成簡謙恭
敬謹愿底意思, 不知誠者眞實無妄之謂. 至誠, 乃是眞實極至而無一毫之不盡, 惟
聖人乃可當之, 如何可容易以加諸人?

(3) 성은 진실한 이치이다[論誠是眞實之理]

 성誠 자는 본디 천도天道(天理)로 말한 것이다. "하늘의 명이여, 아! 심오하
여 그침이 없다"(「周頌·淸廟之什·維天之命」)라고 하니, 이것이 성誠이다. 천도
가 유행하여 예로부터 오늘날에 이르기까지 조금도 어긋남이 없이 더위가
가면 추위가 오고, 해가 지면 달이 떠오르고, 봄에는 싹이 돋고, 여름에는
커 나가며, 가을에는 죽고, 겨울에는 갈무리하여, 원형리정이 시종 순환하
여 만고에 변함없이 항상 그와 같다. 이 모두가 진실한 도리가 주재하기
때문이다. 하늘의 운행은 하루에 한 바퀴 돌고 또다시 도度를 지나가며,
일월신日月辰의 운행運行 전도躔度가 만고에 어긋남이 없는 것은 모두가 진
실한 도리가 이와 같기 때문이다.

 또한 과일나무를 살펴보면 달콤한 과일은 만고에 변함없이 달고, 쓴
과일은 항상 쓰며, 푸른 과일은 항상 푸르며, 흰 과일은 항상 희며, 붉은
과일은 항상 붉으며, 자줏빛 과일은 항상 자줏빛이며, 둥근 과일은 항상
둥글며, 움푹한 과일은 항상 움푹하며, 하나의 꽃잎, 하나의 잎새 무늬는
변함없이 항상 똑같아서 조금도 어긋남이 없다. 이는 곧 인간의 힘에 의한

안배로써 조작된 것과는 전혀 다르다. 이 모두가 진실한 도리로서 자연히 그처럼 되는 것이다. 이는, 『중용』에서 말한 "그것은 둘이 아니라, 만물을 발생하되 헤아릴 수 없다"라는 것이며, 오봉五峯(胡瑗) 또한 "성은 천명의 도이다"라고 하니, 이 모두가 친절하게 표현한 말이라 하겠다.

誠字, 本就天道論. "維天之命, 於穆不已." 只是一箇誠, 天道流行, 自古及今, 無一毫之妄. 暑往則寒來, 日往則月來; 春生了, 便夏長; 秋殺了, 便冬藏. 元亨利貞, 終始循環, 萬古常如此, 皆是真實道理, 爲之主宰. 如天行一日一夜, 一周而又過一度, 與日月星辰之運行纒度, 萬古不差, 皆是真實道理如此. 又就果木觀之, 甜者萬古甜, 苦者萬古苦, 青者萬古常青, 白者萬古常白, 紅者萬古常紅, 紫者萬古常紫, 圓者萬古常圓, 缺者萬古常缺. 一花一葉, 文縷相等對, 萬古常然, 無一毫差錯; 便待人力十分安排撰造來, 終不相似, 都是真實道理, 自然而然, 此中庸所以謂"其爲物不二, 其生物不測." 而五峯亦曰 "誠者, 命之道乎!" 皆形容得親切.

(4) 성은 실리의 유행이다[論誠是真實流行]

사람으로 살펴보면, 이는 진실한 이치의 유행이 사람에게 부여되어 자연히 나타난 것이며, 노력의 공부를 하는 데까지는 말하지 않았다. 성誠이라는 한 글자는 삶을 부여받은 처음에 이 이치를 갖추어 형체를 부여받은 뒤 죽기 이전에 그 도리가 사라져 버리는 것은 아니다. 내 자신의 일상생활상에서 항상 유행하지만, 사람들은 이를 살펴보지 못한 것이다. 어린아이가 어버이를 사랑하고 어른을 공경할 줄 아는 것은, 진실한 이치가 나타난 부분들이다. 이는 양지良知 양능良能이며, 안배를 필요로 하지 않는다. 또한 갑자기 어린아이가 우물 속에 빠지는 것을 보고서 두려워하는 마음을 가지게 되며, 길거리의 걸인이 굶주려 빈사 상태에 이르러도 발길로 차면서 음식을 주거나 욕지거리를 하면서 주는 음식은 기꺼이 먹으려 하지 않는다. 이 모두가 마음에 부여한 떳떳하고 진실한 도리가 자연스럽게 나타난 것이다. 지극히 흉악한 사람이 물욕에 가리워 혼매할지라도 가리운 바가 점차 없어지면 양심의 실상은 자연히 나타나게 되는 것이지, 결코 양심이 없어진 것은 아니다. 이 모두가 천리의 자연한 유행으로서 진실한 것이다. 이는 비록 인간에게 나타나지만 이 또한 천도이다. 사람이 행하는 공부로 말하면 그 또한 정성스럽고 진실로 속이지 않는 이치로서, 인사人事의 당연한 바이니, 인도人道이다. 그러므로 마음에 이를 간직하여 마음 전체가 진실한 것이 성이다. 그러나 말 한 마디를 진실하게 하는 것 또한 성이며, 한 행실을 진실하게 하는 것 또한 성이다.

就人論, 則只是這實理流行, 付予於人, 自然發見出來底, 未說到做工夫處. 且誠之一字, 不成受生之初, 便具這理; 到賦形之後, 未死之前, 這道理便無了. 在吾身日用, 常常流行發見, 但人不之察耳. 如孩提之童, 無不知愛親敬兄, 都是這實理發見出來, 乃良知良能, 不待安排. 又如乍見孺子將入井, 便有怵惕之心; 至行道乞人, 饑餓瀕死, 而蹴爾嗟來等食, 乃不屑就. 此皆是降衷秉彝, 真實道理, 自然發見出來. 雖極惡之人, 物慾昏蔽之甚, 及其稍息, 則良心之實, 自然發見, 終有不可殄滅者, 此皆天理自然流行真實處.雖曰見於在人, 而亦天之道也. 及就人做工夫處論, 則只是愨實不欺僞之謂, 是乃人事之當然, 便是人之道也. 故存心全體愨實, 固誠也. 若一言之實, 亦誠也; 一行之實, 亦誠也.

(5) 진실하려고 생각하는 것은 인간의 도리이다[論思誠是人道]

"군자에게는 진실하려고 생각하는 것이 고귀한 것"이며, "성실하고자 원하는 것이 인간의 도리人道(人爲的)이다." 이러한 구절은 사람이 노력해야 할 공부로 말한 것이다. 진실무망眞實無妄한 성인이 아니면, 반드시 공부를 통하여 진실무망하도록 이를 추구해야 하므로, 『맹자』 또한 "진실하려고 생각하는 것은 사람의 도리이다"라고 하니, 이는 자사子思에게서 이 도리를 전수받은 것이다.

옛 사람이 성誠을 말한 데에는 천명으로 말하기도 하고, 사람이 행하여 야 할 공부로 말하기도 하였지만, 지성至誠 두 글자는 성인의 덕성을 가리키 는 말이다. 그러므로 모든 이치가 지극히 진실하여 조금이라도 허위가 없는 자만이 이에 해당된다.

> 如"君子誠之爲貴." "誠之者, 人之道." 此等就做工夫上論. 盖未能眞實無妄,
> 便須做工夫, 要得眞實無妄. 孟子又謂"思誠者, 人之道." 正是得子思此理傳授處.
> 古人立意, 有就天命言者, 有就人做工夫言者. 至於至誠二字, 乃聖人德性也. 惟萬
> 理皆極其眞實, 絶無一毫虛僞, 乃可以當之.

(6) 성인의 성과 현인의 성[論聖賢之誠]

사람에게 있는 성誠으로 말하면, 성인의 성은 천도요, 현인의 성은 인도 이다.

> 誠, 在人言, 則聖人之誠, 天之道也; 賢人之誠, 人之道也.

(7) 성은 이치로 말하기도 하고 마음으로 말하기도 한다[論言誠有理有心]

성誠은 이치로 말하기도 하니, "성誠은 만물의 종시終始"라는 것이 바로 이것이며, 성은 마음으로 말하기도 하니, "진실하지 않으면 물物이 없다"는 것이 이것이다.

誠, 有以理言者. 若"誠者, 物之終始." 是也. 有以心言者, 若"不誠無物" 是也.

(8) 진실한 이치는 영원하다[論實理所以長久]

만일 군신, 부자, 부부, 형제, 붕우 등의 유에 대해 진실한 이치대로 하지 못하면, 이는 때로 폐지되게 될 것이다. 그러므로 진실한 이치가 그와 같기에 만고에 항상 그처럼 전해 오면서 국난과 변고를 겪으면서도 끝까지 멸망하지 않는다.

如君臣父子夫婦兄弟朋友等類, 若不是實理如此, 則便有時廢了. 惟是實理如此, 所以萬古常然. 雖更亂離變故, 終有不可得而殄滅者.

(9) 성과 신의 차이점[論誠信不同]

성誠과 신信을 대조하여 논하면, 성은 자연, 신은 용력用力(不自然), 성은 천리, 신은 인심, 성은 천도, 신은 인도, 성은 천명, 신은 인성, 성은 도, 신은 덕으로 말할 수 있다.

誠與信相對論, 則誠是自然, 信是用力. 誠是理, 信是心. 誠是天道, 信是人道. 誠是以命言, 信是以性言. 誠是以道言, 信是以德言.

13. 경敬

(1) 성·경의 다른 점[論誠敬之異]

성誠과 경敬 자는 아무런 관련이 없지만, 공恭과 경敬 자는 상호 관련이 있다.

誠與敬字不相關, 恭與敬字却相關.

(2) 하나로 주로 하는 것을 경이라 한다[論主一之謂敬]

정자程子는 "하나로 주하는[主一] 것을 경敬이라 하며, 다른 곳으로 가는 바 없는 것을 일一이라 한다"고 하였는데, 주자가 이를 합하여 "주일무적主一無適을 경이다"라고 말함으로써, 그 뜻이 더욱 더 명백하게 밝혀졌다.

경敬 자는 옛 경서에 언급된 바 매우 많으나 쓸모없는 말들을 해 오다가, 이정二程에 이르러서 이를 들어 학자들이 행하여야 할 공부로 말함에 따라서 이 도리는 더욱 긴요하게 되었으며, 이에 관련된 바 매우 컸다. 경이라는 글자는 본디 하나의 허자虛字로서, 외구畏懼 따위를 뜻하는 글자와 비슷한 점이 있다. 그러나 이제는 실제 공부를 하는 데 주된 뜻이 있어, 하나의 실물처럼 보이게 된 것이다.

程子謂"主一之謂敬, 無適之謂一." 文公合而言之, 曰 "主一無適之謂敬." 尤分
曉. 敬一字, 從前經書說處儘多, 只把做閒慢說過. 到二程, 方拈出來, 就學者做工
夫處說, 見得這道理, 尤緊切, 所關最大. 敬字, 本是箇虛字, 與畏懼等字相似; 今
把做實工夫, 主意重了, 似箇實物一般.

(3) 경은 존심을 요하는 것이다[論敬要存心]

사람의 마음은 오묘하여 헤아릴 수 없으므로, 출입하는 데 일정한 때가
없고, 어느 곳에 있는지 알 수 없다. 이 때문에 마음은 오직 경을 하였을
때만이 이를 간직할 수 있다. 경이란 마음을 항상 여기에 간직해 두어,
마음이 달아나지 못하도록 하는 것이요, 산만하지 않도록 하는 것이다.
항상 이렇듯 또렷한 마음[惺惺]을 가지는 것이 바로 경이다.

人心, 妙不可測, 出入無時, 莫知其鄉. 所以主宰統攝, 若無箇敬, 便多不見了;
惟敬, 便存在這裏. 所謂敬者, 無他. 只是此敬, 常存在這裏, 不走作, 不散慢, 常惺
地惺惺, 便是敬.

(4) 주일이란 다른 곳으로 감이 없을 뿐이다[論主一只是無適(凡三段)]

1) 하나로 주한다[主一]라는 것은 마음이 그 일에 주가 되어 또 다른 일이
끼어들지 못하도록 하는 데 있다. 만일 어느 한 일을 할 때, 또 다른 제2의
사건이 개입되거나, 또 다른 제3의 사건이 개입된다면 이를 주일主一이라
할 수 없다. 이는 곧 불경이다. 주자의 "두 갈래로 하여 두 개로 만들지
말고 세 갈래로 하여 셋으로 만들지 말라"(「경재잠敬齋箴」)라는 말이 바로

이것이다.

　主一者, 只是心主這箇事, 更不別把箇事來參神. 若做一件事, 又揷第二件事, 又參第三件事, 便不是主一, 便是不敬. 文公謂"勿貳以二, 勿參以三." 正如此.

　2) 일이 없을 때에는 항상 마음을 이에 두어, 다른 곳으로 달아나지 못하도록 하는 것이 주일主一이며, 일이 있을 땐 마음이 그 일에 응하여 또다시 제2, 제3의 일이 끼어들지 못하도록 하는 것이 주일이다.

　無事時, 心常在這裏, 不走作, 固是主一. 有事時, 心應這事, 更不將第二第三事來揷, 也是主一.

　3) 무적無適이란 마음이 항상 여기에 있어, 서쪽으로 달아나지 아니하고, 동쪽으로 달아나지 아니하고, 남쪽으로 달아나지 아니하고, 북쪽으로 달아나지 않도록 하는 것이다.

　無適者, 心常在這裏, 不走東, 不走西, 不之南, 不之北.

(5) 끊임이 있으면 그것은 곧 불경이다[論間斷便是不敬]

　정자程子는 각별히 마음의 공부로써 자의를 해석하였다. 이 도리는 동정動靜 내외를 관철하여, 종시終始가 하나이며 본디 한계가 없다. 한가하고 고요하여 일이 없는 때에도 공경을 해야 하며, 사물을 접촉할 때에도 공경을 해야 하며, 마음의 이면에서도 또한 이처럼 하고, 동하여 바깥으로 표출할 때 또한 그와 같이 하며, 처음 일을 할 때에도 또한 그처럼 하고 끝마무리 또한 그처럼 하여, 마음에 항시 끊임이 없어야 한다. 간단이 있으면 그것은 곧 불경이다.

程子就人心做工夫處, 特注意. 此字, 盖以此道理, 貫動靜, 徹表裏, 一始終, 本無界限. 閒靜無事時, 也用敬; 應事接物時, 也用敬; 心在裏面, 也如此; 動出於外來做事, 也如此; 初頭做事, 也如此; 做到末稍, 也如此. 此心常無間斷, 纔間斷, 便不敬.

(6) 경은 만사의 근본이다[論敬爲萬事根本]

격물치지格物致知 또한 반드시 경으로, 정심성의正心誠意 또한 반드시 경으로, 제가치국평천하齊家治國平天下 또한 반드시 경으로 해야 한다. 경은 한 마음의 주재요, 모든 일에 근본이 되는 것이다.

格物致知, 也須敬; 誠意正心脩身, 也須敬; 齊家治國平天下, 也須敬. 敬者, 一心之主宰, 萬事之根本.

(7) 경을 지키는 공부[論持敬工夫]

『예기禮記』에 의하면, "빈 그릇을 들되 가득 찬 그릇을 받드는 양하며, 빈집을 들어가되 사람이 있는 것처럼 한다"(「少儀」)라고 하였다. 이 두 구절에서 경의 공부를 체득한다면, 그 뜻이 가장 친절할 것이다. 이를테면, 가득찬 그릇을 받들었을 때 여기에 마음을 두지 않으면, 한 걸음을 옮기자마자 곧장 쏟아져 버리지만, 이를 꼭 붙잡고 항상 마음을 여기에 두면, 비록 저곳으로 가더라도 기울어지거나 나자빠지는 일이 없을 것이며, 빈집을 들어가되 사람이 있는 양한다는 것은 설령 사람이 없는 곳에서도 항상 엄숙한 마음으로 큰 손님을 대하듯이 하는 것이다. 이것이 주일무적主一無

適의 의의이다. 또한 신을 모신 사당에 들어갔을 때는 이 마음을 모두 신명을 향하여 조금이라도 다른 생각을 가지지 아니하고 전일케 한다면, 스스로 두 갈래 세 갈래의 마음이 생겨나지 않을 것이다. 이러할 때 이를 체득하면, 또한 주일무적의 의의를 분명하게 알 수 있을 것이다.

禮, 謂 "執虛如執盈, 入虛如有人." 只就此二句, 體認持敬底工夫意象, 最親切. 且如人捧簡至盈底物, 心若不在這上, 纔移一步, 便傾了. 惟執之拳拳, 心常常在這上, 雖行到那裏, 也不傾倒. 入虛如有人, 雖無人境界, 此心常嚴肅, 如對大賓然, 此便是主一無適意. 又如人入神祠中, 此心全歸向那神明上, 絶不敢生些他念, 專專一一, 便是不二不三, 就此時體認, 亦見得主一無適意分曉.

(8) 엄숙하고 공경한 거동[論肅敬之容]

반듯하고 엄숙함은 공경스러운 용모이다. 앉아 있을 때 몸을 기댄다거나 바르지 못한 것은 불경이다.

整齊嚴肅, 敬之容. 如坐而傾跌, 衣冠落魄, 便是不敬.

(9) 경은 마음에 있다[論敬在心]

상채上蔡(謝良佐)가 말한 "항상 또렷또렷한 정신으로……[常惺惺]"라는 것은 마음의 공부로 말한 것이니, 이 또한 친절한 말이다. 마음이 항상 밝으면 항상 또렷또렷한 정신으로 활기차게 생동하지만, 밝음이 있지 않으면 곧 죽어버리게 된다. 그러므로 마음이 이에 있으면 모든 이치가 그 가운데 가득 찰 것이다. 옛 사람의 말에 "경敬을 하면 덕이 모여든다"라는 것이

바로 이와 같은 뜻이다. 만일 진실하게 경의 공부를 한다면 스스로 이를
알 수 있다.

上蔡所謂常惺惺法, 是就心地上做工夫處, 說得亦親切. 盖心常醒在這裏, 便常
惺惺恁地活. 若不在, 便死了心. 纔在這裏, 則萬理森然於其中. 古人謂敬德之聚,
正如此. 須實下持敬工夫, 便自見.

(10) 주자의 「경재잠」[論文公敬齋箴]

주자의 「경재잠敬齋箴」은 일상생활에서 지경持敬 공부의 절목을 차근차
근 설명하여 가장 친절하게 말해 주었으니, 마땅히 이를 좌우명으로 삼아
항상 눈여겨 보면서 이를 준칙으로 하여 공부해 나간다면, 오랜 세월이
흐르면 흐를수록 스스로 남다른 조예를 가지게 될 것이다.

文公謂敬齋箴, 正是鋪序日間持敬工夫節目, 最親切宜. 列諸左右, 常目在之,
按爲準則做工夫, 久久自別.

14. 공경恭敬

(1) 공경의 다른 점[論恭敬之異(凡二段)]

1) 공恭이란 용모, 경이란 마음으로 말하고, 공은 용모를, 경은 일을 주로 하여 말하였다.

恭就貌上說, 敬就心上說. 恭主容, 敬主事.

2) 공恭이란 엄한 뜻이 있으며, 경敬 자는 비교적 진실한 것이다.

恭有嚴底意, 敬字較實.

(2) 공경은 두 가지가 아니다[論恭敬非二物]

몸가짐을 엄숙하고 반듯하게 하며, 용모를 단정히 하고 씩씩하게 하는 것은 공恭 자의 뜻이다. 그러나 공恭은 내재된 경이 겉으로 나타나는 것이며, 경은 외형상으로 공손할 수 있는 내재의 것을 말하므로 경과 공은 두 가지가 아니다. 이는 마치 형체와 그림자의 관계와 같다. 내면에 경이 없으면 겉으로 공손할 수 없으며, 또한 겉으로 공손하면서 마음에 경이 없는 자란 있을 수 없다. 이는 서로 관련이 있는 충신忠信, 충서忠恕와 같다.

身體嚴整, 容貌端莊, 此是恭底意; 但恭只是敬之見於外者, 敬只是恭之存於中者. 敬與恭, 不是二物, 如形影然, 未有內無敬而外能恭者, 亦未有外能恭而內無敬者. 此與忠信忠恕相關一般.

(3) 공과 경의 거동[論恭敬之容]

"앉기를 시동처럼 앉고, 서 있기를 재계하듯 하는 것"은 경의 일이며, "의관을 바르게 하고, 바라보는 눈을 존엄하게 하며, 위엄 있어 남들이 우러러보고 두려워하는 것"은 공손한 거동이다.

坐如尸·立如齊, 便是敬之容; 正其衣冠·尊其瞻視·儼然人望而畏之, 便是恭之容.

(4) 공과 경의 차이[論恭敬之異]

경의 공부는 세밀하고, 공손의 기상은 드넓으며, 경이란 생각을 낮추는 것이며, 공손은 체모體貌를 존엄하게 가지는 것이다.

敬工夫細密, 恭氣象闊大. 敬意思卑屈, 恭體貌尊嚴.

(5) 공손이란 경처럼 간절하지는 못하다[論恭不如敬之切]

주자는 "성덕成德으로 말하면 경은 공손의 편안함(자연함)만 같지 못하지만, 학자의 공부로 말하면 공손은 경의 간절함만 같지 못하다"라고 하였다.

文公曰 以成德而論, 則敬字不如恭之安; 以學者做工夫而言, 則恭字不如敬之切.

(6) 옛 사람은 모두 경을 지녔다[論古人皆持敬]

옛 사람은 모두가 이와 같이 하는 데 힘을 썼다. 이를테면 요堯의 공경과 밝음, 순舜의 온화함과 공손함, 탕湯의 슬기로움과 공경함이 나날이 향상됨, 문왕文王이 끊임없이 빛나고 공경에 그쳤던 것은, 모두 이와 같은 공부를 했기 때문이다.

古人皆如此著力, 如堯之欽明, 舜之溫恭, 湯之聖敬日躋, 文王之緝熙敬止, 都是如此.

15. 도道

(1) 도란 사람이 통행하는 길[論道是人所通行之路]

도란 길과 같다. 애당초 이 글자를 명명한 의의는 도로라는 의미로 쓰인 것이다. 모든 사람이 다함께 통행하는 곳을 길이라 하므로, 한 사람이 홀로 걷는 곳을 길이라고 말할 수 없다.

도의 대강大綱이란 일상생활, 인륜 사물에 있어서 마땅히 행하여야 할 이치요, 많은 사람들이 다함께 말미암은 것이기에 바야흐로 도라 말한다. 이는 일상생활상의 인사로 말해야만이 비로소 사람이 통행한다는 뜻이 간절함을 볼 수 있다.

만일 본원을 추구하여 말한다면, 인사상에 이러한 도리가 있는 것이 아니라, 그 근원은 모두 하늘에서 나온 것이다. 그러므로 횡거橫渠는 "태허太虛로 말미암아 하늘이란 이름이 있고, 기화氣化로 말미암아 도라는 이름이 있다"라고 하니, 이는 추원설推原說이다.

하늘이란 곧 이치이다. 옛 성인은 대부분 하늘을 이치로 말하였다. 이치란 형상이 없는 것이며, 자연으로서 이루어진 것을 천天이라 한다. 하늘의 형체로 논한다면 이 또한 아득하게 쌓여 있는 대기일 뿐이다. 실제로 어떤 형질形質이 있겠는가. 횡거가 말하는 하늘은 이치를 말한다. 이치란 활동이 정지된 사체死體가 아니다. 바로 여기에서 일원一元의 기운이 유출되어 사람이 만물을 낳아주는 것이며, 여기에 하나의 맥락이 있으니, 이것이 바로 사람과 만물이 모두 행하는 길이다. 이는 조화에 의한 사람과 만물의 시종이 되는 바 이와 같음을 추원推原한 것이다. 본성을 따르는 것이 도라는 말은 인人 물物이 이미 받아온 것으로 말함이다. 부여받은 바의 본성을 따르면 마땅히 행하여야 할 길이 있을 뿐 인간의 안배에 의한 것이 아니다.

　도라는 명제는 반드시 사람이 통행하는 것으로 말한다. 이는 일상생활상의 인사에 있어 당연한 이치이며, 고금에 공공연하게 말미암는 길이다. 그러므로 이를 도라 이름한다.

道, 猶路也. 當初命此字, 是從路上起意, 人所通行, 方謂之路; 一人獨行, 不得謂之路. 道之大綱, 只是日用間人倫事物所當行之理, 衆人所共由底, 方謂之道. 大槩須是就日用人事上說, 方見得人所通行底意親切. 若推原來歷, 不是人事上劃然有箇道理如此; 其根原, 皆是從天來. 故橫渠謂"太虛有天之名, 由氣化有道之名." 此便是推原來歷. 天, 卽理也. 古聖賢說天, 多是就理上論. 理無形狀, 以其自然而言, 故謂之天. 若就天之形體論, 也. 只是箇積氣恁蒼蒼茫茫, 其實有何形質? 但橫渠此天字, 是說理. 理不成死, 定在這裏, 一元之氣流出來, 生人生物, 便有箇路脉. 恁地便是人物所通行之道. 此就造化, 推行其所從始 如此. 至子思說"率性之謂道", 又是就人物 已受得來處說. 隨其所受之性, 便自然有箇當行之路, 不待人安排著. 其實道之得名, 須就人所通行處說; 只是日用人事所當然之理, 古今所共由底路, 所以名之曰道.

(2) 노불의 도에 대한 차이[論老佛言道之殊]

　노장老莊에서 말하는 도란 모두 인물과는 관련이 없는 것이다. 그들은 모두가 도라는 것은 천지를 초월하여 기형器形 밖에 존재한 것으로 생각하였다. 이를테면 "도란 태극의 앞에 있다"(「莊子」「大宗師」)라고 하니, 이 모두가 천지만물이 형성되기 이전의 원초인 하나의 공허한 도리이며, 또한 자기의 몸은 천지가 존재한 이후에 존재한다고 보았다. 이는 천지가 형성되기 이전, 하나의 공허한 도리를 상상한 것이니, 자신과 무슨 관련이 있을 수 있겠는가.

老莊說道, 都與人物不相干, 皆以道爲超乎天地器形之外. 如云道在太極之先, 都是說未有天地萬物之初, 有箇空虛道理. 且自家身, 今見在天地之後, 只管想像未有天地之初, 一箇空虛底道理, 與自家身, 有何干涉?

(3) 불씨의 도에 대한 착오[論佛氏言道之殊]

불씨가 논한 도는, 대체로 노장老莊의 뜻과 같지만, 노씨는 무無로, 불씨는 공空으로 종지를 삼는다. 천지가 형성되기 이전이 나의 진체眞體이며, 천지만물은 모두 환화幻化로서 인간사란 모두가 거친 발자취라 하여, 모조리 이를 배척하고 제거하여 하나같이 진공眞空으로 돌아가야만 도를 얻은 것으로 생각한 나머지, 도란 인간의 이치임을 알지 못하였다.

"형이상이란 도道이며, 형이하란 기器이다." 형이상으로 말하면 보이지 않는 그것을 도라 하고, 형이하로 말하면 뚜렷이 볼 수 있는 그것을 기器라 하지만, 실제로 도란 기器를 떠나지 않는다. 도란 기의 이치로서, 사람의 일로써 형상이 있는 것은 모두 기라 말한다. 사람의 일에 있어서의 이치란 도이니, 형상으로 볼 수 있는 것이 아니다. 이런 까닭에 명도明道 선생은 "도道 또한 기器요, 기 또한 도"라고 하니, 모름지기 이와 같이 말해야만이 상하를 분명히 나누어 볼 수 있다.

佛氏論道, 大槩亦是此意. 但老氏以無爲宗, 佛氏以空爲宗, 以未有天地之先爲吾眞體; 以天地萬物, 皆爲幻化. 人事都爲粗迹, 盡欲屏除了, 一歸眞空, 乃爲得道, 不知道只是人事之理耳. 形而上者謂之道, 形而下者謂之器. 自有形而上者言之, 其隱然不可見底, 則謂之道; 自有形而下者言之, 其顯然可見底, 則謂之器. 其實道 不離乎器, 道只是器之理. 人事有形狀處, 都謂之器; 人事中之理, 便是道. 道無形 狀可見, 所以明道曰 道亦器也, 器亦道也. 須著如此說, 方截得上下分明.

(4) 사물에는 모두 도가 갖추어져 있다[論事物皆具此道(凡三段)]

1) 도란 사물을 벗어난 한낱 공허한 것이 아니다. 도란 사물을 떠날 수 없다. 그것은 사물을 떠나서 도는 존재할 수 없기 때문이다. 또 한 예를 들면 군신유의君臣有義의 의義란 도요, 군신은 기器이다. 의義의 도리를 찾아 보려고 한다면 반드시 군신에게서 찾아보아야 하며, 군신의 밖에 따로 의義가 있는 것이 아니다. 부자유친父子有親의 친親은 도요, 부자는 기器이다. 친親의 도리를 찾아보려고 한다면 반드시 부자에게서 찾아보아야 하며, 부자의 밖에서 따로 친親이 있는 것이 아니다. 부부에는 부부로서의 분별이 있고, 장유에는 장유로서의 차례가 있으며, 벗에는 벗으로서의 믿음이 있다. 이 또한 부부, 장유, 벗을 떠나서, 이른바 분별, 차서, 믿음이 있는 것이 아니다. 성문聖門의 학문은 어느 것 하나 진실하지 않은 게 없는데, 노씨는 청허淸虛하여 인간사를 멀리하고, 불씨 또한 인간사를 배척하여 그들은 모두 도란 사물의 위에 존재하는 현묘한 것으로 간주하고, 인간의 일은 아래에 있는 거친 것이니, 모두 다 이를 벗어나야 한다고 인식하였다.

道非是外事物有箇空虛底, 其實道不離乎物. 若離物, 則無所謂道. 且如君臣有 義, 義底是道, 君臣是器. 若要看義底道理, 須就君臣上看, 不成脫了君臣之外, 別 有所謂義. 父子有親, 親底是道, 父子是器. 若要看親底道理, 須就父子上看, 不成

脫了父子之外, 別有所謂親. 即夫婦而夫婦在所別, 即長幼而長幼在所序, 即朋友
而朋友在所信, 亦非外夫婦長幼朋友, 而有所謂別序與信, 聖門之學, 無一不實. 老
氏淸虛厭事, 佛氏屛棄人事, 他都是把道理做事物項頭玄妙底物者, 把人事物道理
極粗底, 便都要擺脫去了.

2) 모든 사물 위에서 찾아보면 또한 각기 당연한 이치가 있다. "발의
거동을 무겁게 한다"고 했을 때, 발이란 물物이요, 무겁게 한다는 것은
발의 당연한 이치이며, "손의 거동은 공손히 한다"고 했을 때 손이란 물이
요, 공손이란 손으로서의 당연한 이치이며, "볼 때는 밝음을 생각하며 들을
때는 귀 밝음을 생각한다"고 했을 때, 눈 밝고 귀 밝음은 보고 듣는 데
있어서 당연한 이치이며, 또한 "앉을 때는 시동처럼 앉고 서 있을 때는
재계하는 것처럼 한다"고 했을 때, 시동처럼 앉고 가지런히 서는 것은 앉고
서는 데 당연한 이치이다. 이와 같은 유로 미루어 나아가면 크고 작고
높고 낮은 곳 어디에서나 당연하고 가장 훌륭한 도리가 고금에 통행되는
것으로 폐지할 수 없는 도리이다.
　성문聖門의 실학實學이 밝혀지지 않은 뒤로 노장 불씨의 온갖 잡된 말들
이 생겨났으며, 후세의 유학자들이 도를 말할 때면 으레 노장으로 말하였
다. 예를 들면 양자운揚子雲(揚雄)은 매우 고심하였으나, 도리를 말할 때는
모두 황노黃老의 뜻으로 논하였다. 그의 '영근靈根(「太玄經」 「養」)'이라는 말
과 "청정淸淨으로 신神의 뜰에 노닐고 적막寂寞으로 덕德의 집을 지킨다"라
고 하는 말들은, 모두 노자의 뜻을 인용하여 말한 것이다.

若就事事物物上看, 亦各自有箇當然之理. 且如足容重, 足是物, 重是足當然之
理. 手容恭, 手是物, 恭是手當然之理. 如視思明·聽思聰, 明與聰, 便是視聽當然之
理. 又如坐如尸·立如齊, 如尸如齊, 便是坐立當然之理. 以類而推, 大小高下, 皆有
箇恰好底道理, 古今所通行而不可廢者. 自聖門實學不明, 然後有老莊佛氏一切等

說. 後世儒者, 纔說到道, 便涉老莊去. 如子雲用心亦甚苦, 然說到道理, 皆是黃老
意. 如中首所謂靈根, 及爱清爱净, 遊神之庭, 惟寂惟寞, 守德之宅等說, 都是純用
老子意.

3) 도의 큰 근원을 논한다면, 그것은 참으로 하늘에서 나온 것이다. 천지
가 있기 이전에 앞서 그러한 이치가 있었다. 그러나 이치가 있으면 곧
기운이 있고, 기운이 있으면 이치가 기운에 탑재되어 기운을 떠날 수 없다.
기운은 어느 곳에나 있으며, 이치는 통하지 않는 곳이 없다. 이는 조화와
발육이 성대하게 나타나지만, 실제론 일상생활의 일에 유행하여 천만 가지
의 실마리와 천지의 안, 만물의 가운데 모두 이 도가 갖춰져 있어, 이와
함께 살아가며 잠시도 떠날 수 없는 것이다. 그러므로 도를 구하려면 반드
시 인간사의 당연한 이치를 얻은 뒤에, 전체의 도를 나의 몸에 갖출 수
있다. 나의 몸에 인사를 버리고 이기二氣의 밖으로 초월할 수는 없다. 단지
천지가 생기기 이전, 그 시초의 오묘한 것을 도의 본체라 한다면 나의
몸과는 무슨 관련이 있겠는가. 이는 불佛 노老 장莊 열자列子의 이단異端
사설邪說로서 우리의 도를 해친 말들이다. 그러므로 학자는 이를 엄격히
물리치지 않을 수 없다. 성인의 실학實學은 큰길처럼 평탄하니, 배우는 자
또한 자포자기를 하지 말고, 힘써 행하여야 할 것이다.

論道之大原, 則是出於天. 自未有天地之先, 固是先有理. 然纔有理, 便有氣; 纔
有氣, 此理便在乎氣之中, 而不離乎氣. 氣無所不在, 則理無所不通, 其盛著見於造
化發育, 而其實流行乎日用人事千條萬緒. 人生天地之内·物類之中, 全具是道, 與
之俱生, 不可須夷離. 故欲求道者, 須是就人事中, 盡得許多千條萬緒當然之理, 然
後可以全體是道, 而實具於我, 非可舍吾身人事, 超乎二氣之表. 只管去窮索未有
天地始初之妙爲道體, 則在此身, 有何干涉? 此佛老莊列異端邪說, 所以爲吾道之
賊. 學者不可不嚴屏峻却, 而聖門實學, 坦如康莊. 學者亦不可自暴自棄而不由也.

(5) 학자가 도를 구하는 데 대한 요지[論學者求道之要]

학자가 도를 구하려면 반드시 수많은 사물 가운데에서 갈고 닦아야 한다.
學者求道, 須從事物千條萬緒中, 磨鍊出來.

(6) 도란 어느 곳에나 존재한다[論道無所不在]

도란 천지의 사이를 유행하여 어느 곳에나 어느 물건에나 항상 존재하
며, 어느 곳에서도 부족함이 없는 것이다. 자사子思의 "솔개는 날고 고기가
뛰나니, 이는 도의 유행이 위아래에 나타난 것이다"[『중용』 제12장]라는 말
에 근거하여 보면, 도란 어느 곳에나 있는데, 이는 매우 명백하고 분명하다
는 사실을 알 수 있다. 위로는 솔개가 날아 하늘에 이르고, 아래로는 고기
가 연못에서 뛰는 것, 이 모두가 그 같은 도리이다. 정자는 이에 대해 "이는,
자사가 긴요하게 사람을 위해서 말한 곳으로 활기찬 곳이다[子思喫緊爲人處
活潑潑地]"라는 주석을 붙였다. 이른바 끽긴喫緊이란 긴요하게 사람을 위해
서 말한 것이며, 활발발지活潑潑地란 실제로 그러한 도리가 눈앞에 있는
것처럼, 살아 있는 물건처럼, 생동감 있게 보여주는 것을 말한다. 이는
바로 안자顏子가 말한 "탁이卓爾"와 맹자가 말한 "약여躍如"라는 뜻으로, 그
모두가 참으로 그와 같은 도리를 분명히 간파하였기에 이처럼 말할 수
있었다.

道流行乎天地之間, 無所不在, 無物不有, 無一處欠缺. 子思言鳶飛魚躍上下察
以証之, 有以見道無不在, 甚昭著分曉. 在上則鳶飛戾天, 在下則魚躍於淵, 皆是這
箇道理. 程子謂此是子思喫緊爲人處活潑潑地云者, 只是真見這道理, 在面前如活
底物相似, 此正如顏子所謂卓爾·孟子所謂躍如之意, 都是真見得這道理分明, 故

如此說.

(7) 성현의 도에 대한 논지[論聖賢言道之旨]

『주역』에서는 "일음일양—陰—陽이 형성되는 것을 도"라고 말하였다. 음양은 기운이니 형이하며, 도는 음양의 이치이니 형이상이다. 공자는 조화의 근원으로서 태화大化(천지의 조화)를 논한 것이므로 반드시 본문에 따라서 글자의 의미를 투철하게 보아야 할 것이다. 예를 들면 "도에 뜻한다[志於道]", "가히 더불어 도에 간다[可與適道]", "도는 가까운 데 있다[道在邇]" 등등의 말들은 또한 인사人事로 논한 것이다. 성인이 사람들과 도를 말할 때 대부분 인사로 말하였는데, 이 한 구절만은 『주역』을 찬술贊述하면서 내력來歷의 근원으로 말한 것이다. 또한 선비 중에는 선학禪學을 표절하여, 곧 음양을 가리켜 도라고 말하는 자가 있는데, 그것은 기운을 이치로 말한 것이다.

易說一陰一陽之謂道. 陰陽, 氣也, 形而下者也; 道, 理也, 只是陰陽之理, 形而上者也. 孔子此處, 是就造化根原上論. 大凡字義, 須是隨本文看得透, 方可. 志於道·可與適道·道在邇等類, 又是就人事上論. 聖賢與人說道, 多是就人事上說, 惟此一句, 乃是贊易時說. 來歷根原, 儒中竊禪學者, 又直指陰陽爲道, 便是指氣爲理了.

(8) 한유와 노자의 도에 대한 오류[論韓老言道之差]

한유韓愈의 「원도原道」 첫머리 네 구절의 "널리 사랑하는 것을 인仁이라 하고 행하여 적절하게 하는 것을 의義라 한다"라는 말은, 모두 인의를 외재적인 면으로 말한 것이며, 덕을 논함에 있어서, "한 몸에 만족하여 바깥으로 지향하는 것을 필요로 하지 않는다"라는 구절은 비록 원만한 말은 아니지만, 그래도 해로운 말은 아니다. 그러나 "이로 말미암아 나가는 것을 도라 한다[由是而之之謂道]"라는 구절에서 언급한 도란, 모두 사람의 힘으로 닦아 나아간 뒤에야 바야흐로 도를 소유할 수 있다 함이니, 자사『중용』에서 말한 "본성대로 행하는 본연의 도"라고 할 수 없다.

이를테면『노자』의 "도를 잃은 뒤에 덕이라 하고, 덕을 잃은 뒤에 인仁이라 하고, 인을 잃은 뒤에 의義라 한다"라는 등의 말 또한 도의 상면에서 말한 것으로, 덕德 인仁 의義를 모두 갈기갈기 찢고 짓부수어 말한 것이다. 양자운揚子雲의 "노씨가 말한 도덕을 내 취한 바 있다"라는 말과 "인의를 퇴제擡提한 것은 나는 취한 바 없다"라는 말 또한 도덕과 인의를 두 가지로 나누어 서로가 관련이 없다고 생각하였기에, 이처럼 분리시켜 본 것이다.

韓公原道頭四句, 如所謂博愛之謂仁, 行而宜之之謂義, 盡說從外面去. 其論德如足己無待於外之言, 雖未圓, 猶未害. 至由是而之焉之謂道, 則道全在人力脩爲之方有, 而非子思中庸率性本然之道. 如老子失道而後德, 失德而後仁, 失仁而後義等語, 又把道都脫從上面去說, 與德仁義, 都分裂破碎了. 揚子雲又謂老氏之言道德, 吾有取焉耳; 及擡提仁義, 吾無取焉耳. 是又把道德仁義, 判做二物, 都不相交涉了.

(9) 한유의 도에 대한 오류[論韓公見道之差]

한유韓愈의 학문은 근원이 없다. 이를테면「원도原道」1편에서 서술한 많은 절목은, 도의 대용大用이 천하에 유행함을 분명히 보았다고 말할 수 있지만, 그 본체가 나의 몸에 근본함을 모른 것이다. 따라서 나의 몸을 반성하는 공부엔 정밀한 공부가 없었으며, 다만 장적張籍 등과 함께 시를 읊고 술을 마시며 세월을 보내면서 스스로의 자신을 지키는 바 없었고, 후일 조양潮陽으로 좌천당하여 적막하고 무료한 가운데, 자신도 모르는 사이에 태전선사太顚禪師의 말에 감동되어 버린 것이다.

韓公學無原頭處. 如原道一篇, 鋪叙許多節目, 亦可謂見得道之大用, 流行於天下底分曉, 但不知其體, 本具於吾身. 故於反身內省處, 殊無細密工夫, 只是與張籍輩吟詩飮酒度日, 其中自無所執守, 致得後來潮陽之貶. 寂寞無聊中, 遂不覺爲大顚說道理動了, 故俛首與之同遊, 而忘其平昔排佛老之說.

16. 이치理

(1) 도와 이치의 구별[論道與理之別]

도와 이치는 대체로 한 가지이다. 그러나 두 글자로 나눠 보는 데에는 반드시 분별이 있기 때문이다. 도란 사람이 통행하는 것으로 명명한 글자이지만, 이理 자와 서로 대조하여 말하면, 도는 비교적 느슨한 것이며, 이치는 비교적 진실한 것으로 바뀔 수 없는 확정이라는 뜻이 있다. 그러므로 만고에 통행되는 것은 도이며, 만고에 바뀔 수 없는 것은 이치이다. 이치란 형상이 없는 것인데, 어디에서 이를 찾아볼 수 있을까? 사물에는 당연한 자연의 준칙이 있다. 그것이 이치이다. 칙則이란 준칙準則, 법칙法則으로서, 확정되어 바뀔 수 없다는 뜻이다. 사물에는 정당히 해야 할 곳에는 당연한, 지나치거나 미치지 못함이 없는 그 무엇이 있다. 예를 들면 "임금이 되어서는 인仁에 그친다" 하니, 인仁이란 임금으로서의 당연한 법칙이며, "신하가 되어서는 경敬에 그친다" 하니, 경이란 신하로서의 당연한 법칙이며, "아비가 되어서는 사랑에 그치고, 자식이 되어서는 효도에 그친다" 하니, 효도와 사랑이란 부자로서의 당연한 법칙인 것이다. 또한 "발의 거동은 무겁게 한다" 하니, 무겁게 한다는 것은 발의 거동으로서 당연한 법칙이며, "손의 거동은 공손하게 한다" 하니, 공손함이란 손의 거동으로서 당연한 법칙이며, "앉음에 시동처럼 한다" 하니, 앉음에 있어서 당연한 법칙이며, "재계하는 듯이 선다"라는 것은, 서 있을 때의 당연한 법칙이다.

옛 사람의 격물 궁리는 사물의 당연한 법칙을 궁리함이며, 또한 마땅히 해야 할 것과 가장 훌륭한 것을 궁구하여 나아갈 뿐이다.

道與理, 大槩只是一件物. 然析爲二字, 亦須有分別. 道是就人所通行上立字, 與理對說, 則道字較寬, 理字較實, 理有確然不易底意. 故萬古通行者, 道也. 萬古不易者, 理也. 理無形狀, 如何見得? 只是事物上一箇當然之則, 便是理, 則是准則法則, 有箇確定不易底意. 只是事物上, 正合當做處, 便是當然; 卽這恰好無過些, 亦無不及些, 便是則. 如爲君止於仁, 止仁便是爲君當然之則. 爲臣止於敬, 止敬便是爲臣當然之則. 爲父止於慈, 爲子止於孝, 孝慈便是父子當然之則. 又如足容重, 重便是足容當然之則. 手容恭, 恭便是手容當然之則. 如尸便是坐中當然之則, 如齊便是立中當然之則. 古人格物窮理, 要就事物上窮箇當然之則, 亦不過只是窮到那合做處恰好而已.

(2) 이치와 본성의 구별[論理與性之別]

이치와 본성은 상대적으로 말한 것이다. 이치는 사물에 있는 이치이며 본성이란 나에게 있는 이치이다. 사물에 있는 것은 천지天地 인물人物이 공통으로 소유한 도리이며, 나에게 있는 것은 이치가 이미 갖추어져 나의 소유가 되는 것을 말한다.

理與性字對說, 理乃是在物之理, 性乃是在我之理. 在物底, 便是天地人物公共底道理. 在我底, 乃是此理已具得爲我所有者.

(3) 이치와 의리는 본체와 작용이다[論理義爲體用]

이치와 의리를 상대적으로 말하면 이치란 본체요, 의리란 작용이다. 이
치란 사물의 당연한 법칙이며, 의리는 이치로써 대처하는 바이다. 그러므
로 정자는 "사물에 있어서는 이치요, 사물을 처리하는 것은 의리"라고 하
였다.

理與義對說, 則理是體, 義是用. 理是在物當然之則, 義是所以處此理者. 故程
子曰在物爲理, 處物爲義.

17. 덕德

(1) 마음에 실제로 얻은 것이 덕이다[論心之實得處爲德]

　도란 천지 사이의 본연의 도이지, 사람의 공부로 말한 것이 아니지만,
사람의 공부로 말하였다. 다시 말하면 덕이란 도를 실행하여 나의 마음에
진실로 얻음이 있는 것이다. 그러므로 이를 덕이라 한다.
　이 도를 행하여 나의 마음에 실제로 얻음이 있다는 것은 무슨 말일까?
이를테면 진실로 어버이를 섬겨야만이 마음에 진실로 효도를 얻을 수 있으
며, 진실로 형을 섬겨야만이 마음에 진실로 공경을 얻을 수 있다. 덕이라는
글자는 사람이 공부하여 이미 경지에 이른 것을 말한다. 이러한 공부를
해야만이 나의 몸에 진실로 그것을 얻을 수 있는 것이지, 공부하는 과정의
시기로 말한 것은 아니다.

　道是天地間本然之道, 不是因人做工夫處. 論德便是就人做工夫處. 論德, 是行
是道而實有得於吾心者, 故謂之德. 何謂行是道而實有得於吾心? 如實能事親, 便
是此心實得這孝; 實能事兄, 便是此心實得這悌. 大槩德之一字, 是就人做工夫己
到處論, 乃是做工夫實有得之於己, 了不是就方做工夫時說.

(2) 사람은 마음에 본연의 덕을 지니고 있다[論人心有本然之德]

대개 덕이란 얻음이라는 말이니, 얻었다는 하나의 얻을 득得 자를 떠날 수 없다. 『서경』에는 이를 "공부하여 진실로 소유한 것"으로 말한 부분이 많다. 그러나 또한 본원의 유래로 말한다면, 이른바 명덕이란 사람이 태어나면서 하늘에서 얻은, 본래 광명한 이치가 나의 마음에 갖추어져 있는 것이다. 그러므로 이를 명덕이라고 말한다. 어린아이가 어버이를 사랑하고 형을 공경할 줄 모르는 자가 없다. 이는 하늘에서 얻은 바가 본래 밝기 때문이다. 이른바 달덕達德이란 고금천하 모든 사람의 마음에 똑같이 얻은 바이므로 달達이라 하며, 이른바 의덕懿德이란 순수하고 아름다운 천리를 얻었으므로 이를 아름답다[懿]고 말한 것이며, 또한 이른바 덕성이란 내가 하늘에 얻은 정리正理가 있으므로 이를 덕성이라 하며, 또한 천덕天德이라 말하는 것은 하늘로 말하면 이 이치는 공공물公共物이다. 그러나 하늘에서 이를 얻으면 천덕이라 하고, 그 도가 유행하면서 부여하는 것을 물物이 얻어도 또한 이를 천덕이라 말한다. 천덕을 사람의 입장에서 말하면 사람이 하늘의 이치를 얻어 태어난 것 또한 천덕이요, 그들의 행하는 바 순전한 천리로서 참다운 바를 얻어 인위人爲의 뒤섞임이 없는 것 또한 천덕이라 말한다.

大槩德者, 得也; 不能離得一箇得字. 古經書雖是多就做工夫實有得上說, 然亦有就本原來歷上論. 如所謂明德者, 是人生所得於天, 本來光明之理, 具在吾心者, 故謂之明德. 如孩提之童, 無不知愛親敬兄, 此便是得於天本明處. 有所謂達德者, 是古今天下人心之所同得, 故以達言之. 有所謂懿德者, 是得天理之粹美, 故以懿言之. 又有所謂德性者, 亦只是在我所得於天之正理, 故謂之德性. 又有所謂天德者, 自天而言, 則此理公共在天得之爲天德; 其道流行賦予爲物之所得, 亦謂之天德. 若就人論, 則人得天之理以生, 亦謂之天德; 其所爲純得天理之眞而無人僞之雜, 亦謂之天德.

(3) 도와 덕이란 두 가지가 아니다[論道德非二物]

도와 덕이란 두 가지로 나눌 수 없다. 도란 공공公共한 것이며, 덕이란 나의 몸에 얻어 나의 소유가 되는 것이다.

道與德, 不是判然二物. 大抵道是公共底, 德是實得於身爲我所有底.

18. 태극太極

(1) 혼륜 지극한 이치[論混淪至極之理]

태극이란 혼륜 지극한 이치이지, 형기形氣로 말한 것이 아니다. 육경六經에서 태극을 말한 것은 오직 『주역』에 나타나 있을 뿐이다. 「계사繫辭」에 의하면 "역易에는 태극이 있다"라고 하니, 역이란 음양 변화를 말하는 것이며, 음양 변화의 이치가 곧 태극이다. 또한 "삼극三極의 도"라는 말이 있는데, 삼극이란 삼재三才의 지극한 이치를 말한다. 여기에서 말하는 삼극이란, 삼재에는 각기 하나의 태극을 지니고 있으며, 태극의 오묘함이란 삼재 가운데 유행한다는 말이다. 이 밖의 백가제자百家諸子들은 모두 다 잘못 말하고 있다. 그들은 모두 형기形氣에 속하여 있다고 말한다. 『한지漢志』에 의하면 "태극 함삼위일函三爲一"이라 하니, 이는 천天 지地 인人을 만들 수 있는 세 개의 형기를 내면에 갖춘, 나눠지기 이전 혼륜한 물건으로 말한 것이다. 『노자』에 의하면 "하나의 혼성된 물건이 천지에 앞서서 발생되었다"라고 하니 이는 바로 태극을 가리킨 것이며, 『장자莊子』에 의하면 "도란 태극 앞에 있다"라고 하니, 이른바 태극이란 또한 삼재三才가 나누어지기 이전의 혼륜한 물건을 말하며, 도란 또 다른 하나의 현공물懸空物로서 태극의 이전에 있다 하여, 도와 태극을 둘로 나누어 보았는데, 이는 도가 곧 태극임을 알지 못한 것이다. 도는 이치의 통행通行으로 말한 것이며, 태극이란 이치의 지극함으로 말한 것이다. 이치의 지극함이란 고금 인물의 통행 되는 바이며, 고금 인물의 통행되는 바는 이치의 지극한 것으로, 이치란 둘이 없는 것이다.

太極, 只是渾淪極至之理, 非可以氣形言. 古經書說太極, 惟見於易係辭傳, 曰 易有太極. 易只是陰陽變化, 其所爲陰陽變化之理, 則太極也. 又曰 三極之道. 三 極云者, 只是三才極至之理. 其謂之三極者, 以見三才之中, 各具一極; 而太極之 妙, 無不流行於三才之中也. 外此百家諸子, 都說差了, 都說屬氣形去. 如漢志謂太 極涵三爲一, 乃是指做天地人三箇氣形已具而渾淪未判底物. 老子說有物混成, 先 天地生, 此正是指太極. 莊子謂道在太極之先, 所謂太極, 亦是指三才未判渾淪底 物; 而道又別是一箇懸空底物, 在太極之先. 則道與太極, 分爲二矣. 不知道即是太 極. 道是以理之通行者而言, 太極是以理之極至者而言. 惟理之極至, 所以古今人 物通行; 惟古今人物通行, 所以爲理之極至, 更無二理也.

(2) 주렴계와 주자의 태극설을 밝히다[發明周子朱氏太極說]

태극의 뜻이 밝혀지지 못하다가 염계濂溪에 이르러 「태극도」가 지어짐 으로써 비로소 명백하게 설명되었다. 주렴계는 "무극이태극無極而太極이라 하여 '이而' 자를 가볍게 이어서 보았을 뿐, 구절의 중간을 끊어 두 단락으 로 나눠 보지 않았다. 무극無極이란 다함이 없다[無窮極]는 뜻이니, 이치에는 형상과 방체方體가 없음을 말한다. 이는 무성무취無聲無臭라는 유와 같은 말이다. 태太라는 말은 심甚 자의 뜻이니, 태극이란 몹시 지극하여 이를 형용할 수 없다는 이유에서 '태太' 자를 쓰게 된 것이다. 이치란 형상과 방체方體가 없다고 하지만, 만화萬化의 근본과 추뉴樞紐가 되는 바이다. 이 는 혼륜하여 매우 지극하므로 이를 태극이라 한다.

주자는 이 구절을 해석하기를 이른바 "하늘의 일[上天之載]"이란 이치[理]로 말함이며, '무성무취無聲無臭'란 무극無極 두 글자에 대한 해석이며, 이른바 '만화의 추뉴樞紐와 품휘品彙의 근저根柢'란 태극 두 자를 해석한 것이라 하고, 또한 "태극의 바깥에 무극이 다시 있지 않는다"라는 말로 끝을 맺으니, 이는 매우 분명하고 뚜렷한 설명이라고 할 것이다.

太極字義不明, 直至濂溪作太極圖, 方始說得明白. 所謂無極而太極, 而字只輕接過, 不可就此句中間截作兩截看. 無極, 是無窮極; 只是說理之無形狀方體, 正猶言無聲無臭之類. 太之爲言, 甚也. 太極, 是極至之甚, 無可得而形容, 故以太名之. 此只是說理, 雖無形狀方體, 而萬化無不以之爲根柢樞紐, 以其渾淪極至之甚, 故謂之太極. 文公解此句, 所謂上天之載, 是以理言; 所謂無聲無臭, 是解無極二字. 所謂萬化之樞紐·品彙之根柢, 是解太極二字. 又結以非太極之外, 復有無極也, 多少是分明.

(3) 태극이란 지극하다는 뜻이다[論太極是極至之義]

태극이란 이치로 말한 것인데, 이치를 무엇 때문에 또다시 극極이라고 말한 것일까? 극極이란 지극함이다. 한 중앙에 있어 추뉴樞紐의 뜻이 있기 때문이다. 황극皇極·북극北極 따위는 모두 중앙에 있음을 뜻하나, 극極 자를 중中 자로 주를 쓸 수는 없다. 극極이란 항상 물物의 중앙에 존재하여, 사면에서 이르매 모두 극점極点이 되어, 이에서 더 나아갈 수 없는 것이다. 예를 들면, 가옥의 대들보[脊棟]를 옥극屋極이라 말하는 것도 가옥의 많은 재목이 사방에서 모여드는데, 이곳에 이르러서는 모두 그 중앙점이 되므로 이곳에서 사방으로 분산되어 많은 서까래가 되고, 사면이 모두 고르게 되어 치우친 곳이 없는 것과 같으며, 탑의 뾰족한 윗부분을 극極이라 말하는 것과 같으며, 북극北極(北辰)이란 사방의 별들은 선회하지만 이곳에서는 움직이지 않는 까닭에 하늘의 중추中樞라고 하는 것과 같다.

태극이라 말하는 것은 이치로 논한 것이다. 하늘은 이로써 만고에 항상 운행하게 되고, 땅은 이로써 만고에 항상 존재하는 것이며, 사람과 만물은 이로써 만고에 생생불식生生不息하는 것이니, 이는 각각 스스로 그렇게 하는 것은 아니다. 모두 이치가 그 가운데에서 주재가 됨으로써 자연히 그처럼 될 뿐이다. 천지만물의 주재가 되는 것으로 논한다면, 이처럼 혼륜하고 지극한 것이다. 이 때문에 태극이라 이름한다. 천지만물의 이치를 총괄하여, 모두 여기에 모여들어 다시는 여기에서 더 나아갈 곳이 없다. 이로써 이것이 분산되어 천지가 되고 만물이 되면서도 또한 모두 하나하나가 고르게 되어, 조금이라도 부족함이 없기에 이를 태극이라 말한다.

太極, 只是以理言也. 理緣何又謂之極? 極, 至也. 以其在中, 有樞紐之義; 如皇極·北極等, 皆有在中之義, 不可訓極爲中. 蓋極之爲物, 常在物之中, 四面到此, 都極至, 都去不得. 如屋脊梁謂之屋極者, 亦只是屋之衆材, 四面湊合, 到此處, 皆極其中; 就此處, 分出去, 布爲衆材, 四面又皆停勻, 無偏剩偏欠之處, 如塔之尖處, 偏是極. 如北極, 四面星宿皆運轉, 惟此不動, 所以爲天之樞. 若太極云者, 又是就理論天, 所以萬古常運地, 所以萬古常存, 人物所以萬古生生不息, 不是各各自恁地, 都是此理在中, 爲之主宰, 便自然如此. 就其爲天地主宰處論, 恁地渾淪極至, 故以太極名之. 蓋總天地萬物之理, 到此湊合, 皆極其至, 更無去處. 及散而爲天地, 爲人物, 又皆一一停勻, 無少虧欠, 所以謂之太極.

(4) 태극이란 천지의 이치를 총괄하고 있다[太極只是總天地之理]

태극이란 천지만물의 이치를 총괄하여 말한 것이지, 천지만물의 밖에서

따로이 논한 것은 아니다. 천지만물을 떠나서 이러한 이치가 있다면, 이는
둘로 나누어 말한 것이다.

太極, 只是總天地萬物之理而言, 不可離了天地萬物之外而別爲之論. 纔說離
天地萬物而有箇理, 便成兩截去了.

(5) 주렴계의 「태극도설」을 밝히다[發明濂溪太極圖說]

결국, 천지만물이 있기 이전에 앞서 이 이치가 있었다. 그러나 이치는
허공에 달려 있지 저곳에 있는 것은 아니다. 천지만물의 이치가 있으면
곧 천지만물의 기운이 있고, 천지만물의 기운이 있으면, 이 이치는 천지만
물의 가운데에 존재하는 것이다. 주렴계가 말한 "태극이 동하여 양이 되고
정靜하여 음을 낳는다"라는 것은 동動하는 이치가 있기에 능히 동하여 양이
발생하고, 동함으로써 양이 발생하였음을 말한다. 다시 말하면, 이 이치는
양이 동하는 가운데 이미 갖춰져 있는 것이며, 이처럼 고요한 이치가 있음
으로써 능히 정하여 음이 발생되고, 정하여 음이 발생되매 이러한 이치는
벌써 음의 고요한 가운데 갖춰져 있다는 것이다. 그러므로 이치가 있으면
곧 기氣가 있고, 기가 있으면 이치는 기의 이면에 존재하여, 서로가 융합된
곳에서 조그마한 틈도 없는데, 어떻게 선후를 나눠 볼 수 있겠는가. 이
때문에 "동정이란 끝이 없고 음양이란 처음이 없다"라고 한다. 만일 선후
를 분별하여 한 곳에 치우친다면, 이는 혼륜하고 지극한 물건이 아니다.

畢竟未有天地萬物之先, 必是先有此理. 然此理不是懸空在那裏, 纔有天地萬
物之理, 便有天地萬物之氣; 纔有天地萬物之氣, 則此理便全在天地萬物之中. 周
子所謂太極, 動而生陽, 靜而生陰. 是有這動之理, 便能動而生陽. 纔動而生陽, 則
是理便已具於陽動之中. 有這靜之理, 便能靜而生陰. 纔靜而生陰, 則是理便已具

於陰靜之中. 然則纔有理, 便有氣; 纔有氣, 理便全在這氣裏面. 那相接處, 全無些
子縫罅, 如何分得孰爲先孰爲後? 所謂動靜無端, 陰陽無始. 若分別得先後, 便成
偏在一邊, 非渾淪極至之物.

(6) 노자의 도에 대한 잘못[論老氏言道之差]

노씨의 말에 의하면 "도는 천지의 앞에 있다"고 한다. 조금은 이러한
뜻이 있으나, 천지만물의 밖에 또 다른 현공懸空 도리를 말하여, 이를 가지
고서 후일 모두 거칠게 보아서는 안 된다.

老氏說道, 在天地之先也. 畧有此意, 但不合. 都離了天地人物外, 別說箇懸空
裏道理, 把此後, 都做粗看了.

(7) 인심과 사물에는 모두 태극이 있다[人心事物皆有太極]

종합하여 말하면 혼륜한 이치 또한 하나의 태극이지만, 나누어 말하면
천지만물은 제각기 이 이치를 갖추고 있으며, 또한 제각기 하나의 태극을
지니고 있으며, 또한 모두가 혼륜하여 부족한 곳이 없다. 그 나뉜 곳으로
말하면 많은 도리가 형성되지만 만물을 총괄하여 논하면 만물의 본체는
모두 혼륜한 것이며 또한 하나의 태극일 뿐이다. 사람은 이 이치를 얻어서
나의 마음에 갖추어 두면 마음은 곧 태극이다. 그러므로 소강절邵康節(邵雍)
은 "도道는 태극이다", "마음이 태극이다"라고 하였다. 도가 태극이라는
것은 나의 도와 태극이 두 이치가 아니라는 것이며, 마음이 태극이라 말한
것은 온갖 이치가 모두 나의 마음에 갖춰져 있으니, 이 마음이 혼륜하여

태극과 한 이치라는 것이다. 다만 이 도리가 유행하여 밖으로 나아가매 사물을 응하여 모든 일에 각기 그 이치의 마땅함을 얻으니, 이것이 곧 각각 하나의 태극이다. 만사를 총괄하여 말하면 그것은 실로 변함없는 하나의 이치요, 혼륜한 하나의 태극이라는 것이다.

이를 비유하면, 하나의 큰 수은水銀 덩이가 둥글다가, 수만 개의 작은 덩이로 분산되었을 때에도 낱낱이 모두가 둥글며, 수만 개의 작은 덩어리들이 다시 하나의 큰 덩이로 합해지면, 예전처럼 다시 둥글게 되는 것과 같다. 진기수陳幾叟의 "달이 일만 시내에 떨어지니 곳곳에 모두 둥글다"라는 비유 또한 바로 이와 같은 것이다.

이는 태극이 천지만물 밖에 존재하지만 천지만물의 가운데 유행하는 것이며, 만고 무극無極의 이전에 존재하나 만고 무극의 뒤를 관통하는 것이며, 만고 이전으로부터 만고 이후 다할 때까지 이 혼륜한 이치가 태극인 것이다. 이 이치는 유행하여 어느 곳에서나 모두 원만하여 어느 한 곳도 부족된 부분이 없다. 어느 한 곳이라도 부족된 곳이 있다면, 이것은 곧 편벽된 것으로서 태극이라 말할 수 없다. 태극의 본체는 본디 스스로 원만하기 때문이다.

總而言之, 只是渾淪一箇理, 亦只是一箇太極; 分而言之, 則天地萬物, 各具此理, 亦只有一太極. 又都渾淪無欠缺處, 自其分而言, 便成許多道理; 若就萬物上總論, 則萬物統體渾淪, 又只是一箇太極. 人得此理, 具於吾心, 則心爲太極. 所以邵子曰 道爲太極. 又曰 心爲太極. 謂道爲太極者, 言道即太極, 無二理也; 謂心爲太極者, 只是萬理, 總會於吾心, 此心渾淪是一箇理耳. 只這道理流行出而應接事物, 千條萬緒, 各得其理之當然, 則是又各一太極. 就萬事總言, 其實依舊只是一理, 是渾淪一太極也. 譬如一大塊水銀, 恁地圓, 散而爲萬; 萬小塊, 箇箇皆圓; 合萬, 萬小塊復爲一大塊, 依舊又恁地圓. 陳幾叟月落萬川處處皆圓之譬, 亦正如此. 此太極所以立乎天地萬物之表, 而行乎天地萬物之中, 在萬古無極之前, 而貫於萬古無極之後. 自萬古而上, 極萬古而下, 大抵又只是渾淪一箇理, 總爲一太極耳. 此理流行, 處處皆圓, 無一處欠缺, 纔有一處欠缺, 便偏了不得, 謂之太極. 太極本體, 本自圓也.

(8) 극이라고 명명한 의의[論極所以立名之義]

태극을 극지極至라 말한 것은, 이 이치가 지중至中, 지정至正, 지정至精, 지수至粹, 지신至神, 지묘至妙하여 지극하고 극진하여 더할 수 없기에, 이를 억지로 극極이라 하였다.

太極之所以至極者, 言此理之至中至明至精至粹至神至妙, 至矣盡矣, 不可以復加矣, 故强名之曰極耳.

(9) 무극설에 대하여[論無極之說]

무극설無極說은 누구에게서 비롯되었을까? 유자후柳子厚는 "무극의 극極"이라 하였고, 소강절邵康節의 「선천도설先天圖說」에서도 "무극 이전에는 음이 양을 포괄하고, 유극有極 이후에는 양에서 음이 나뉘어졌다"라고 한다. 이는 주렴계 이전에도 무극설이 있었던 것이지만, 그들이 말한 주된 뜻은 각기 다르다. 유자후와 소강절은 기氣로 말하였으나, 주렴계는 오로지 이理로 말하였다.

無極之說, 始於誰乎? 柳子 天對曰 無極之極. 康節先天圖說, 亦曰 無極之前, 陰含陽也; 有極之後, 陽分陰也. 是周子以前, 已有無極之說矣. 但其主意, 各不同. 柳子·康節, 是以氣言; 周子則專以理言之耳.

19. 황극皇極

(1) 황극이란 임금이 표준이라는 말이다[論皇極乃君爲標準]

『서경』에서 말한 "황극"의 황皇이란 임금을 말하며, 극極이란 임금의 몸은 천하의 표준이 된다는 말이다. 그러나 공안국孔安國이 이에 대중大中이라는 주석을 붙임으로써, 글자의 본래 의미가 모두 상실되었다.

임금이 천하의 중앙에 서서 몸을 바르게 하여 사방의 표준이 되므로, 이를 황극이라 말한다. 임금의 덕으로 논한다면, 임금은 이곳에 이르러 지극하여 더할 수 없음이며, 효도로 말하면 천하의 효도를 지극히 함이며, 공경으로 말하면 천하의 공경을 지극히 함이니, 덕이 지극함을 다하여 천하 사람들이 그를 표준으로 삼은 것이다. 『주례周禮』에서 "백성의 극極이 된다"라는 말은 바로 이 뜻이다.

書所謂皇極, 皇者, 君也; 極者, 以一身爲天下至極之標準也. 孔安國訓作大中, 全失了字義. 人君中天下而立, 則正身以爲四方之標準, 故謂之皇極. 若就君德論, 則德到這處極至而無以加. 以孝言之, 則極天下之孝; 以弟言之, 則極天下之弟. 德極其至而天下之人, 以爲標準. 周禮所謂以爲民極, 正是此意.

(2) 『시경』에서 말하는 '이극'의 의의[論詩說爾極之義]

『시경』에서 "많은 백성에게 곡식을 먹게 해 주시니, 이것으로 법을 삼지 않은 바 없다"라고 하니, '이것'이란 보리[牟麥]를 말한다. 후직后稷이 이로써 백성을 가르쳤고, 백성은 이로써 준칙을 삼았다.

詩說立我烝民, 莫非爾極. 又是就牟麥上, 論后稷以此教民, 民亦以此爲準則.

(3) 보극의 의의에 대하여[論實極之義]

황극은 나라의 큰 보배이며 숭고한 부귀의 지위를 말하며, 군주는 이를 지극히 다하여 사방에서 높이 우러러보아 여기에 더할 수 없다. 이 때문에 이를 대보극大實極이라 한다. 상읍商邑이 지극한 법이 된 것은 중앙지에 있어 사방의 준칙이 되므로 사방에서 폭주輻輳하고, 여기에 이르러서는 다시 더할 수 없기 때문이다.

皇極, 域中之大實; 又是就崇高富貴之位而言. 大君極至之位, 四面尊仰, 無以復加, 所以謂之大實; 亦謂之實極. 商邑, 四方之極則, 以其居中爲四方之極, 而四方輻輳, 至此而無以復加也.

(4) 공안국의 황극설 오류에 대하여[論孔氏言皇極之差]

공안국孔安國은 황극에 대중大中이라는 주를 달고 『한서漢書』 곡영소谷永疏에서 "밖의 오사五事(貌言視聽思)를 바로잡아 대중大中을 세워 천심天心을 받든다"라는 주석을 붙인 뒤로는, 모두가 그들의 말을 따르게 되어, 그

후부터는 다시는 옛 사람이 써 왔던 본뜻을 모르게 되었다. 예를 들면 "황즉수지皇則受之"를 "대즉수지大則受之"로, "황지불극皇之不極"을 "대지불 중大之不中", "유황작극惟皇作極"을 "유대작중惟大作中"으로 주석을 붙였다. 이는 도무지 무슨 말인지 알 수 없다. 이러한 뜻이 과연 어떻게 본문에 통할 수 있겠는가.

自孔安國訓皇極爲大中, 後來谷永疏言 明王正五事, 建大中以承天心, 便都尋 習其說, 更不復知古人立字本義. 且如皇則受之, 皇之不極, 訓爲大之不中. 惟皇作 極, 訓爲惟大作中, 成甚等語? 義理如何通得?

20. 중화中和

(1) 중화는 성정의 이치이다[論中和是性情之理]

중화는 성정性情으로 말한다. 마음의 본체는 성性이다. 하지만 성은 다른 물체가 아니라, 마음속에 갖춰져 있는 이치를 말하며, 이 이치가 움직여 밖으로 나오는 것이 정情이다. 중中이란 사물을 접촉하지 않은 상태, 희로애락이 발생하기 이전의 혼륜한 것으로서, 그 가운데는 치우침이나 편벽됨이 없는 성性을 말한다. 그것이 발산되어 겉으로 나올 때 기쁨은 기쁨에 치우치고, 성냄은 성내는 데에 치우친 것을 결코 중이라 말할 수 없다. 그러나 미발未發의 중中이란 불편불의不偏不倚라 말할 수 있으나, 과불급過不及이라는 글자로 표현할 수 없으며, 발산되어 겉으로 나올 때 모두 절도에 맞아야만 바야흐로 이를 화和라 말할 수 있다. 화란 어긋난 바가 없음이니, 이면의 도리가 발산되어 겉으로 나올 때 당연히 기뻐하여야 할 때에 기뻐하고, 성을 내야 할 때 성을 내어 도리에 어긋난 바 없는 것이 중절이다. 이 또한 당연한 이치를 얻은 것으로서, 지나치거나 미치지 못함이 없는, 다시 말하면, 도리에 어긋남이 없는 것이다. 그러므로 이를 이름하여 화和라 한다.

中和, 是就性情說. 大抵心之體, 是性 性不是箇別物, 只是心中所具之理耳. 只這理動出外來, 便是情. 中, 是未接事物, 喜怒哀樂未發時, 渾淪在這裏, 無所偏倚,即便是性. 及發出來, 喜便偏於喜, 怒便偏於怒, 不得謂之中矣. 然未發之中, 只可言不偏不倚; 却下不得過不及字. 及發出來皆中節, 方謂之和. 和是無所乖戾, 只裏面道理發出來, 當喜而喜, 當怒而怒, 無所乖戾於理, 便是中節. 中節亦只是得其當然之理, 無些過無些不及, 與是理不相咈戾, 故名之曰和耳.

(2) 중화는 대본 달도이다[論中和爲大本達道]

"중을 천하의 대본大本이다"라고 말한 것은, 혼륜한 데에서 온갖 도리가 이를 통해서 모두 나오므로 대본이라 하며, "화和는 천하의 달도達道"라고 말하는 것은, 동하여 온갖 일에 응하되 조금이라도 어긋난 바 없으며, 통하지 않은 바 없으니, 이를 달도라 한다.

中者, 天下之大本, 只是渾淪, 在此萬般道理, 都從這裏出, 便爲大本. 和者, 天下之達道, 只是這裏動出, 萬般應接, 無少乖戾, 而無所不通, 是爲達道.

(3) 중에는 이발과 미발이 있다[論中有已發未發之理]

중에는 두 가지 의의가 있다. 이발의 중과 미발의 중이다. 미발은 성性으로, 이발已發은 일로써 말하니, 이발의 중이란 마땅히 기뻐해야 할 때에 기뻐하고, 성내야 할 때 성을 내어 가장 적절하게 함으로써, 지나치거나 미치지 못함이 없도록 하는 것이 중中이니, 중이란 곧 화이다. 그러므로 주렴계의 『통서』에서 또한 "중이란 화이다"라고 말하였는데, 이는 이발의 중을 가리킨다.

中有二儀, 有已發之中, 有未發之中. 未發, 是就性上論; 已發, 是就事上論. 已發之中, 當喜而喜, 當怒而怒, 那恰好處, 無過不及, 便是中. 此中, 卽所謂和也. 所以周子通書, 亦曰 中者, 和也, 是指已發之中而言也.

(4) 집중은 이발의 중이다[論執中是已發之中]

요堯 순舜 우禹의 윤집궐중允執厥中은 모두 이발의 중으로 말한 것이다. 그 이면에 발산되지 않은, 혼륜한 것이라면 형체와 그림자마저 없는데, 어떻게 이를 잡을[執] 수 있겠는가. 발산되어 밖으로 나올 때 바야흐로 잡을 수 있다. 이 일은 마땅히 이처럼 하고 저 일은 마땅히 저처럼 해야 할 때 비로소 가장 적절한 준칙으로, 너무 지나치거나 미치지 못함이 없는 곳을 잡을 수 있다.

堯舜禹允執厥中, 皆是已發之中. 若是裏面, 渾淪未發, 未有形影, 如何執得? 及發出來, 方可執. 此事合當如此, 彼事合當如彼, 方有箇恰好準則, 無太過不及處, 可得而操執之也.

(5) 이치에 어긋나는 바 없는 것이 모두 화이다[論無拂於理皆是和]

『중용』에서 희로애락 네 가지만을 예로 들어 말한 것은, 대강大綱만을 열거했기 때문이다. 실제로 그 이면에서 발동하여 밖으로 나올 때, 마땅히 해야 할 바를 행하여 도리에 어긋나는 바 없는 것이 모두 화이다.

中庸篇, 只擧喜怒哀樂四者, 只是擧箇大綱而已. 其實從裏面發出來底, 當然而然, 無所咈於理者, 都是和.

(6) 석씨의 잘못된 의논[論釋氏議論之差]

석씨의 대부분의 말들은 정情을 없애고 성性을 회복하려는 데에 있다. 이고李翱의 「복성론復性論」 2편 또한 모두가 이러한 뜻으로 쓰인 글이다. 이고는 한유韓愈와 교유하였지만, 한유의 학문은 애당초 연원이 없어, 이치를 명확하게 보지 못함으로써 석씨에게 몰입되어 버린 것이다. 석씨는 희로애락과 모든 생각이 모두 무無라 생각하였지만, 어떻게 이를 없앨 수 있겠는가. 단지 정正 부정不正이 있을 뿐이니, 정도는 곧 천도요, 부정은 곧 인욕이다.

釋氏之論, 大槩欲滅情以復性. 李翱作復性論二篇, 皆是此意. 翱雖與韓文公遊, 文公學無淵源, 見理不明瑩, 所以流入釋氏去. 釋氏要喜怒哀樂百念都無, 如何無得? 只是有正與不正耳. 正底便是天理, 不正底便是人欲.

(7) 중화와 중용의 차이점[論中和中庸之異]

중화의 '중中'은 오로지 미발未發을 주로 하나, 『중용』의 '중'은 두 가지 [未發·已發]의 뜻을 함축하고 있다. 마음에 내재된 '중'이 있는가 하면, 또한 만물상에 존재하는 외면의 '중'이 있다. 그러므로 주자는 중용 두 글자를 해석할 때 반드시 내외를 합하여 말하였다. 그의 "편벽되거나 치우치지 않고, 지나치거나 미치지 못함이 없는, 평범하고 떳떳한 이치[不偏不倚, 無過不及而平常之理]"라는 주석은 확실하고도 극진한 것이라 하겠다.

大抵中和之中, 是專主未發而言. 中庸之中, 却又是含二義. 有在心之中, 有在事物之中. 所以文公解中庸二字, 必合內外而言. 謂不偏不倚, 無過不及, 而平常之理, 可謂確而盡矣.

21. 중용中庸

(1) 중용이란 평상이라는 뜻이다[論中庸是平常之義]

주자는 '용庸' 자를 평범하고 떳떳함[平常]으로 해석하였다. 이는 중中
이외에 또 다른 용庸이 있다는 것은 아니다. 지나치거나 미치지 못함이
없는, 그것이 곧 일상생활의 평범하고 떳떳한 도리이다. 평범하고 떳떳함
[平常]이란 괴이怪異와 대칭되는 말이다. 평범하고 떳떳함은 사람이 항상
쓰는 바이며, 괴이란 일찍이 보지 못했던 것을 생각지 않게 갑자기 보고서
이를 이상하다고 생각하는 것이다. 이를테면 부자의 친함, 군신의 의리,
부부의 분별, 장유의 차서, 벗과의 믿음이란 모두 일상적인 일로 평범하고
떳떳한 도리로서, 전혀 기특한 일을 찾아볼 수 없다. 요순의 선위禪位, 탕무
의 정벌, 백이숙제의 절개, 그리고 삼인三仁의 고고한 행실이나, 볼 적엔
밝게, 들을 땐 귀 밝게, 안색은 온화하게, 용모는 공손하게 하기를 생각하
는 것과 발의 거동은 무겁게, 손의 거동은 공손히, 머리의 거동은 바르게,
기운은 엄숙히, 말은 충실하게, 행실은 돈실하고 공경하게, 거처하는 데에
는 공손히, 일을 하는 데에는 공경히 한다는 등등의 극치를 논하는 것이
평범한 도리일 뿐이다. 이는 일상생활에서 항상 행하는 바로 폐지할 수
없는, 평범하고 떳떳한 도리이다. 또한 평상적인 도리이므로 만고에 영원
토록 변함없이 행하는 것이다. 예를 들면, 오곡의 음식과 포백布帛의 의복

은 영원토록 바뀜이 없이 먹고 입는 데에도 싫어하는 마음이 없는 것은,
다름 아니라, 그것이 평범하고 떳떳하기 때문이다. 그러므로 평이라는 말
에는 그 나름대로 바뀌지 않는다는 뜻을 지니고 있다. 그 밖의 진기한
음식과 의복이란 한때의 아름다움에 이바지할 수 있지만, 끝내 떳떳할
수는 없다. 만일 진기한 것을 항상 사용한다면 반드시 싫증이 나게 될
것이다.

文公解中庸爲平常, 非於中之外, 復有所謂庸. 只是這中底發出於外, 無過不及,
便是日用道理, 平常與怪異字相對. 平常是人所常用底, 怪異是人所不曾行, 忽然
見之, 便怪異. 如父子之親·君臣之義·夫婦之別·長幼之序·朋友之信, 皆日用事,
便是平常底道理, 都無奇特可怪異. 如堯舜之揖遜, 湯武之征伐, 夷齊之立節, 三仁
之制行. 又如視之思明·聽之思聰·色之思溫·貌之思恭, 與夫足容之重·手容之恭·
頭容之直·氣容之肅, 及言忠信·行篤敬·居處恭·執事敬等類. 論其極致, 只是平常
道理. 凡日用間, 人所常行而不可廢者, 便是平常道理. 惟平常, 故萬古常行而不可
易. 如五穀之食·布帛之衣, 萬古常不可改易, 可食可服而不可厭者. 無他, 只是平
常耳. 故平常則自有不可易之義, 自餘珍奇底飮食衣服, 則可供一時之美, 終不可
以爲常. 若常常用之, 則必生厭心矣.

(2) 중용은 덕행으로 말함이다[論中庸以德行言]

정자는 "바뀌지 않는 것을 용庸"이라[『중용장구』 안어]고 하였다. 이는
타당한 말이긴 하지만, 그 뜻을 설명하는 데 있어서는 미진한 바 있다.
주자가 용庸을 평상설平常說로 해석한 것처럼 명백하고 원만하지 못한 점
이 있다. 평상이란 '불역不易'의 뜻을 포괄할 수 있지만, '불역' 두 글자에는
평상이라는 두 글자의 뜻을 포괄할 수 없다. 그러나 실제론 하나의 도리일

뿐이다.

程子謂不易之謂庸, 說得固好. 然於義未盡, 不若文公平常之說爲明備. 蓋平常
字, 包得不易字意; 不易字, 包不得平常字意. 其實則一箇道理而已.

(3) 중화와 중용의 차이점[論中和中庸之異]

중화中和는 성정性情을 말하니, 체용體用과 동정動靜이라는 대칭으로 말하
며, 중용이란 덕행으로 말하니, 행사行事를 겸하여 말하였을 뿐이다.

游定夫謂 中和以性情言, 是分體用動靜相對說. 中庸以德行言, 是兼行事相
合說.

22. 예악禮樂

(1) 예악에는 근본과 문장이 있다[論禮樂有本有文]

예악에는 근본과 문장[文]이 있다. 예禮는 중中, 악樂은 화和이니, 중화中和는 예악의 근본이다. 그러나 본本과 문文 이 두 가지 가운데 어느 것 하나도 없어서는 안 된다. 예의 문장은 조두俎豆 옥백玉帛의 유이며, 악의 문장은 성음聲音 절주節奏의 유이다. 이러한 중화에다가 옥백 조두와 성음 절주를 꾸몄을 때 비로소 예악을 이룰 수 있으니, 한낱 중화만을 고집하지 않았을 때 비로소 예악이라 말하는 것이다.

禮樂, 有本有文. 禮只是中, 樂只是和. 中和, 是禮樂之本. 然本與文二者, 不可一闕. 禮之文, 如玉帛俎豆之類; 樂之文, 如聲音節奏之類. 須是有這中和, 而又文之以玉帛俎豆聲音節奏, 方成禮樂; 不只是偏守中和底意思, 便可謂之禮樂.

(2) 예악은 안팎으로 부합되어야 한다[論禮樂要內外相符]

마음으로 논하면 예는 공경의 뜻이며, 악樂은 화락의 뜻이다. 본디 그 이면에 이와 같은 공경과 화락한 뜻이 내재되어 있어야 한다. 그러나 이를 어디에서 볼 수 있을까? 손님을 맞이하고 제사를 받들 때, 이러한 마음으로 구슬과 비단을 받들고 조두를 올리고 음악을 연주하는 것이다. 이와 같이 하면 내외 본말이 서로 어우러져 예악이 이루어지게 된다. 만일 외면의 옥백玉帛과 종고鍾鼓가 있을지라도, 내면에 화락하고 공경하는 마음의 실상이 없다면 예악을 이룰 수 없다. 그러나 내면에 화락하고 공경하는 마음을 지니고서도 외면에 옥백과 종고를 받들지 않으면 이 또한 예악이라 할 수 없다.

就心上論, 禮只是箇恭底意, 樂只是箇和底意. 本是裏面, 有此敬與和底意. 然此意何自而見? 須於賓客祭祀時, 將之以玉帛, 寓之以籩豆, 播之於聲音節奏間. 如此則内外本末相副, 方成禮樂. 若外面有玉帛鍾鼓, 而裏面無和敬之心以實之, 則不成禮樂. 若裏面有和敬之心, 而外面無玉帛鍾鼓以將之, 亦不成禮樂.

(3) 예악이란 둘이 아니다[論禮樂不是二物]

예악은 서로의 관련이 없는 두 개의 물건이 아니다. 예의는 질서이며 음악은 평화이다. 질서가 있으면 순조롭고 평화로우나, 질서가 없으면 괴리乖離되어 불화가 생기게 된다. 예를 들면 군신과 부자와 부부와 형제가 서로 해치고 원수처럼 으르렁거리며 화목하지 못한 것은, 모두가 이에 앞서 부자 군신 형제 부부의 예의가 없어서, 친함 의리 차서 분별[親義序別]의 덕목이 없기에 이와 같은 처지에 이르게 된 것이다.

禮樂, 亦不是判然二物, 不相干涉. 禮只是箇序, 樂只是箇和. 纔有序, 便順而和; 失序, 便乖而不和. 如兩箇椅子, 纔下得失倫序, 便乖戾不和. 如父子君臣兄弟夫婦, 所以相戕相賊相爭相鬪相仇相怨, 如彼其不和者, 都緣是先無箇父子君臣夫婦兄弟之禮, 無親義序別, 便如此.

(4) 예악은 있지 않은 곳이 없다[論禮樂無所不在]

예악은 어느 곳에나 있다. 밝게는 이 세상에 예악이 있고 어둡게는 명계
冥界에 귀신이 있다. 어떻게 이를 떠날 수 있겠는가. 도적이란 지극히 무도
한 자들이지만 반드시 그들에게도 상하의 지휘계통이 있으니, 그것이 곧
예의이며, 상하의 지휘계통이 있으므로 스스로 명령을 따르며 화목하게
되니, 그것이 곧 음악이다.

또한 두 사람이 함께 길을 걸을 때, 어른과 어린이의 차서에 따라 어른이
앞서 걷고 어린이가 뒤따라 간다면, 이는 서로가 화기로워 다툼이 없을
것이다. 다투려는 마음이 생기는 것은, 모두가 어른과 어린이의 차서를
잃어 질서를 어지럽혔기 때문이니, 어떻게 화기로운 마음이 있을 수 있겠
는가. 이로 보면 예禮가 앞이요, 악樂이 뒤임을 알 수 있다.

禮樂, 無所不在. 所謂明則有禮樂, 幽則有鬼神, 如何離得? 如盜賊至無道, 亦須
上下有統屬, 此便是禮底意. 纔有統屬, 便自相聽從, 自相和睦, 這便是樂底意. 又
如行路人兩箇同行, 纔有箇長少次序, 長先少後, 便相和順, 而無爭. 其所以有爭鬪
之心, 皆緣是無箇少長之序, 旣自先亂了, 安得有和順底意? 於此益見禮先而後樂.

(5) 예악은 사람에게 유익한 것이다[論禮樂有益於人]

사람들은 한갓 승강升降과 양습揚襲의 예의 절목이 미관상으로 꾸미려는
것처럼 보이며 음악의 연주가 지엽적인 것처럼 보이기에, 예악이란 사람에
게 유익할 바 없다고 생각하지만, 얽힌 것을 풀어주고 아름다움을 더할
수 있는 것은 잘 갖추어진 예기禮器에서 연유하며, 선을 좋아하고 잘못을
귀담아 듣는 것은 모두 평소에 밝았던 악절樂節에 근본한 것이다. 예로써

몸을 다스리면 장엄하여 공경스러운 기상을 가지려고 기약하지 않아도 스스로 엄숙해지고, 음악으로 마음을 다스리면 비루하고 속이려는 마음이 저절로 없어지게 된다. 이는 보고 듣는 데에서 귀와 눈을 함양하자는 것이지, 귀와 눈을 즐겁게 하자는 것은 아니며, 춤추는 것은 혈기血氣를 조화하려는 것이지, 혈기를 어지럽히자는 것이 아니다. 이로써 예악의 용用을 알 수 있다.

人徒見升降揚襲, 有類乎美觀; 鏗鏘節奏, 有近乎末節. 以爲禮樂若無益於人者, 抑不知釋回增美, 皆由於禮器之大備; 而好善聽過, 皆本於樂節之素明. 禮以治躬, 則莊敬不期而自肅; 樂以治心, 則鄙詐不期而自消. 蓋接於視聽者, 所以養其耳目, 而非以娛其耳目; 形於舞蹈者, 所以導其血氣, 而非以亂其血氣, 則禮樂之用, 可知矣.

23. 경도 권도 經道 權道

(1) 경도와 권도는 상반되는 것이 아니다[論經權不是相反]

권도權道와 경도經道는 상반되는 것이다. 경도는 일상생활에서 항상 행하는 도리이며, 권도는 정당한 도리이다. 그러나 권도는 일상적으로 행하는 일이 아니므로 일상생활에 흔히 행하는 경도와는 다르다. 『공양전公羊傳』의 '반경합도反經合道'라는 구절은 잘못된 말이다. 이미 경도에 반대가 된다면 어떻게 도에 부합될 수 있겠는가. 권도란 경도로써 미쳐갈 수 없는 곳을 구제해 주는 것이다.

經權用權, 須是位高, 方可經與權相對. 經是日用常行道理, 權也是正當道理. 但非可以常行, 與日用常行底異. 公羊謂反經而合道說, 誤了. 既是反經, 焉能合道? 權只是濟經之所不及者也.

(2) 권도에는 시중의 뜻이 있다[論權有時中之義]

권權이라는 글자는 저울추를 맞춘다[秤錘]는 데에서 그 뜻을 취하고 있다. 저울추는 물건의 무게를 저울질하여 공정함을 얻는 까닭에 이를 권이라 하였다. 권이란 변하는 것이다. 저울대에는 수많은 눈금이 그려져 있는데,

저울추를 잡고서 이리저리 옮겨 가며 물건의 무게에 따라서 공평함을 얻는 것이다. 이 또한 사람이 권도로써 사물을 헤아려 중도를 얻는 것과 같다.

權字, 乃就稱錘上取義. 稱錘之爲物, 能權輕重, 以取平, 故名之曰權. 權者, 變也. 在衡有星兩之不齊, 權便移來移去, 隨物以取平; 亦猶人之用權度, 揆度事物, 以取其中相似.

(3) 권도를 쓸 때는 반드시 이치에 밝고 의리에 정밀해야 한다[論用權須理義明精]

경도로써 미칠 수 없는 곳을 권도로 통하게 하는 것이다. 그러나 이치에 밝거나 의리에 정밀하지 못하면, 권도를 쓸 때 이를 보지 못함으로써 잘못을 범하게 된다. 권도란 경도로 미치지 못하는 곳에 쓰이는 것이지만, 실제론 경도와 어긋나는 것이 아니다. 경도로써 어려울 때 반드시 권도를 사용하여 이를 통하게 하는 것이다. 유종원柳宗元의 말에 의하면 "권權이란 경도經道를 통해주는 것이다"라고 하니, 이 또한 훌륭한 말이다.

경도로써 저 일을 행할 수 없을 때 권도를 쓰지 않고서도 이룰 수 없는 것이다. 예를 들면 군신의 일정한 지위는 경도이나, 걸주桀紂가 포악하여 천하가 그를 독부獨夫로 보는 것은, 이때 이미 군신의 도리가 다한 것이다. 그러므로 탕무는 그를 정벌하여 이 일을 통하게 만들었다. 이 때문에 권도를 쓴 것이다. "남녀 사이에 손수 주고받지 않는 것"은 경도이나, "형수가 물 속에 빠졌을 때 손을 붙잡아 건져 내지 않는다면, 그것은 이리처럼 사나운 동물이다. 그러므로 손을 잡고서 건져 내는 것"은 경도를 통하게 하는 방편이다. "위태로운 나라에는 아예 들어가지도 않으며, 어지러운

나라에 살지 않는 것"은 경도이지만, "필힐佛肸이 공자를 불렀을 때 공자가
그를 찾아가려고 하였던 것"은 권도이다. 그러나 반드시 이치에 밝고 의리
에 정밀하여야만 권도를 사용하는 데 어긋남이 없게 된다.

經所不及, 須用權以通之. 然用權, 須是地位高, 方可. 非理明義精, 便差. 却到
合用權處, 亦看不出權. 雖經之所不及, 實與經不相悖經; 窮則須用權以通之. 柳宗
元謂 權者, 所以達經也. 說得亦好. 蓋經到那裏, 行不去, 非用權不可濟. 如君臣定
位, 經也; 桀紂暴橫, 天下視之爲獨夫, 此時君臣之義已窮, 故湯武征伐以通之, 所
以行權也. 男女授受不親, 此經也; 嫂溺而不援, 便是豺狼, 故援之者, 所以通乎經
也. 如危邦不入·亂邦不居, 此經也; 佛肸召子欲往, 則權也. 然須聖人理明義精,
方用得不差.

(4) 경도와 권도의 의의에 대하여[論經權之義]

권權이란 시의적절하게 조치하는 것이니, "군자의 덕을 지니고서 시중時
中을 하는 것이다." 시중時中이 바로 권도이다. 천지의 떳떳한 법은 경도요,
고금에 통용하는 의리는 권도이다.

權只是時措之宜, 君子而時中. 時中便是權. 天地之常經是經, 古今之通義是權.

(5) 권과 중의 차이점[論權與中之別]

권權과 중中을 어떻게 구별해 볼 수 있을까? 중도를 안 뒤에야 능히 권도
를 할 수 있으며, 권도로 말미암아 중도를 얻을 수 있다. 중이란 이치의
마땅한 바로서 지나치거나 미치지 못함이 없는 것이며, 권이란 사리를 헤

아려 그 마땅함을 취하여 지나치거나 미치지 못함이 없도록 하는 것이다.

問權與中, 何別? 曰 知中然後能權, 由權然後得中. 中者, 理所當然而無過不及者也; 權者, 所以度事理而取其當然無過不及者也.

(6) 권도를 쓰기에는 어려운 점이 있다[論用權之難]

『논어』에서는 "함께 배워도⋯⋯[可與共學]"로부터 "함께 설 수 있어야⋯⋯[可與立]"에 이르렀을 때 권도權道를 함께할 수 있다.(「자한」) 천하의 많은 일 가운데 경도經道로 미치지 못하는 곳에는 반드시 장애가 있기 마련이다. 이에 이치에 밝고 의리에 정밀한 자만이 권도를 쓸 수 있다.

예를 들면, 무후武后가 당唐의 국호를 주周나라로 바꾸었는데도 방치해오다가, 장간지張柬之 등이 무후가 병들어 누워 있을 때, 중종中宗을 옹립하였다. 나의 좁은 의견으로 말하면, 무후는 종묘사직의 적이며, 또한 태종太宗의 재인才人으로서 부인다운 도가 없다. 마땅히 대의를 바로잡아야 한다. 따라서 고조와 태종의 명이라 하여, 무후를 서인庶人으로 폐위시키고, 그에게 사약을 내렸어야 했다.

그러나 이 세상에 어찌 그 자식을 옹립하면서 어머니를 죽일 수 있겠는가. 남헌南軒(張栻)은 이에 대하여 "그때는 마땅히 종실의 사람으로서 어진 이를 가려서 따로 세워야 했으며, 중종을 세워서는 안 된다"라고 말하였다. 남헌은 단지 훗날 중종이 이를 감당해내지 못하는 것을 보고서, 그와 같은 말을 하게 된 것이다. 그러나 주자는 남헌의 말이 옳지 않다고 반박하였다. "반드시 내 자신이 그 당시의 상황에 서서, 인심과 사세가 어떠한가를 몸소 살펴보아야 할 것이다. 그 당시 백성들의 마음은 중종에게 쏠려 있었으며, 중종 또한 실덕한 바 없었는데, 어떻게 그를 폐위시킬 수 있겠는가. 백성의 마음이 중종에게 휩쓸리는 처지에서 그를 폐위시켰다면, 혼란이 일어났을 것이다. 반드시 그 당시의 상황에 나아가 그 당시의 사정을 분명히 보아야만이 권도를 헤아릴 수 있다." 이 때문에 권도를 사용하기란 지극히 어려운 것이다.

論語從共學至可與立, 方可與權. 天下事到經所不及處, 實有礙, 須是理明義精, 方可用權. 且如武后易唐爲周, 張柬之輩, 於武后病中, 扶策中宗出來. 管見說武后 乃社稷之賊, 又是太宗才人, 無婦道. 當正大義, 稱高祖太宗之命, 廢爲庶人而賜之 死, 但天下豈有立其子而殺其母? 南軒謂此時當立簡賢宗室, 不應立中宗. 他也只 見得後來中宗不能負荷, 故發此論. 文公謂南軒之說, 亦未是. 須是身在當時, 親見 得人心事勢是如何. 如人拳拳中宗, 中宗又未有失德, 如何廢得? 人心在中宗, 纔 廢便亂. 須是就當時看得端的, 方可權度. 所以用權極難.

선생이 편집한 주문공朱文公(朱子)의 죽림정사竹林精舍 어록語錄에 의하면, 지난 뒤의 일로 말하면 중종은 제위帝位에 오를 수 없는 자이지만 그 당시로 말하면 중종 또한 폐위廢位시킬 죄목이 없었고, 천하 인심이 모두 중종에게 기울어 있었으며, 또한 고종高宗에게는 다른 자식이 없었다. 만일 중종을 세우지 않았더라면, 아마 천하 사람들의 바람을 저버렸을 것이다. 그 당시 승건承乾에게 아들이 있었다 하지만, 민심이 그에게 기울지 않았다. 이러한 상황에서 만일 갑자기 승건을 천거하였다면, 인심을 잃어 좋지 못한 일이 일어났을 것이며, 또한 많은 어려움이 뒤따랐을 것이다. 오늘날 우리는 수백 년 이후에 태어나 단지 역사서에 기재된 내용에 근거할 뿐인데, 그 당시의 사정과 정황을 살펴보지 않고서 그 일을 단정하기에는 어려움이 있다. 따라서 반드시 내 자신을 그 당시의 상황에 설정해 두고 몸소 그 당시의 사정이 어떠했는가를 파악해야 할 것이다. 만일 인심이 중종에게 있지 않았다면, 정작 또 다른 종실 한 사람을 세웠어야 했을 것이다. 그러나 인심이 중종에게 쏠렸던 상황이라면 결국 중종을 세울 수밖에 없었을 것이라고 하였다.

先生所編文公竹林精舍語録, 亦以後來言之, 則中宗不可立; 以當時言之, 中宗又未有可廢之罪. 天下人心, 皆矚望中宗. 高宗別無子, 不立中宗, 又恐失天下之望. 是時承乾亦有子, 但人心不屬, 若卒然妄舉失人心, 做不行; 又事多最難處. 今生數百年後, 只據史傳所載, 不見得當時事情, 亦難斷定. 須是身在當時, 親見那時事情如何. 若人心不在中宗, 方可別立宗室; 若人心在中宗, 只得立中宗.

(7) 경도와 권도를 쓸 때는 모두 의리에 맞아야 한다[論用經用權皆當合義]

문중자文中子의 "권權 의義를 거행하고 황극皇極을 세운다"라는 말도 미진한 바 있다. 권도란 참으로 의리에 정밀한 자만이 이를 쓰는 과정에서 잘못을 범하지 않을 수 있다. 때문에 의리가 없고서는 행할 수 없다. 마땅히 경도를 써야 할 때에는 반드시 경도를, 권도를 써야 할 때에는 권도를 써야 한다. 이를 헤아려 시의적절하게 하는 것이 의義이다. 이 두 가지는 모두 의가 없고서는 행할 수 없다.

예를 들면, 이세민李世民(唐 太宗)이 태자 건성建成을 죽인 일은 권도를 써서는 안 될 곳에서 권도를 쓴 것이며, 왕규王珪와 위징魏徵이 건성을 위해서 목숨을 바치지 않고 도리어 태종太宗을 섬긴 것은, 경도를 지켜야 할 때 경도를 지키지 못한 일이다. 위진魏晉 이하론 모두가 국통國統이 끊어지기 전에 어린 군주를 속이고 선위禪位를 가탁하였다. 이 모두가 경도를 써야 할 때에 경도를 쓰지 않음이며, 권도를 써서는 아니 될 때 권도를 쓴 자들이다. 또 일례를 들면 계찰季札이 끝까지 왕위를 사양하여 즉위하지 않았다가 마침내 나라가 어지럽게 된 것은, 경도를 살피는 가운데 의리를 정밀하게 보지 못한 것이며, 장간지張柬之 등 오왕五王이 중종 옹립 이후 모든 무씨武氏를 죽이면서도 무삼사武三思 한 사람을 남겨둠으로써 결국은 스스로 화를 당하는 참극을 겪게 된 것은, 권도를 쓴 가운데에서도 의리를 정밀하게 보지 못했기 때문이다.

文中子說權義擧, 而皇極立說得, 亦未盡. 權固義精者, 然後用得不差. 然經亦無義不得. 蓋合當用經時須用經, 當用權時須用權, 度此得宜便是義. 便是二者, 都不可無義. 如秦王世民殺太子建成, 是不當用權而用權者也; 王魏不死於建成而事太宗, 是當守經而不守經者也. 自魏晉而下, 皆於國統未絶而欺人孤寡, 托爲受禪, 皆是當用經而不用經, 不當用權而用權者也. 又如季札終於固讓而不肯立, 卒自亂其宗國, 是於守經中, 見義不精者也. 張柬之等 五王反正, 中宗誅諸武, 而留一武三思, 卒自罹禍之慘, 是於用權中見義不精者也.

24. 의리義利

(1) 의리와 이익에 대한 논변[論義利之辨]*

의리와 이익은 상대적임과 동시에 실상도 상반된 것이다. 의리에서 벗어나면 곧 이익으로 들어가는 것이기에, 그 사이의 거리는 퍽 가깝다. 따라서 배우는 자는 마땅히 이 점을 정밀하게 살펴보아야 한다. 자의字義로 말하면 의리란 천리의 마땅한 바이며, 이익이란 인정의 욕구이다. 욕구란 얻고자 하는 욕심이다. 이를 미루어 말하면, 천리의 마땅함은 인정의 욕구에는 불편한 것이며, 인정의 욕구에 걸맞은 것은 천리의 마땅한 바에 부합되지 않는다.

천리의 마땅한 바는 다만 당연한 것으로서 꼭 그처럼 해야 할 일이요, 목적을 위한 바 없이 그처럼 하는 것인 데 반하여, 인정의 욕구란 그처럼 해서는 안 되는 일을 그처럼 하는 것이며, 어떤 목적을 위해서 그처럼 한 것이다. 따라서 천리의 마땅한 바는 공정함이요, 인정의 욕구는 사사로움이다. 예컨대, 화재貨財 명위名位 작록爵祿 따위는 이익에서도 특별히 거친 부분들이며, 강약强弱 다과多寡를 계교함은 이익이며, 나의 편의를 취한 것 또한 이익이다. 그리고 명예를 구하고 공효를 엿보는 것, 자신의 사사로움

---

* 抄錄本을 살펴보면, 義利 11조에 대한 제목이 없다. 이에 내용을 살펴 역자의 의견으로 제목을 붙인 것임을 밝혀둔다.

을 따르는 것, 인정을 따라서 하는 것, 바깥 것을 연모戀慕하는 마음이 있는
것, 이 모두가 이익이다. 그러나 재물 명예 지위 벼슬 녹봉 따위 또한 곧장
이익이라고 말할 수는 없지만, 이익과 한 가지 일로 보아야 한다. 위에서
말한 이러한 유들은 쉽사리 이익에 빠지기 때문이다.

義與利相對而實相反, 纔出乎義, 便入乎利. 其間相去甚微, 學者當精察之. 自
文義而言, 義者天理之所宜, 利者人情之所欲. 欲是所欲得者, 就其中推廣之, 纔
是天理所宜底, 即不是人情所欲; 纔是人情所欲底, 即不合於天理之所宜. 天理所
宜者, 即是當然而然, 無所爲而然也; 人情所欲者, 只是不當然而然, 有所爲而然
也. 天理所宜是公, 人情所欲是私. 如貨財名位爵祿等, 此特利之粗者, 如計較強
弱多寡便是利, 如取己之便宜亦是利. 求名覬效, 如狥己自私, 如狥人情而爲之,
如有外慕底心, 皆是利. 然貨財名位爵祿等, 亦未可便做利, 只當把一件事看, 但
此上易陷於利耳.

(2) 국가의 경상 비용에 대하여[論國家經常之用]

고대에 백성들에게 취하는 조세는 오직 정전井田에서 생산되는 10분의
1의 과세를 취했을 뿐이다. 이는 마땅히 취해야 할 과세지표이다. 그것은
천하국가를 다스리는 경상經常의 비용으로서 없을 수 없기 때문이며, 그
나머지 산림山林 천택川澤의 이익은 백성들과 함께 향유하되, 일호라도 사
사로이 취하거나 개인의 사유물로 삼아서는 안 된다. 이는 성인이 태어나
천하의 임금으로서 천하인의 바람에 부응한 것이지, 천하로써 개인의 이익
을 삼지 않는다. 이 때문에 모든 일은 천하의 대의大義에 따라 공정하게
할 수 있으며, 천하의 땅을 많은 나라에 봉하되 도덕이 있는 자와 공훈이
있는 자에게 나누어 주어 그들과 함께 하였다. 이로써 왕기王畿(王都)는 천리,

공후公候는 백리, 백伯은 칠십 리, 자子 남男은 오십 리, 서민庶民은 밭 백 이랑을 받는다. 『맹자』의 "하나의 불의를 행하고, 하나의 무고한 양민을 죽여 천하를 얻는다 할지라도 이런 일을 하지 않는다"(「공손추 상」)라는 구절은 성인의 대의大義에 입각한 마음을 가장 명백히 말해 준 것이다. 천하는 지극히 큰 물건이며, 하나의 불의와 하나의 무고한 양민을 죽이는 것은 지극히 작은 일이다. 그러나 지극히 작은 일로써 지극히 큰 물건을 얻을 수 있는 상황에서도 이를 바꾸지 않는, 그 마음이 순전한 의리요, 한 점의 이익을 생각하지 않았음을 볼 수 있다. 후세에 이르러서는 천하를 자신의 사유물로 생각하여 이미 이익으로 생각하였고, 모든 일을 모두 이익으로 처리하였다. 이 때문에 봉건제를 없애고 천하의 대법을 공정하게 한다 하여 군현郡縣을 설치함으로써, 천하의 권력이 모두 한 개인에게로 돌아오기를 원하였고, 백성에게 전토를 나누어 주지 않고 백성 스스로가 전토를 구입하여 경작토록 함으로써, 관사官司에서는 또다시 그들에게 세금을 취하여 가을과 여름을 가리지 않고서 세금을 착취하는 명색名色이 수없이 많게 되었으며, 심하게는 차 소금 술 따위와 백성의 일용생활상의 공공적인 절대 수요물자까지도 모두 일개인의 소유물로 생각하기에 이르렀다. 대체로 이러한 절목들은 모두가 개인의 이익을 삼는 사리사욕일 뿐, 한 점의 의리마저도 찾아볼 수 없었다. 그 밖의 속임수와 개인의 사적인 것, 그리고 미세한 곡절 따위는 다시 말할 나위 없다.

　古人取民, 惟以井田什一之賦. 此是取以爲天下國家, 經常之用, 不可缺者. 其餘山林川澤, 悉與民共之, 無一毫私取以爲己有. 蓋聖人出來君天下, 姑以應天下之望; 不以天下爲己利. 所以凡事, 皆公天下之大義而爲之, 分天下之地爲萬國, 與有德有功者共之. 王畿千里, 公侯百里, 伯七十里, 子男五十里, 庶人受田百畝. 孟子謂行一不義, 殺一不辜而得天下 不爲, 最說得聖人心上大義出. 天下是至大底物, 一不義一不辜, 是至微底事, 不肯以其所至微而易其所至大, 可見此心純是義,

無一點利底意思. 後世以天下爲己私己, 是利了; 及做一切事, 都是利. 毁封建公天
下之大法, 而爲郡縣; 欲總天下之權歸於己, 不能幷天下之田以授民, 民自買田爲
生官司. 又取他牙稅及秋夏取稅名色至多, 至茶鹽酒酤民生公共急切之用, 盡括爲
己有. 凡此等大節目處, 都是自利之私, 無一點義, 其詭譎自私細微曲折處, 更不待說

(3) 생활에 있어서의 도리[論人可爲生之道]

학자의 입장에서 논한다면, 재화財貨 또한 인간이 살아가는 데 있어 없어
서는 안 될 것이라고 본다. 하지만 마땅히 경영해야 할 일을 경영하고
마땅히 취해야 할 것을 취하는 것이 의리이다. 만일 속임수와 부정한 방법
으로, 경영해서는 안 될 일을 경영한다거나 취해서는 안 될 것을 취하는
것이 곧 이익이다. 어떤 사람은 이미 여유 있는 생활비용을 가지고 있음에
도, 또한 지나치게 경영하거나 재물을 길러 나아가려는 데 마음을 쓰는
것이 곧 이익이며, 또한 어떤 사람은 부유한 생활 속에서 태어나고 자라났
기 때문에 다시는 재물을 경영한다거나 재물을 불려 나아가려 하지 않는
다. 이런 모습들은 이익을 추구하지 않는 것처럼 보이지만, 지나치게 인색
한 마음과 골 깊은 계교計較의 생각에 의해서 마땅히 써야 할 데에 작은
도움을 주지 않는 것은, 더욱 크나큰 이익을 취한 것이라고 말할 수 있다.
예를 들면 명예, 지위, 벼슬, 녹 따위를 도의에 따라서 얻었으며, 사의私意와
계교에서 나온 바 아니면, 그것은 마땅히 얻어야 할 것을 얻음이니, 곧
의리이다. 그러나 이를 도의로써 얻지 못하고 사의와 계교에서 나온 것이
라면, 그것은 마땅히 얻어서는 안 될 것을 얻음이다. 예컨대 금전으로 벼슬
을 사는 것, 부정한 방법으로 과거를 취하는 것, 좌도左道, 도천圖薦, 장포章苞,
저영苴營, 차견差遣 유가 모두 이익이다. 또 일례를 들면 만종록萬鍾祿에 임하

여 예의를 분별하지도 않고서, 이에 궁실을 짓기 위하여, 아내와 첩들의 안녕을 위하여, 내가 알고 있는 어려운 사람을 도와 환심을 사기 위해서 이를 받는다는 것은 곧 이익이다. 그리고 원사原思가 공자의 가신家臣이 되어 마땅히 받아야 할 일정 녹봉[常祿]의 곡식 구백을 많다고 여겨 사양하는 것은 이익이 아니라 하지만, 의리를 보지 못한 것이며, 자화子華가 스승인 공자를 위하여 제齊나라에 사신으로 갔을 때, 사제간의 의리상 그에 보답하는 곡식을 청하지 못할 일임에도 불구하고, 염구冉求는 자화의 모친을 위한다는 생각에서 곡식을 청한 것이 곧 이익이며, 주공周公은 천자인 성왕成王의 숙부라는 가까운 친척으로서 삼공三公의 높은 지위에 처하여 천하의 부를 누렸던 것은 마땅히 누릴 수 있는 의리이지만, 계씨季氏는 한낱 제후국인 노魯나라의 경대부로서 주공보다 더 많은 치부를 한 것은, 지나친 봉식封殖으로서 이것이 곧 이익이다.

在學者論之, 如貨財亦是人家爲生之道, 似不可闕. 但當營而營, 當取而取, 便是義. 若出於詭計左道, 不當營而營, 不當取而取, 便是利. 有一般人, 已自足用, 又過用心於營植, 固是利. 又有一般人, 生長富足, 不復營殖, 若不爲利. 然吝嗇之意篤, 計較之心重, 合當切用, 一毫不拔, 此尤利之甚者. 如名位爵祿得之以道, 非出於私意計較, 是當得而得, 便是義; 若得之不以道, 出於私意計較, 是不當得而得. 如鬻爵·鬻擧·左道圖薦章·苞苴營差遺等類, 皆是利. 如萬鍾不辨禮義, 乃爲宮室妻妾所識窮乏而受之, 便是利. 原思爲宰, 義當受常祿之粟九百; 他却以爲多而辭之, 便是利. 又是義子華爲師使於齊, 義不當請粟, 而冉子爲之請, 便是利. 周公以叔父之親, 處三公享天下之富, 是義之所當享; 季氏以魯卿而富於周公, 乃過於封殖, 便是利.

(4) 목적을 위해서 하는 일[論有所爲而爲]

어떤 목적을 위해서 그처럼 한다는 것은, 예컨대 뭔가에 연연하는 바
있어 선을 하는 것, 두려운 바 있어 악을 하지 않는 일 따위이다. 이 모두가
이利이다. 또 수확을 위해서 밭갈이를 한다거나 새로운 전토를 마련키 위하
여 새 밭을 일구는 것은, 곧 밭갈이를 이롭게 생각하여 수확을 바라보는
마음이며, 새 밭을 이롭게 생각하여 밭이 오래되어 좋아지기를 바람이다.
이 또한 이利이다. 『주역』의 "불경확不耕穫, 불치여不菑畬"(「无妄·六二」)란 일
하기에 앞서 어떤 목적을 위하는 바 없고, 후일의 공효를 엿보는 바 없음을
말한다. 이처럼 하는 것이 곧 의리이다. 또 일례를 들면, 죽은 자를 위해
슬피 우는 것은 살아 있는 자의 눈을 위해 우는 것이 아니며, 덕을 떳떳이
하여 왜곡됨이 없게 하는 것은 녹을 구하기 위함이 아니며, 말을 함에
반드시 미덥게 하는 것은 행동을 바르게 하기 위해서 그처럼 하는 것은
아니다. 이 모두가 마땅히 그처럼 해야 할 일이기에 그처럼 한 것이다.
이것이 의리이다. 만일 살아 있는 자의 눈을 위해서 슬피 울고, 녹을 구하기
위해서 부정한 일을 하지 않고, 행동을 바르게 하기 위해서 군이 미덥게
말하는 것은 이익이다. 또 일례를 들면, 갓난아이가 샘으로 빠져들어 가는
것을 보았을 때, 마땅히 구해야 할 일이요, 측은한 마음의 발로가 곧 의리이
다. 그러나 그 어린아이의 부모와 교류를 하기 위한다거나, 명예를 구한다
거나, 잔인하다는 시비소리를 듣기 싫어하여 그처럼 한다는 것은 곧 이익
이다.

有所爲而爲, 如有所慕而爲善, 有所畏而不爲惡, 皆是利. 如爲穫而耕, 爲畬而
菑, 便是利; 於耕而望穫, 利; 於菑而望畬, 亦是利. 易曰不耕穫, 不菑畬. 是無所爲
於前, 無所覬於後, 此方是義. 如哭死而哀, 非爲生也; 經德不回, 非以干祿也; 言
語必信, 非以正行也. 此皆是當然而然, 便是義. 如爲生而哀, 爲干祿而不回, 爲正

行而必信, 便是利. 如赤子入井, 是所當救而惻隱自生於中, 便是義; 若爲內交·要
譽·惡其聲而然, 便是利.

(5) 계산속의 사사로움에 대하여[論計較之私]

사사로이 계산하고 비교해 보는 것은, 예컨대 "천하의 많은 사람을 위하
여 제 부모에게 검박하게 한다"라는 것은 이익이며, 제 선왕齊宣王이 죽음을
두려워하여 벌벌 떨면서 끌려가는 소를 보고서 차마 죽이지 못한 것은
어진 마음[仁心]의 발로이다. 그러나 그보다 작은 염소로써 소를 대체한
것은 곧 이익이며, 자공子貢이 고삭告朔에 사용되는 희양餼羊을 없애고자
한 것은 아무런 도움이 없는 낭비임을 계산하고 비교한 것이니 이것이
곧 이익이다. 공자가 고삭의 예禮를 사랑하여 희양을 아끼지 않음은 곧
의리이며, "양 혜왕梁惠王이 흉년에 백성을 살 곳으로 옮겨 주고 구호양곡을
곤궁한 지방으로 옮겨 베푼 것"은 백성의 수효가 많고 적음을 계산 비교함
이니, 곧 이익이다. "안연은 남이 나를 침범해 와도 시비곡직을 계교하지
않았다." 그러나 만일 잘잘못과 승부를 계교한다면 그것 또한 이익이다. 그리
고 혹 문장을 논하면서 나의 글은 정교하고 너는 잘못됐다고 생각한다든지,
공로를 논하면서 나의 공은 크고 너의 것은 작다고 생각한다든지, 덕을 논하
면서 나는 훌륭하고 너는 열등하다고 여기는 것 모두가 이익이다.

計較之私, 如以天下儉其親, 便是利. 齊王見牛不忍, 固是仁心之發, 然以小易
大, 便是利. 子貢欲去告朔之餼羊, 是計較無益之費, 便是利; 孔子愛其禮不愛其羊,
便是義. 梁惠王移民移粟, 計較民之多寡, 是利. 顔子犯而不校, 若計較曲直勝負, 亦
是利. 或論文而曰我工爾拙; 論功而曰我高爾低; 論德而曰我優爾劣, 皆是利.

(6) 자신의 편의만을 추구하는 일[論取己自便]

자신의 편의만을 위한 것 가운데 작은 일로 말하면, 예컨대 여러 사람과 함께 음식을 먹으면서 맛있는 음식만을 가려 먹는 것, 함께 생활하면서 일신의 편의만을 가려 하는 것, 함께 물건을 사면서 더 좋은 것만을 취하려고 하는 것, 이 모두가 이利이며, 큰 것으로 말하면, 의리를 저버리고 삶을 도모하는 것은 사람마다 원하는 바이다. 그러나 의리상 마땅히 죽어야 할 일이라면 의리를 지켜 죽어야 하는 것이지, 어찌 일신이 불편하다 하여 사사로이 돌아보고 연연하는 마음을 가질 수 있겠는가. 예컨대 양웅揚雄이 기꺼이 왕망王莽을 섬긴 것은 이미 잘못된 일임에도 후일 체포에 쫓기자, 또다시 왕망의 집으로 찾아갔다. 이는 죽음을 달갑게 여기지 않고 삶을 도적질함이며, 의리를 잊고 이익을 돌아본 것이다. 또 다른 예를 들면 위징魏徵이 건성建成을 배반하고 태종을 섬긴 일과 이릉李陵이 전쟁에 패배하고 오랑캐에게 항복한 것은 의리를 잊고 죽음을 두려워하여 스스로의 편의만을 취했기 때문이다.

取己便宜小處, 如共食而自揀其美, 如共處而自擇其安, 共市物而爭取其尤, 都是利. 大處如舍義取生, 固人之所欲. 然義所當死, 只得守義而死, 豈可以己不便而生顧戀之私? 如揚雄甘事王莽, 己自錯了; 後來迫於追捕, 又却投閣, 是偸生惜死, 忘義顧利. 魏徵背建成而事太宗, 李陵戰敗而降虜, 皆是忘義惜死, 自己取便.

(7) 명예를 구하는 사사로운 마음[論究名之私]

명예를 구하는 사사로움이란, 예컨대 명예를 위해서 천승千乘의 나라까지도 사양하는 것, 또는 덕으로 원수를 갚는 것은, 어질고 후하다는 명예를

추구하기 위함이다. 오릉於陵 중자仲子가 형을 피하고 어머니를 따라 오릉
땅에서 산 것은 청렴결백하다는 명예를 사기 위함이며, 미생고微生高가 이
웃집에서 젓갈을 빌려다가 남에게 준 것은 아름다움을 사고 은혜를 얻기
위함이다. 이 모두가 아름다운 명예를 이익으로 생각했기 때문이다.

　求名之私, 如好名能讓千乘之國; 如以德報怨, 欲求仁厚之名. 仲子避兄離母,
居於陵, 欲沽廉潔之名. 微生高乞醯掠美市恩, 以歸於己, 都是利於美名.

(8) 자신의 사사로움만을 따르는 일[論徇己自私]

　자신의 사사로움만을 따르는 것은, 예컨대 자신을 위하는 일에 마음을
다하면서도, 남의 일을 제 일처럼 마음껏 다하지 않는 것이 바로 사사로운
이익이다. 또 일례를 들면, 제 선왕齊宣王이 여색을 좋아하고 재물을 좋아하
면서도 백성들과 함께하지 않는 것 또한 이익이다. 그리고 부자, 군신,
부부, 형제, 붕우에 있어서 일호라도 사의私意가 있어 천리의 당연한 바를
행하지 않는 것 모두가 이익이며, 천하의 일을 공정히 하였을지라도 사심
으로 한 것 또한 이익이다.

　徇己自私, 如爲己謀, 則盡心; 爲他人謀, 則不盡心, 是利. 如齊王好色好貨, 不
與民同, 亦是利. 凡處父子君臣夫婦兄弟朋友之間, 纔有一毫自私之心, 而不行乎
天理之當然, 皆是利. 雖公天下事而以私心爲之, 亦是利.

(9) 인정에 얽매여 결단을 내리지 못하는 일[論只徇人情而不敢決]

　매사를 인정에 따라서 도리의 당연한 바를 돌아보지 않고, 다만 인정에

얽매여 과감한 결단을 내리지 못한 것 또한 곧 이익이다. 일례를 들면
유종劉琮이 형주荊州를 가지고 조조曹操에게 항복했다는 것은, 곧 위魏의
형주가 되어 버린 셈이다. 그 당시 선주先主(劉備)는 근거지를 가지지 못하였
기에, 제갈공명諸葛公明은 그 땅을 취하여 왕업을 일으킬 터전으로 삼고자
한 것이었다. 이것이 바로 대의의 당연한 바이다. 그러나 선주는 이를 대의
로 결정짓지 못하고, 도리어 유표劉表에게 사사로운 정에 얽매여 차마 취하
지 못한 것이 바로 이익이다.

徇人情, 是凡事不顧理之當然, 只徇人情而不敢決, 便是利. 如劉琮以荊州降曹
操, 則是魏之荊州矣. 是時先主未有可據之地, 孔明欲取之, 以爲興王業之本, 此正
大義所當然. 先主不決以大義, 却顧戀劉表之私情而不忍取, 是利也.

(10) 공효를 엿보는 사사로운 마음[論覬効之私]

공효를 엿본다[覬効]는 것은 다음 문장을 살펴보면 역으로 미루어 알
수 있다. "어려운 일을 먼저 행하고 얻어지는 결과를 뒤로 하며", "해야
할 일을 먼저 하고 얻어지는 것을 뒤로 한다"라는 것은, 모두 내 자신에
있어서 마땅히 해야 할 일들을 먼저 다할 뿐 공효를 계교하지 않음이며,
"어진 사람은 도를 밝히고 공로를 꾀하지 않으며, 의리를 밝히고 이익을
꾀하지 않는다." 그러나 한대漢代 이후로는 동중서와 같이 분명히 간파한
사람이 없었다. 『맹자』의 "이삭을 뽑아 올려 빨리 자라도록 하는 것"은
공효를 너무 빨리 바라보려는 것이다. 태종이 즉위한 지 4년이 지나도록
바깥 대문을 닫지 않았고, 쌀 값이 3전錢으로 안정된 것은 '소강小康' 시대라
말할 수 있다. 그러나 이를, 인의를 시행한 데에서 얻어진 큰 효험이라고
생각하여, 이에 스스로 긍지를 느끼는 마음을 가지게 되었다.

覬效, 如先難後獲·先事後得, 皆是先盡其在我所當爲而不計效. 仁人, 明道不計功, 正誼不謀利. 自漢以來, 無人似董仲舒看得如此分明. 如揠苗助長, 便是望效太速. 太宗卽位四年, 外戶不閉, 斗米三錢, 方是小康; 便道行仁義旣效, 便有矜色.

(11) 바깥 것을 사모하는 사사로운 마음[論外慕之私]

바깥 것을 사모한다는 것은, 오늘날 과거장의 학문 따위 유가 모두 바깥 것을 사모함[外慕]이다. 어릴 때부터 오로지 문장을 엮는 것만을 익히면서 과거에 급제하고자, 머리가 하얗도록 줄기차게 힘쓴다. 그러나 몸에 간절한 의리란 전혀 얻은 바 없기 때문에 어쩌다 과거에 급제하면, 오로지 잡문雜文만을 일삼으며 더 높은 벼슬에 영전되는 것만을 생각함으로써, 일생의 학문은 속이 텅 빈 껍질이 되어버린다. "옛 학자들은 자신을 위해 공부했는데, 요즘의 학자들은 사람을 위하고 있다." 자신을 위한다는 것은 사모하는 바 없음이며, 사람을 위한다는 것은 사모하는 바 있음이니, 이것이 곧 의리와 이익의 구분이다. 의리와 이익의 분기점을 가장 명백히 밝혀야 한다. 만일 명백히 밝히지 못하면, 의리가 이익처럼 보이고, 이익이 의리처럼 보여 모두가 애매모호하여 이를 분별할 수 없기에, 마침내는 이익의 구렁텅이에 가리움을 당함으로써 다시는 의리를 가지지 못하게 된다.

外慕, 如今科擧之學, 全是外慕. 自嬰孩, 便專學綴緝, 爲取科名之具; 至白首不休, 切身義理, 全無一點. 或有早登科第, 便又專事雜文, 爲干求遷轉之計. 一生學問, 全是脫空. 古之學爲己, 今之學爲人. 爲己, 是無所慕; 爲人, 是有所慕, 此便是義利之分. 義利界分, 最要別白分明. 若不別白分明, 則有義之似利, 利之似義, 便都含糊沒分曉了. 末稍歸宿, 只墮在利中去, 更無復有義矣.

25. 귀신鬼神

귀신 1절節에 대한 말들은 너무나 많기 때문에 성인의 경전에서 말한 귀신의 본지本旨를 한 항목으로, 옛 사람의 제사에 대한 말을 한 항목으로, 후세의 음사淫祀를 한 항목으로, 후세의 요괴妖怪에 대한 말들을 한 항목으로 논하는 바이다.*

鬼神一節說話甚長,　當以聖經說鬼神本意作一項論.　又以古人祭祀作一項論,　又以後世淫祀作一項論,　又以後世妖怪作一項論.

(1) 귀신은 음양 굴신의 의의이다[論鬼神是陰陽屈伸之意]

정자程子는 "귀신은 조화의 발자취이다" 하였고, 장자張子는 "귀신은 음양 두 기운의 양능良能이라" 하니, 이 두 말은 모두 정밀하고 간절한 것이다. 조화의 발자취란 음양오행이 천지 사이에 나타나는 것으로 말하며, 양능良能이란 두 기운으로 굴신屈伸 왕래往來가 자연 그처럼 되는 것을 말한다. 귀신은 음양 두 기운이며 굴신 왕래를 주로 하여 말한다. 신神은 양의 영靈,

---

* 이는 鬼神條를 읽는 방법을 설명한 글인데, 抄錄本에서는 "論看議論鬼神之法"이라는 제목을 붙이고 있다. 그러나 문장의 성질상 서론의 성격이 강하여 제목을 붙이기에 타당하지 못한 점이 없지 않기에, 抄錄本의 제목을 삭제하게 된 것이다. ─ 역자

귀鬼는 음의 영이다. 영靈이라 말한 것은 자연스러운 굴신 왕래가 그처럼 활기차기 때문이다. 한 기운으로 말하면 바야흐로 신장되어 오는 기운은 양에 속하니 신이며, 이미 굽혀서 되돌아가는 기운은 음에 속하니 귀이다. 예를 들면 봄과 여름은 바야흐로 생장하는 기운이니, 양에 속하므로 신이며, 가을과 겨울은 물러가는 기운이니 음에 속하므로 귀이지만, 실제로 두 기운은 곧 하나이다.

程子曰 鬼神者, 造化之迹也. 張子曰 鬼神者, 二氣之良能也. 說得皆精切. 造化之迹, 以陰陽流行著見於天地間者言之; 良能, 言二氣之往來, 是自然能如此. 大抵鬼神, 只是陰陽二氣之屈伸往來. 自二氣言之, 神是陽之靈, 鬼是陰之靈. 靈云者, 只是自然屈伸往來恁地活爾. 自一氣言之, 則氣之方伸而來者屬陽爲神, 氣之已屈而往者屬陰爲鬼. 如春夏是氣之方長, 屬陽爲神; 秋冬是氣之已退, 屬陰爲鬼. 其實二氣, 只是一氣耳.

(2) 귀신은 음양에 소속된다[論鬼神爲陰陽所屬]

천지에는 어느 물건이든지 음양 아닌 것이 없으며, 음양은 어느 곳에나 있으며, 귀신 또한 어느 곳에나 있다. 신神이란 신장이라는 뜻이니, 신장이란 바야흐로 뻗어나가는 기운이며, 귀鬼란 돌아가는 것이니, 돌아간다는 것은 이미 물러가는 기운이다.

천지로 말하면 하늘은 양에 속하니 신이요, 땅은 음에 속하니 귀이며, 사계절로 말하면 봄 여름은 신장된 기운이니 신에 속하고, 가을 겨울은 물러가는 기운이니 귀에 속하며, 주야로 나누어 본다면 낮은 신이요 밤은 귀이며, 해와 달로 말한다면 해는 신이요 달은 귀이며, 또한 우레가 고동치고 바람과 비로 윤택케 하는 것은 신장되는 기운이니 신에 속하고, 수렴된

후 편안히 움직이지 않고 발자취가 없는 것은 돌아가는 기운이니 귀에
속하며, 하루로 말하면 이른 아침에 태양이 솟아오르는 것은 신이요, 정오
이후에 점차 기울어가는 것은 귀이며, 한 달로 말하면 달이 초삼일에 솟아
오르는 것은 신이요, 15일 이후에 기울어가는 것은 귀이며, 초목에 가지와
잎이 돋아나는 계절은 신이요, 가지와 잎이 쇠퇴하여 떨어지는 계절은
귀이며, 조수가 밀려오는 것은 신이요, 밀려 나가는 것은 귀이다. 신장되는
기운은 모두 양이니 신에 속하고, 퇴보하는 기운은 모두 음이니 귀에 속한
다. 옛 사람의 귀신에 대한 의론은 대개 이와 같으니, 또한 스스로가 이를
체득하여 탐구해야 할 것이다.

天地間無物不具陰陽, 陰陽無所不在, 則鬼神亦無所不有. 大抵神之爲言, 伸也;
伸是氣之方長者也. 鬼之爲言, 歸也, 歸是氣之已退者也. 自天地言之, 天屬陽, 神
也; 地屬陰, 鬼也. 就四時言之, 春夏氣之伸, 屬神; 秋冬氣之屈, 屬鬼. 又自晝夜分
之, 晝屬神, 夜屬鬼; 就日月言之, 日屬神, 月屬鬼. 又如鼓之以雷霆·潤之以風雨,
是氣之伸, 屬神; 及至收斂後, 帖然無蹤跡, 是氣之歸, 屬鬼. 以日言, 則日方升,
屬神; 午以後漸退, 屬鬼. 以月言, 則初三生明, 屬神; 到十五以後, 屬鬼. 如草木生
枝生葉時屬神, 衰落時屬鬼. 如潮之來屬神, 潮之退屬鬼. 凡氣之伸者, 皆爲陽屬
神; 凡氣之屈者, 皆爲陰屬鬼. 古人論鬼神, 大槩如此, 更在人自體究.

(3) 사람과 만물 모두에게 음양이 있으니, 이것이 곧 모두 귀신이다[論 人物皆有陰陽便皆有鬼神]

「예운」편의 "사람은 음양이 교류하고 귀신이 모여 있다"라는 구절 또한
친절한 말이다. 이는 참으로 성현다운 말이며, 한대漢代의 유학자로서는
도저히 말할 수 없는 것이다. 사람은 음양 두 기운을 받아서 이 몸이 태어났

기에 음양 아닌 게 없다. 기운은 양이요 혈액은 음, 맥락은 양이요 육체는 음, 머리는 양이요 발은 음, 상체는 양이요 하체는 음이다. 언어와 침묵, 눈 뜨고 감는 것, 호흡을 들이쉬고 내쉬는 것, 손발을 펴고 굽히는 것, 이 모두가 음양으로 나누어지는 것이지, 사람이 이처럼 하는 것은 아니다. 모든 만물도 그러하다.

『중용』의 "만물의 체가 되어 빠뜨린 바 없다[體物而不遺]"(제16장)라는 구절은 음양 두 기운이 만물의 체體가 되어 어느 곳에나 있음을 말하니, 천지 어느 한 물건이라도 음양 아닌 게 없다. 이는 곧 어느 한 물건이라도 귀신이 아닌 게 없다는 말이다.

禮運言人者, 陰陽之交, 鬼神之會. 說得亦親切, 此眞聖賢之遺言, 非漢儒所能道也. 蓋人受陰陽二氣而生, 此身莫非陰陽. 如氣陽血陰, 脉陽體陰, 頭陽足陰, 上體爲陽, 下體爲陰; 至於口之語黙·目之寤寐·鼻息之呼吸·手足之屈伸, 皆有陰陽分屬, 不特人如此, 凡萬物皆然. 中庸所謂體物而不遺者, 言陰陽二氣爲物之體而無不在耳. 天地間無一物不是陰陽, 則無一物不具鬼神.

(4) 음양 혼백의 소속에 대하여[論陰陽爲魂魄所屬(凡二端)]

1)「제의祭儀」편에 "재아宰我가 귀신에 대해 물었던" 한 단락의 문장은 의미가 매우 심장하고 지극히 훌륭한 말이다. 예를 들면 "기氣는 신神의 성함이며, 백魄은 귀鬼의 성함이다……"라고 운운한 말이나, 정씨鄭氏의 "입과 코의 호흡은 혼魂, 귀와 눈의 총명은 백魄"이라는 주석도 명백한 해석이라 하겠다. 자산子産의 "사람이 생겨나 처음 변하는 것[始化]을 백魄이라 하고, 양으로 되어 가는 것이 혼魂이다"라고 말하니, 이 또한 성학聖學의 유지遺旨를 얻었다고 말할 수 있다. 이른바 시화始化란 모태에서 막 사람의

형태를 갖출 때이니, 사람이 처음 이 기운을 받아 배태胚胎의 모양새를 형성하는 것을 백魄이라 하고, 이미 백이 형성되어 점차 기운이 모여서 동하게 되므로, 이는 양에 속하니 이를 혼魂이라 하며, 형체가 이루어지면 신에서 지각이 나오게 된다. 그러므로 사람의 지각은 혼에 속하고 형체는 백에 속하니, 양은 혼, 음은 백이다. 혼이란 양의 영靈으로 기氣의 영화英華이며, 백이란 음의 영으로 기의 정기精氣이다. 입과 코로 호흡하는 것은 기의 신령이니 혼이며, 보고 듣는 데 총명하게 체득하는 것은 백에 속한다.

祭義, 宰我問鬼神一段甚長, 說得極好. 如曰 氣也者, 神之盛也; 魄也者, 鬼之盛也云云. 鄭氏注謂 口鼻之呼吸爲魂, 耳目之聰明爲魄, 又解得明切. 子産謂人生始化曰魄, 既生魄陽曰魂. 斯言亦真得聖賢之遺旨. 所謂始化, 是胎中畧成形時, 人初間纔受得氣, 便結成箇胚胎模樣, 是魄; 既成魄, 便漸漸會動, 屬陽曰魂. 及形既生矣, 神發知矣. 故人之知覺屬魂, 形體屬魄; 陽爲魂, 陰爲魄. 魂者, 陽之靈而氣之英; 魄者, 陰之靈而體之精. 如口鼻呼吸, 是氣那靈活處, 便是魂; 耳目視聽, 是體; 那聰明處, 便是魄.

2) 『좌전左傳』에서는 "마음의 정상精爽을 혼백이라 한다"라고 말하였고, 『회남자淮南子』에서는 "양신陽神은 혼魂, 음신陰神은 백魄이다"라고 하였다. 혼백 두 글자는 정신精神이라는 뜻과 같다. 신神은 혼이요 정精은 백이니, 혼은 양에 속하니 신이며, 백은 음에 속하니 귀이다.

左傳曰 心之精爽, 是謂魂魄. 淮南子曰 陽神爲魂, 陰神爲魄. 魂魄二字, 正猶精神二字. 神卽是魂, 精卽是魄. 魂屬陽爲神, 魄屬陰爲鬼.

(5) 기운이 신장되는 것은 신, 굽혀 가는 것은 귀[論氣之伸爲神屈爲鬼(凡三段)]

1) 사람의 몸으로 자세히 논하면, 음양 두 기운이 나의 마음에 모여 있기에 귀신이며, 자고 깨는 것으로 말하면 깨어나는 것은 양, 잠자는 것은 음이며, 언어와 침묵으로 말하면 언어는 양, 침묵은 음에 속한다. 동정動靜 진퇴進退 행지行止에 모두 음양이 있다. 양에 속하는 것은 모두 혼魂이자 신神이며, 음에 속하는 것은 모두 백魄이자 귀鬼이다.

就人身上細論, 大槩陰陽二氣, 會在吾身中爲鬼神. 以寤寐言, 則寤屬陽, 寐屬陰; 以語默言, 則語屬陽, 默屬陰. 及動靜進退行止等分屬, 皆有陰陽. 凡屬陽者皆爲魂爲神, 凡屬陰者皆爲魄爲鬼.

2) 사람이 어릴 때부터 장성함에 이르기까지는 기운의 신장이니 신神에, 중년 이후 점차로 노년에 이르는 것은 기운의 퇴굴退屈이니 귀鬼에 속한다. 생사로 논하면 산 자는 기운의 신장이며 죽은 자는 기운의 퇴굴이다. 죽은 자로 논하면 혼이 올라가는 것은 백魄, 넋이 내려가는 것은 귀鬼이다. 혼기魂氣는 하늘에 근본하므로 위로 올라가고, 체백體魄은 땅에 근본하므로 아래로 내려가는 것이다. 『서경』의 "제내조락帝乃徂落"이 바로 이러한 뜻이다. '조徂'란 혼기가 위로 올라감이며, '낙落'이란 체백이 아래로 내려가는 것이다.

『주역』에서는 "정기精氣가 물物이 되며 유혼遊魂이 변하게 된다. 그러므로 귀신의 정상을 안다"라고 하였다. 음정陰精 양기陽氣가 모여 만물이 생겨나니, 신神의 신장으로 양에 속하며, 혼魂이 흩어지고 백魄이 내려가 분산되어 변화가 생긴 것은 귀鬼로써 돌아가는 것이기에 음에 속하니, 귀신의 정상은 이에 불과할 따름이다.

人自孩提, 至於壯, 是氣之伸, 屬神; 中年以後, 漸漸衰老, 是氣之屈, 屬鬼 以生

死論, 則生者氣之伸, 死者氣之屈. 就死上論, 則魂之升者爲神, 魄之降者爲鬼. 魂
氣本乎天, 故騰上; 體魄本乎地, 故降下. 書言帝乃殂落, 正是此意. 殂是魂之升上,
落是魄之降下者也. 易曰 精氣爲物, 游魂爲變, 故知鬼神之情狀. 言陰精陽氣, 聚
而生物, 乃神之伸也, 而屬乎陽; 魂遊魄降, 散而爲變, 乃鬼之歸也, 而屬乎陰. 鬼
神情狀, 大槩不過如此.

위는 귀신의 본질적 의의를 논한 것이다.

以上論鬼神本意

(6) 제사의 의의[論祭祀之義]

옛 사람이 제사를 지낼 때, 혼기는 하늘로 올라가고, 체백은 땅으로 돌아
가기에 양에서 구하기도 하고 음에서 구하기도 하는 것이다. 「제의祭義」에
서 "비린 고기의 기름 향기를 불살라 쑥불을 피우는 것은 냄새[氣]로 알리
는 것이며, 기장과 피[黍稷]를 올리고 간폐肝肺를 반찬으로 올리되 심장을
보이고 울창술을 더하는 것은 백魄에게 알리는 것이다"라고 했으며, 「교특
생郊特牲」에서는 "주周나라 사람은 냄새를 숭상하므로 강신降神할 때 울창
술을 사용한다. 울금향鬱金香에다가 울창鬱鬯의 향기를 합하여 음으로 연천
淵泉에 이르도록 하고, 강신을 끝낸 뒤에 희생犧牲을 맞이한 것은 음기陰氣
를 다하는 것이며, 쑥에다가 기장과 피를 합하여 냄새를 피워 양으로 담장
에 이르도록 하는 것이다. 그러므로 전奠을 올린 뒤엔 쑥을 불사르되 비린
고기의 기름 냄새를 합해서 태운다"라고 하여, 모든 제사에는 이를 삼가
행하여 왔다. 또한 "기장과 피를 제사 올리되 폐肺를 더하고 메를 올리면서
명수를 더하는 것은 음에 알리는 것이며, 비린 고기의 냄새를 불사르고

머리 부위를 올리는 것은 양에 알리는 바이다"라고 하였다. 귀신을 구하는
의의는 대개 이에서 벗어나지 않는다.

古人祭祀, 以魂氣歸於天, 體魄歸於地. 故或求諸陽, 或求諸陰. 如祭義曰 燔燎
羶薌, 見以蕭光, 以報氣也. 薦黍稷羞肝肺首心, 加以鬱鬯, 以報魄也. 郊特牲曰
周人尚臭, 灌用鬯臭. 鬱合鬯臭, 陰達於淵泉; 既灌然後迎牲, 致陰氣也. 蕭合黍稷,
臭陽達於墻屋, 故既奠然後, 焫蕭合羶薌, 凡祭慎諸此. 又曰 祭黍稷加肺, 祭齊加
明水, 報陰也; 取膟膋, 燔燎升首, 報陽也. 所以求鬼神之義, 大槩亦不過此.

(7) 귀신은 곧 예악의 도리이다[論鬼神卽禮樂道理]

『예기』에 의하면 "밝은 데는 예악이 있고, 어두운 데는 귀신이 있다"라
고 하니, 귀신은 곧 예악의 도리이다. 음악으로 신神에게 제사를 올리는
것은, 음악의 소리란 넘쳐흐르므로[發揚] 양에 속하고, 예의로 귀鬼에 제사
를 올리는 것은, 예란 일정한 것이기에 음에 속한다. 그러므로 「악기」에서
는 "음악은 교화를 두터이 하고 신을 거느려 하늘을 따르고, 예의는 마땅
함을 구별하고 귀를 안정케 하여 땅을 따른다" 하였고, 「제의祭義」에서는
"봄에는 체제禘祭를, 가을에는 상제嘗祭를 지낸다. 봄에 이슬과 비가 촉촉이
적셔 오면 군자는 이를 밟고서 으레 두려운 마음으로, 돌아가신 분이 장차
되살아 오는 모습을 보는 듯이 하며, 가을에 서리와 이슬이 내리면 군자는
이를 밟으면서 반드시 쓸쓸한 마음을 가지게 된다. 그것은 추위를 두려워
해서 그러한 것은 아니다"라고 하였다. 그러므로 음악으로 신을 맞이하고
슬픈 마음으로 보내는 것이다. 따라서 체제禘祭에서는 음악을 쓰지만 상제
嘗祭에서 음악을 쓰지 않는 것은 바로 이러한 뜻에서이다.

禮記謂明則有禮樂, 幽則有鬼神. 鬼神, 卽是禮樂道理. 以樂祀神, 樂聲發揚, 屬

陽; 以禮祀鬼, 禮是定底物, 屬陰. 故樂記說 樂者, 敦和率神而從天; 禮者, 別宜居
鬼而從地. 祭義論春禘秋嘗, 以春雨露既濡, 君子履之, 必有怵惕之心, 如將見之;
秋霜露既降, 君子履之, 必有悽愴之心, 非其寒之謂也. 故樂以迎來, 哀以送往. 故
禘有樂而嘗無樂, 意亦如此.

(8) 제사는 마땅히 정성으로 받들어야 한다[論祭祀當以誠(凡三段)]

1) 공자는 "내 제사에 참여하지 않으면 제사를 지내지 않는 것과 같다"라
고 한다. 이는 성의로 접촉하지 않으면 유명幽明 간에 이를 받아들일 수
없기 때문이다.

夫子謂吾不與祭, 如不祭. 葢緣誠意既不接, 幽明便不交.

2) 범씨范氏는 이에 대해 "성의가 있으면 신이 있고, 성의가 없으면 신이
없다"라고 하였다. 이 말은 가장 좋은 말이라 할 수 있다. 성의란 진실하여
망령됨이 없는 것이다. 이는 이치로 말한 것이지만 마음으로 말하기도
한다. 반드시 이러한 실리實理가 있는 뒤에 정성과 공경을 다하여, 이 진실
한 마음에 부응하여야 바야흐로 이에 신이 있는 것이다. 참으로 진실한
이치가 없다면 아무리 진실한 마음이 있다 하여도, 또한 흠향하지 못할
것이다. 예를 들면 계씨季氏는 태산에 제사를 지내서는 안 되는데도 이를
무릅쓰고 제사를 지낸다는 것은 이러한 진실이 없는 것이다. 설령 그 정성
과 공경의 마음을 다하였을지라도 신과는 또한 아무런 관계가 없을 것이
며, 태산의 신령은 결코 제사를 흠향하지 않았을 것이다. 대개 옛 사람이
제사를 지내는 데에는, 반드시 이러한 진실과 상관을 가지고 있으니, 이러
한 것이 있는 뒤에 삼 일 동안 재계하고, 삼 일 동안 경계하여 나의 정신을

모으고, 나의 정신이 이미 모아지면 제사를 흠향하는 자도 정신이 모아져
서, 반드시 스스로 이르러 오게 되는 도리가 있다.

范氏謂有其誠則有其神, 無其誠則無其神. 此說得最好. 誠只是眞實無妄, 雖以
理言, 亦以心言. 須是有此實理, 然後致其誠敬而副以寔心, 豈不歆享? 且如季氏
不當祭太山而冒祭, 是無此實理矣. 假饒極盡其誠敬之心, 與神亦不相干涉; 泰山
之神, 亦不吾享. 大槩古人祭祀, 須是有此實理相關, 然後三日齋, 七日戒, 以聚吾
之精神. 吾之精神, 旣聚, 則所祭者之精神, 亦聚, 必自有來格底道理.

3) 인간과 천지만물, 이 둘 사이에는 공공연한 하나의 기운이 유행하고
있을 뿐이다. 그리고 자손과 조상 또한 공공연한 이 하나의 기운 가운데
맥락이 서로 관계되어 있는 바 더욱 친절하다. 사상채謝上蔡(謝良佐)가 말하
였다. "선조의 정신이 바로 나의 정신"이라고……. 이 때문에 자손이 정성
과 공경의 마음을 극진히 하면, 나의 정신이 곧 모아지고, 따라서 선조의
정신 또한 모아지므로, 선조의 신명이 강림하게 되는 법이다. 그러나 오늘
날의 사람들은 제사를 지낼 때, 나의 선조에게 제사 받드는 것을 착실히
해야 할 것임에도, 이에 힘쓰지 않고 정신없이 지내다가, 그 밖의 다른
귀신에게 제사 지낼 때에는 공경과 정성의 마음을 다하고 있다. 그것은
바깥의 다른 귀신은 나와 아무런 상관이 없다는 것을 알지 못하기 때문이
다. 설령 정성과 공경의 마음을 극진히 다하여 재물을 잘 갖추었다 할지라
도, 만일 그것이 올바른 신[正神]이라면 유가 아닌 제사를 흠향하지 않을
것이며, 또한 사람과 신이 서로 만날 리도 없을 것이요, 또한 사악한 귀신이
라면 그저 제사 음식물이나 도적질하여 먹을 뿐 복을 내려줄 리도 없을
것이다.

人與天地萬物, 皆是兩間公共一箇氣. 子孫與祖宗, 又是就公共一氣中, 有箇脈
絡相關係, 尤爲親切. 謝上蔡曰 祖考精神, 便是自家精神. 故子孫能極盡其誠敬, 則

己之精神便聚, 而祖宗之精神亦聚, 便自來格. 今人於祭, 自己祖宗正合著實處, 却都莽鹵了, 只管胡亂外面, 祀他鬼神, 必極其誠敬. 不知鬼神與己, 何相關係? 假如極其誠敬, 備其牲牢, 若是正神不歆, 非類必無相交接之理. 若是淫邪, 苟簡竊食而已, 亦必無降福之理.

(9) 부처와 외신을 섬기며 아첨하는 일에 대해서[論事佛與外神爲諂]

옛 사람의 종법에서는 자손이 선조에게 제사를 받들 때에는 반드시 맏아들이어야 제사를 받들 수 있었으며 방계의 자손들은 감히 제사 지낼 수 없었다. 그러나 요즈음 사람들은 선조의 제사 이외에 아무 쓸모없는 허다한 귀신들을 불러들여 집집마다 부처를 섬기거나 신을 섬기니 이것이 음사淫祀이다. 공자는 "제사 지내지 않아야 할 귀신에게 제사를 지내는 것이 아첨이다"라고 말하였다. 오늘날 사람들은 아첨으로써 복을 구하고자 하지만, 무슨 복을 받을 수 있겠는가.

古人宗法, 子孫於祖先, 亦只嫡派, 方承祭祀; 在旁支不敢專祭, 況祖先之外, 豈可又招許多淫祀之鬼入來? 今人家家, 事神事佛, 是多少淫祀. 孔子謂非其鬼而祭之, 諂也. 今人諂事鬼神, 不過只是要求福耳. 不知, 何福之有?

(10) 신은 같은 유가 아니면 흠향하지 않는다[論神不歆非類]

신이란 같은 유가 아닌 데에는 흠향하지 않으며, 서민은 친족이 아닌 자에게 제사 지내지 않는다.

옛 사람은 대종大宗의 계승에 있어 자식이 없으면 친척의 자식으로 뒤를

이음으로써 일기一氣의 맥락으로 서로가 감통하여 그 사이가 끊이지 않도
록 이어 왔었다. 이 또한 지극히 올바르고 지극히 공경한 일로서 성인은
이를 숨겨 오지 않았었는데, 후세에 이르러 의리가 밝혀지지 못함으로써
사람들은 집안에 자손이 없는 것을 숨기고서 같은 집안의 뚜렷한 자손을
세우지 않고 대부분의 사람이 남몰래 다른 성씨의 아이를 키워 겉으로
뒤를 잇는 자손이 있는 것처럼 꾸미지만 내면으론 이미 끊겨진 것이다.

춘추시대 증자鄫子가 거공莒公의 아들을 취하여 양자로 삼았다. 그러므로
성인[孔子]은 이에 대하여 "거인멸증莒人滅鄫"(『춘추』 양공 6년)이라고 기록하
였는데, 이는 거인莒人이 그를 멸망시킨 것이 아니라, 다른 성씨의 사람에게
제사를 주관케 하는 것이 멸망의 도라는 것이다. 진秦나라는 여정呂政(秦始皇)
으로, 진晉나라는 우예牛睿로부터 대가 끊긴 것 또한 모두 이러한 유이다.

동중서의 「번로繁露」에 의하면, 어느 사람의 집에서 강신降神 축문을 읽
으며 제사를 마치고서 말하기를 "조금 전에 보았던 게 너무나 이상스럽다.
어떤 한 관리가 의젓한 옷을 입고 제삿상에 내려오려다가 멈칫멈칫 주저하
며 감히 나오지 못하고 있는데, 한 귀신이 헝클어진 머리에 소맷자락을
걷어 올리고서 손에는 소를 잡는 백정의 칼을 들고서 당당히 앞으로 나와
제사를 흠향하니, 이게 무슨 신인지 알 길이 없다"라고 하였다. 주인은
그 까닭을 알 수 없었는데, 어느 노인이 말하기를 "그 집안에 일찍이 자식
이 없어 다른 성씨인 백정의 아들로 양자를 삼은 적이 있었다. 오늘 제사를
주관하는 자가 그 백정 집안의 조상을 불러들인 것이다"라고 하였다. 그는
본가本家의 선조를 뒤이었지만, 그 집안의 혈통이 아니므로 선조들과 정신
을 교류하고 감통할 수 있는 도리가 없었다.

그러나 요즈음 세상의 형편으로 논하면 같은 종씨 집안을 세우는 것
또한 마음대로 할 수 없다. 성씨는 상고시대에 발생하였으며, 성인이 성씨
를 마련했던 의도는 태어난 곳과 종족을 구별키 위한 것인데, 그 후엔

성씨를 하사하기도 하고, 성씨를 숨기는 자가 있어 이 또한 뒤섞여 버렸으므로 종씨를 세우는 일 또한 동성이라는 것만으로는 믿을 수 없게 되었다. 따라서 반드시 가까운 친척 중에서 계통이 분명한 자를 가려 세운다면 한 혈통의 기운으로 감통되는 바 있어 선조의 제사를 잃지 않을 것이다.

그리고 요즘엔 대부분 딸의 아들로 양자를 삼으면 성씨야 다르다지만 혈통에 있어서는 서로 가까운 까닭으로 같은 성씨라 할지라도 먼 친척보다는 나을 것 같다는 생각을 하기도 한다. 그러나 가극賈充이 외손 한밀韓謐을 양자로 삼자, 당시 태상박사太常博士 진수기秦秀己는 그에게 기강과 법도를 어지럽혔다고 말하니, 그의 뜻은 혈통이 가깝다 하지만 실제로 성씨가 다르다는 것이다. 이 또한 결코 행할 수 없는 일임을 말해주고 있다.

神不歆非類, 民不祀非族. 古人繼嗣, 大宗無子, 則以族人之子續之, 取其一氣脈, 相爲感通, 可以嗣續無間, 此亦至正大公之擧, 而聖人所不諱也. 後世理義不明, 人家以無嗣爲諱, 不肯顯立同宗之子, 多是潛養異姓之兒, 陽若爲繼而陰已絶矣. 蓋自春秋鄅子, 取莒公子爲後. 故聖人書曰 莒人滅鄅, 非莒人滅之以異姓, 主祭祀滅亡之道也. 秦以呂政絶, 晉以牛叡絶, 亦皆一類. 仲舒繁露載漢一事, 有人家祭用祝降神祭畢, 語人曰 適所見甚怪, 有一官員, 公裳盛服, 欲進而躊躇不敢進; 有一鬼蓬頭衩袒, 手提屠刀, 勇而前歆其祭, 是何神也? 主人不曉其由, 有長老說, 其家舊日無嗣, 乃取異姓屠家之子爲嗣. 卽今主祭者, 所以只感召得屠家父祖而來; 其繼立本家之祖先, 非其氣類, 自無交接感通之理. 然在今世論之, 立同宗又不可泛. 蓋姓出於上世, 聖人所造, 正所以別生分類. 自後有賜姓匿姓者, 又皆混雜, 故立宗者, 又不可恃同姓爲憑, 須審擇近親有來歷分明者立之, 則一氣所感, 父祖不至失祀. 今世多有取女子之子爲後, 以姓雖異而有氣類相近, 似勝於同姓而屬疎者. 然晉賈充以外孫韓謐爲後, 當時太常博士秦秀, 已議其昏亂紀度. 是則氣類雖近, 而姓氏實異, 此說亦斷不可行.

(11) 마땅히 제사 지내야 할 곳에 제사 지내야 한다[論人當祀其所當祀]

천지는 천지에, 제후는 사직과 경내境內의 명산대천에, 대부는 오사五祀에, 선비는 그 선조에게 제사를 받드는 것이다. 옛 사람의 사전祀典 품절品節은 일정하여 조금이나마 어지럽히는 일을 용납하지 않았다. 제후는 감히 천자의 예를 몰래 사용하여 천지에 제사 지낼 수 없으며, 대부 또한 감히 제후의 예를 몰래 사용하여 사직과 산천에 제사할 수 없다. 계씨季氏가 태산에 여제旅祭를 지낸 것도 예의가 아니다.

「곡례曲禮」에 의하면 "마땅히 제사 지내지 아니해야 할 데에서 제사 지내는 것을 음사淫祀"라고 말한다. 음사란 반드시 부정한 귀신만을 말하는 것은 아니다. 예를 들면 정당한 신이라 할지라도 자신이 제사 지내서는 아니될 때 제사 지내는 것이 음사이다. 제후가 천지에 제사 지내는 것과 대부가 사직에 제사 지내는 것과 계씨가 태산에 제사를 지내는 것이 모두가 음사이다.

天子祭天地, 諸侯祭社稷及其境內之名山大川, 大夫祭五祀, 士祭其先. 古人祀典, 品節一定, 不容紊亂. 在諸侯不敢僣天子而祭天地, 在大夫亦不敢僣諸侯而祭社稷山川. 如季氏旅泰山, 便不是禮. 曲禮謂非當祭而祭之, 名曰淫祀; 淫祀無福. 淫祀不必皆是不正之鬼, 假如正當鬼神, 自家不應祀而祀, 他便是淫祀. 如諸侯祭天地, 大夫祭社稷. 季氏旅泰山, 便是淫祀了.

(12) 제사는 항상 제 분수에 따라서 받들어야 한다[論祭祀常隨其分]

옛 사람의 제사는 각기 주어진 분수의 한계를 따라 받들어 왔다. 천자는 천지와 백성과 만물의 주인이 되므로 천지에 제사 지낼 수 있으며, 제후는 한 나라의 주인이므로 한 나라의 사직과 산천에 제사 지내는 것이다. 예를 들면 춘추시대에 초장왕楚莊王이 하수河水에서 감히 제사 지내지 못한 것은 초나라로서는 제사 지내지 못할 곳이기 때문이다. 이는, 그 당시까지만 해도 의리가 밝았음을 말해 주는 것이다. 예를 들어 선비가 그 선조에게 제사지내는 것은 선조 이외엔 모두 그 선비와는 관련이 없기 때문이며, 관련이 없으므로 제사 지낼 수가 없는 것이다. 그러나 또한 자식으로서 그 부친에게 제사 지낼 수 없는데도 부친에게 제사를 지낸다든가 백부와 숙부에게 엄연히 자식이 있는데도 그 제사를 지낸다는 것은, 모두가 제사 지내서는 안 되는 것을 제사지낸 것이니, 이 또한 음사淫祀임을 면할 수 없다.

古人祭祀, 各隨其分之所至. 天子中天地而立, 爲天地人物之主, 故可以祭天地諸侯爲一國之主, 故可祭一國社稷山川; 如春秋時, 楚莊王不敢祭河, 以非楚之望. 緣是時理義尙明, 故如此. 如士人只得祭其祖先, 自祖先之外, 皆不相干涉, 無可祭之理. 然支子不當祭祖, 而祭其祖; 伯叔父自有後而吾祭之, 皆爲非所當祭而祭, 亦不免爲淫祀.

(13) 제사에 시동을 세우는 의의에 대하여[論祭祀立尸之義]

옛 사람들은 천지 산천에 제사를 지낼 때 모두 다 시동을 세웠었다. 천지산천이란 음양 두 기운인데, 이에 시동을 쓰는 것은 음양 두 기운이 이 시동에게 모아지기를 바라는 것이지, 한낱 흠향을 바란 것은 아니다. 강신降神을 하고 향을 사르며 희생과 폐백을 쓰는 것은 내 마음의 정성과 공경을 다하고자 함이다. 정성과 공경이 극진하면 천지 산천의 기운이 스스로 모아지게 된다.

古人祭天地山川, 皆立尸. 誠以天地山川, 只是陰陽二氣. 用尸, 要得二氣來聚
這尸上, 不是徒然歆享. 所以用灌·用燎·用牲·用幣, 大要盡吾心之誠敬. 吾心之誠
敬旣盡, 則這天地山川之氣, 便自關聚.

(14) 제사는 관계를 요한다[論祭祀要關係]

천자는 천지의 주인이므로 천지의 대기大氣가 한 몸에 관계되기에 정성
과 공경을 극진히 한다면 천지의 기운이 이에 관련되어 모이게 되므로
스스로 감흥하며, 제후는 한 나라의 주인이므로 경내의 명산대천에 제사를
지내되 그 정성과 공경을 극진히 다하면 산천의 기운이 이에 모여 감흥되
는 바 있다. 이 모두가 각기 그 분수의 대소에 따라서 그와 같은 감흥이
따른 것이다.

天子是天地之主, 天地大氣, 關係於一身, 極盡其誠敬, 則天地之氣, 關聚便有
感應處. 諸侯只是一國之主, 只是境內之名山大川, 極盡其誠敬, 則山川之氣, 便聚
於此而有感召, 皆是各隨其分限大小如此.

(15) 사전에 의한 제사는 마땅히 받들어야 한다[論祭祀典則當祭]

산림山林, 천곡川谷, 구릉丘陵에서 수증기가 피어올라 구름과 비가 내리는
까닭에 이 모두 신神이라 말하며, 일월성신日月星辰은 많은 사람이 높이
우러러보므로 이 또한 신이라 한다. 사람에 있어선 백성에게 법을 베풀어
준 자에게 제사를 받들며, 부지런히 일한 자에게 제사를 받들며, 나라를
안정시킨 공훈이 있는 자에게 제사를 받들며, 큰 재앙을 막아준 공로가

있는 자에게 제사를 지내며, 큰 어려움을 막아준 자에게 제사 지내니, 하나
의 친척으로서 받드는 것이 아니다. 이러한 문제는 사전祀典에 있지 않으나
「제법편祭法篇」에 자세히 나타나 있다. 후세의 제사는 모두 이를 알지 못한
것이다.

山林川谷丘陵能出氣爲雲雨者, 皆是神; 日月星辰民所瞻仰者, 亦皆曰神. 其在
人則法施於人則祀之, 以死勤事則祀之, 以勞定國則祀之, 能禦大災則祀之, 能捍
大患則祀之. 古人非此族也, 不在祀典. 見祭法篇甚詳, 若後世祭祀, 便都沒理會了.

(16) 오사의 예[論五祀之禮(凡二段)]

1) 대부大夫의 오사五祀는 문門, 호戶, 부엌[竈], 길行, 중류中霤이다. 한대漢代
이후로는 길[行]을 우물로 바꾸어서 제사를 지내고 있다. 옛날에는 동굴에
서 살았으므로 그 위를 들창문으로 뚫어 밝은 햇살을 받아들였으므로,
이를 이름하여 중류中霤라 하였는데 이는 토신土神이다.

선비 또한 오사五祀를 모두 지낼 수 없으나 그 중에 한두 가지는 지낼
수 있다. 상례喪禮에 "질병이 있으면 오사五祀에 기도한다"라는 구절이 있기
는 하지만, 제사를 지낸다는 말은 없다.

大夫祭五祀, 乃是門·戶·竈·行·中霤. 自漢以來, 以井易行. 古者穴處, 其爲牖取
明之處, 名曰中霤, 只是土神. 士人又不得兼五祀, 間擧一兩件. 在士喪禮, 却有疾
病, 禱於五祀之文, 而無其祭.

2) 정강성鄭康成(鄭玄)은 「월령月令」편에서 다음과 같이 주해를 붙이고 있
다. 봄에 호戶에 제사를 지내는 것은 양기가 밖으로 나오므로 호내戶內에서
제사하여 양을 따르는 것이며, 여름에 부엌에 제사하는 것은 양기가 성하

여 열기가 바깥에 있으므로 부엌에 제사하여 열기를 따르는 것이다. 가을에 문에다 제사하는 것은 음기가 나오므로 문 밖에서 제사하여 음陰을 따르는 것이며, 겨울에 길에다 제사하는 것은 음기가 성하고 차가우므로 길에 제사를 하여 벽제辟除를 따른 것이다. 중앙에서 중류中霤에 지내는 제사를 으뜸으로 삼는 것은, 토土는 중앙이 주재가 되고 신神이 실내室內에 있음을 말한다. 한대漢代만 해도 예악이 밝아서 귀신을 논함에 음양을 주로 하여 말하였음을 이에서 찾아볼 수 있다. 이는 선왕의 유의遺意를 그때까지도 잃지 않았기 때문이다.

鄭康成 注月令春祀戶, 謂陽氣出, 祀之於戶內, 陽也. 夏祀竈, 謂陽氣盛熱於外, 祀之於竈, 從熱類也. 秋祀門, 謂陰氣出祀之於門外, 陰也. 冬祀行, 謂陰盛寒於水, 祀之於行, 從辟除之類也. 中央祀中霤, 謂土主中央, 而神在室. 於此亦見漢時禮樂猶明, 論鬼神猶主於陰陽爲言, 猶未失先王之遺意也.

(17) 도덕과 충의를 지킨 사람에 대한 제사[論道德忠義之祭]

옛 사람의 사전祀典은 「제법祭法」에 열거한 것 이외에도, "도덕을 지닌 자가 죽으면 고종瞽宗에서 제사를 받들어 악조樂祖로 삼는다" 하니, 이는 모두 올바른 제사[正祠]이다. 후세에 흰 칼날에 또는 국란에 목숨을 바친 충신과 의사에 대하여, 예를 들면 장순張巡 허원許遠이 수양睢陽에서 죽자 그곳에 사당을 세웠고, 소충용蘇忠勇이 옹주邕州에서 죽자 옹주에 사당을 세웠고, 장주漳州 영저정靈著正이 목숨을 바쳐 사람을 보호하였으므로 장주의 사람이 사당을 세워 그를 받드는 일이 있다. 이처럼 충신 의사를 받드는 제사는 모두 정당한 것이다. 그러나 그들의 사원祠院에는 반드시 관리가 있어 엄격히 사당의 출입을 제한하여 일정한 시기에 출입을 허용할 뿐 사사로이 제사 지내는 사람이 없게 하였다. 이는 예의에 부합되는 일이다. 그러므로 민간에 있어서는 향을 사르고 공경을 다할 뿐, 또한 분수를 넘어서 제사를 지낼 수는 없었다.

古人祀典, 自祭法所列之外, 又有道有德者死, 則祭於瞽宗, 以爲樂祖. 此等皆是正祠. 後世如忠臣義士, 蹈白刃, 衞患難, 如張巡許遠死於睢陽, 立雙廟; 蘇忠勇公 於邕州死節甚偉, 合立廟於邕. 今貢侯立祠於本州, 亦宜. 如漳州靈著正 以死衞邦人, 而漳人立廟祀之. 凡此忠臣義士之祠, 皆是正當. 然其祠宇須官司爲嚴其扃鑰開閉, 有時不與民間褻瀆, 乃爲合禮. 在民間, 只得焚香致敬而已, 亦不可越分而祭.

위는 제사의 법전에 대하여 논한 것이다.

以上論祭祀祀典

(18) 이치는 감통의 오묘함이다[論理感通之妙]

후세에 이르러 이치에 대한 견해가 밝지 못하여, 영감靈感과 보응報應이 있는 사당을 영검 있고 신성한 사당이라고들 말한다. 그들은 생존 시 모두가 총명하고 정직한 사람들이라 하지만, 숱한 곡절을 지닌 자들과 한가지이다. 예를 들면 부귀를 누린 사람으로서 백유伯有와 같은 자가 역귀疫鬼가 되기도 하였다. 자산子産은 이에 대하여 "만물의 정기가 성하면 혼백이 강하다"라고 말한 유와 같으며, 젊은 나이에 전쟁터에서 목숨을 잃으면 영혼이 흩어지지 않는 것과, 타고난 기품이 두텁고 정신이 강한 사람은 죽은 뒤에 넋이 사라지지 않는 것과, 사람이 신상神像을 만들 때 살아 있는 짐승으로서 사나운 동물, 원숭이와 독수리 따위를 산 채로 신상 속에 넣음으로써 동물들의 넋이 흩어지지 않는데다가 많은 사람들이 아침 저녁으로 향을 피우고 기도하며 신령하다고 생각하는 일이 있다. 이렇듯 신비한 영검은 짐승의 넋과 같다. 사람의 마음에 영검이 있다고 생각하면 사람의 정신은 모두 그곳으로 모이게 되어 백상대왕白鱟大王처럼 영검이 있다고 아는 것과 같다. 또한 웅장한 산천의 명당에 사우祠宇를 안치하면 산천의 기운이 신령하고 사람의 본심 또한 신령한 곳이 있고, 스스로의 정성과 공경의 마음을 다하면 정신이 한곳에 모아지게 되어 점치는 일마다 조리와 맥락이 있어 저절로 감응되므로 털끝만큼도 어긋나는 길흉이 없다. 이는 모두가 하나의 이기[一理一氣]에 인연했기 때문이다. 이른바 "재계하여 그 덕을 신비하고 밝게 한다"라는 말이 이러한 뜻이다.

後世看理不明, 見諸神廟有靈感響應者, 則以爲英靈神聖之祠, 在生必聰明正直之人也. 殊不知此類, 其間然有曲折一樣. 是富貴權勢等人, 如伯有爲屬. 子産所謂用物精多, 則魂魄强之類一樣, 是壯年蹈白刃而死, 英魂不散底人一樣, 是生稟氣厚精爽强底人, 死後未便消散一樣. 是人塑人像, 時捉箇生禽之猛鷙者, 如猴鳥之屬, 生藏於腹中, 此物被生刦而死, 魂魄不散, 衆人朝夕焚香禱祝, 便會有靈. 其靈, 乃此物之靈, 非關那鬼神事一樣. 是人心以爲靈, 衆人精神都聚在那上, 便自會靈. 如白鱟大王之類一樣. 是立以爲祠, 便有依草附木底沉魂滯魄來, 竊附於其上一樣. 又是山川之靈廟宇, 坐據山川雄猛處, 氣作之靈. 又有本廟正殿不甚靈, 而偏旁舍人有靈者, 是偏旁坐得山川正脈處故也. 又有都不關這事, 只是隨本人心自靈, 人心自極其誠敬, 則精神聚所占之事, 自有脈絡相關, 便自然感應, 吉凶毫髮不差, 只緣都是一理一氣故耳. 所謂齊戒以神明其德, 夫卽此意.

(19) 음사란 두려워해서는 안 된다[論淫祀必不懼]

전해 오는 말에, 일찍이 남헌南軒(張栻)이 어떤 한 사호司戶를 보내어 어느 한 곳의 음사淫祀를 부수게 하였는데, 그 사호는 첩지(문서)를 받자마자 두 다리에 힘이 쭉 빠져 제대로 걷지도 못하였다. 마침내 사호는 가마를 타고서 그 사당을 찾아가 첩지를 붙이고 신상을 가져다가 신상의 배를 쪼개어 보니 여러 겹 쌓인 가운데 조그마한 상자가 있었는데, 그 속에는 크고 하얀 벌레 한 마리가 살고 있었다. 벌레가 쏜살같이 달아나자, 이를 잡아 기름 솥에 삶아 죽이고서 이를 계기로 신상의 복부 부위를 부수어 벌레들을 보자, 그의 병이 곧바로 쾌유되었다 한다. 이로 미루어 보면 그 나머지 유를 미루어 알 수 있다.

聞說南軒 曾差一司戶, 破一大王廟. 纔得牒, 卽兩脚俱軟, 其人臥乘輿而往, 到廟中, 取大王像, 剖其腹, 有盤數重中有小合, 盛一大白蟲活走, 急投諸油煎之, 纔破合見蟲, 脚立愈. 推此, 其他可以類見.

(20) 괴이한 일은 오래되면 저절로 없어진다[論怪事久當自消]

하늘과 땅 사이에는 또한 정명正命으로 죽지 못한 넋들이 사라지지 못하고 남아 있어 때로는 괴변을 만들어내기도 하지만 오랜 세월이 흐르면 스스로 소멸되는 것이다. 이 밖에도 원한을 품고서 설욕하지 못한 자가 잦은 괴변을 일으키다가도 억울한 누명이 밝혀지면 없었던 것처럼 조용히 사라져 버린다. 예를 들면 후한後漢의 왕순역王純驛 여자 귀신의 사례와 주문공朱文公이 용암처龍巖妻가 남편을 살해했던 일을 밝혀 주었던 사례가 그 같은 예이다.

天地間, 亦有沉魂滯魄, 不得正命而死者, 未能消散, 有時或能作怪. 但久後當自消. 亦有抱寃未及雪者, 屢作怪, 纔覺發, 便帖然. 如後漢王純驛中女鬼, 及朱文公斷龍巖妻殺夫事.

(21) 요괴는 사람에 의해서 생겨나는 것이다[論妖由人興(凡四段)]

1) 요괴는 사람에 의해서 생겨난 것이며, 많은 귀신들이 큰 영검이 가지게 된 것도 모두 사람에 의해서 생겨난 것이다. 사람이 이를 신령하다 하면 신령하고, 신령하지 않다고 생각하면 신령하지 않으며, 사람이 괴이하다고 생각하면 괴이하고, 괴이하지 않다고 생각하면 괴이하지 않은 것이다.

이천伊川의 부친이 관청에 있을 때 요괴스러운 일이 많았다. 어떤 사람이 "귀신이 북을 친다"고 아뢰자 이천의 모친은 "북채를 갖다 주어라"라고 하였으며, "귀신이 부채질을 한다"라고 아뢰자 그의 모친은 "그가 덥기 때문이다"라고 하니, 그 후로 요사스러운 일이 없게 되었다. 이는 그 주인이 동요하지 않음으로써 스스로 없어지게 된 것이다. 좌씨左氏의 "요사스러운 일은 사람에 의해서 일어난다"라는 한마디 말을 자세히 살펴보면 그의 말은 지극히 간절한 것이라 하겠다. 명도明道가 말한 "석불石佛에서 방광放光하는 일" 또한 이와 같다.

大抵妖由人興. 凡諸般鬼神之旺, 都是由人心興之. 人以爲靈則靈, 不以爲靈則不靈, 人以爲怪則怪, 不以爲怪則不怪. 伊川尊人 官廟多妖, 或報曰鬼擊鼓, 其母曰 把搥與之; 或報曰鬼搖扇, 其母曰他熱故耳. 後遂無妖 只是主者 不爲之動, 便自無了. 細觀左氏所謂妖由人興一語, 極說得出. 明道石佛放光之事, 亦然.

2) 옛적에 어느 승려가 방에 들어가 누우려다가 어둠 속에서 잘못하여 생가지[茄]를 밟았었는데, 그는 두꺼비 따위를 밟아 죽인 것으로 착각하여, 침실에 누워 자신의 잘못으로 한 생명을 해치게 된 데 대해 깊이 후회를 하였다. 이윽고 한밤중이 되자 갑자기 문을 두드리며 승려의 목숨을 빼앗아 가겠다는 자가 있었다. 승려는 이튿날 그를 천도薦導해 줄 것을 약속하였다. 그러나 날이 밝아 살펴보니 그것은 동물이 아닌 한낱 생가지에 불과

했다. 이러한 것은 자신의 마음에 의심이 생겨남으로써, 떠돌아다니는 넋과 묻혀 있는 넋들을 제 스스로가 불러들인 결과이다.

또한『이정유서二程遺書』의 기재한 바에 의하면, 한 관원이 금산사金山寺에서 물에 빠진 아내를 찾아내려고 재齋를 올렸는데, 갑자기 한 여종이 죽은 아내의 넋이 되어 나타나 매우 원통하게 죽었음을 하소연하였는데, 그 후 며칠이 지나서 어부가 그의 아내를 찾아내어 보내주었다고 한다. 이러한 유의 일들은 매우 많다. 이처럼 요사스러운 일은 사람에 의해서 생겨나는 것이다. 사람에게 틈이 없다면 요사스러운 일이 일어날 수 없다.

　昔有僧 入房將睡, 暗中悞踏破一生茄, 心疑爲蟾蜍之屬. 臥中甚悔其枉害性命, 到中宵, 忽有扣門覓命者. 僧約明日爲薦拔, 及天明見之, 乃茄也. 此只是自家心疑, 便感召得遊魂滯魄附會而來. 又如遺書載一官員, 於金山寺, 薦拔亡妻之溺水者, 忽婢妾作亡魂胡語, 言死之甚寃; 數日後, 有漁者救得妻送還之. 此類甚多, 皆是妖由人興, 人無釁焉, 妖不自作.

　3) 뇌성간賴省幹의 점법에는 귀신이 사람의 귀에다가 말을 속삭이는 술법이 있다. 점 하려고 사람이 찾아오면 그의 성씨만 물어보고서도 거의 그 사람을 그려낼 수 있으며, 그를 마주하여 운수를 점칠 때에는 그에 대해 잘도 말하지만, 혹 점을 치려고 찾아온 자가 으레 그럴 것이라 예상하고, 아무런 생각이 없이 묻는 대로 대답하면 그 점쟁이는 말을 하지 못하게 된다. 이로써 "생각이 일어나지 않으면 귀신도 알지 못한다"라는 사실을 알 수 있다. 소강절昭康節의 말 또한 이와 같이 은미한 곳을 정밀하게 간파하였다.

　賴省幹占法, 有鬼附耳語. 人來占者, 問姓幾畫名幾畫, 其人對面, 黙數渠便道得, 或預記定其畫; 臨時更不點數, 只問及便答, 渠便道不得. 則思慮未起, 鬼神莫知. 康節之言, 亦見破此精微處.

4) 장항군군張亢郡君이 죽은 뒤 환신幻身이 자주 찾아와 서로 이야기할 때 마음속의 일을 곧잘 말하였는데, 한 도사가 그와 함께 바둑을 두고 있는 즈음에 그의 아내라는 또 하나의 환신幻身이 찾아오자 도사는 한 줌의 바둑알을 종이에 싸가지고 그에게 물으니, 장군張君은 수효를 알지도 못하고 또한 말을 못하고서 "나는 이 뒤로 다시는 오지 않겠다"고 하였다. 그의 아내도 또한 그의 아내가 아니라, 장군張君이 마음으로 떠도는 넋과 묻혀 있는 혼백을 불러들임에 따라서 그가 찾아오게 된 것인데, 도사가 그와 같은 기연機緣을 간파하자 다시는 그와 같은 술책을 쓰지 못하게 된 것이다. 학을 타고 신선이 되어 내려온 것도 그와 같은 일이므로 식견이 있는 이라면 이를 알 수 있으나 식견이 없는 사람은 알 수 없다. 그리고 문장에 능한 사람이 붙잡으면 시구가 말쑥하고 새롭지만, 문장력이 없는 자가 붙잡으면 시구는 졸속하고 유치하기 그지없으며, 신에게 어떤 일을 점칠 때 학을 붙잡는 사람이 그 사정을 잘 알면 잘 써낼 수 있지만 그 일에 대해 모르면 쓸 수 없다. 이는 시를 읊고 문장을 짓는 일은 통달하지만, 미래의 일을 물어보면 전혀 대답할 수 없다. 이런 예로 보더라도 신 그 자체가 알고 있는 것이 아니라, 학을 잡는 사람에게 가탁하고 있음을 알 수 있다. 귀신이란 그윽하고 음산스러운 것이어서, 인간의 정신을 빌려 인간이 알고 있는 만큼 말하기 때문이다. 이로써 요괴란 인간을 말미암지 않고서는 절대 불가함을 볼 수 있다.

　張亢郡君 死後, 常來與語, 說渠心下事. 一道士與圍棋而妻來, 道士捉一把棋子, 包以紙, 令持去問; 張不知數, 便道不得, 曰 我後不來矣. 此未必真是其妻, 乃沉魂滯魄, 隨張心感召而來, 被道士窺破, 此機更使不得. 世之扶鶴下仙者, 亦如此. 識字人扶得, 不識字人扶不得; 能文人扶則詩語清新, 不能文人扶則詩語拙嫩. 問事人扶鶴人, 知事意則寫得出, 不知事意則寫不出. 與吟咏作文則無不通, 問未來事則全不應, 亦可自見此非因本人之知而有假托. 蓋鬼神幽陰, 乃藉人之精神發揮, 隨人知識所至耳. 便見妖非由人不可.

(22) 바른 사람에게는 요괴가 가까이 하지 못한다[論正人妖不敢近]

옛적 무삼사武三思에게 한 첩이 있었는데 절세미인이었다. 사람들은 모두 그 첩을 구경하였는데, 적양공狄梁公 또한 그를 찾아가자, 첩은 그를 피하여 나타나지 않았다. 무삼사가 첩을 찾으니, 첩은 벽 틈바구니에 숨어서 말하기를 "나는 화월花月의 요괴인데, 하늘에서 나를 그대에게 보내어 모시도록 하였다. 적양공은 이 시대의 바른 인물이니, 나는 그를 만날 수 없다"라고 하였다. 단정한 사람과 바른 선비는 정신이 맑고 밝으므로 귀신과 도깨비도 감히 가까이 할 수 없는 것이다. 이른바 "덕이 두터우면 귀신도 공경한다"고 한다. 이로 보면 귀신이 사람을 해치는 것은 모두가 사람의 정신이 부족하기 때문이다.

武三思 置一妾絶色, 士夫皆訪觀, 狄梁公 亦往焉; 妾遁不見. 武三思 搜之在壁隙中, 語曰 我乃花月之妖, 天遣我奉君談笑. 梁公 時之正人, 我不可以見. 蓋端人正士, 有精爽清明, 鬼神魑魅, 自不敢近. 所謂德重鬼神欽, 鬼神之所以能近人者, 皆由人之精神 自不足故耳.

위는 요괴에 대하여 논한 것이다.
以上論妖怪

(23) 신은 공경히 대하면서도 멀리 해야 한다[論事神當敬遠兩存]

"신은 공경히 대하면서도 멀리 한다"라는 구절은 원만하면서도 극진한

말이다. 바른 신[正神]에 대해서는 공경할 줄을 알면서도 쉽게 멀리 하지
못하며, 사악한 신[邪神]에 대해서는 멀리 할 줄 알면서도 쉽게 공경하지
않는 데 잘못이 있다. 반드시 공경하면서도 멀리 하고, 멀리 하면서도 공경
하여야만 비로소 유명幽明의 의의를 다할 수 있다. 주자는『논어』의 주석
에서 "오로지 인간의 도리로써 마땅히 해야 할 바에 힘을 다하고, 알 수
없는 귀신에 현혹되어서는 안 된다"(『樊遲問知 註』)라고 하니, 이 말은 사람
들에게 가르침을 주는 바 지극히 간절하다. "사람을 섬기지 못한다면 어떻
게 귀신을 섬길 수 있겠는가"라고 하니, 반드시 사람의 도리를 다한다면
귀신을 섬기는 도 또한 결코 두 가지가 있을 수 없다. 자로子路를 깨우친
바 깊다.

敬鬼神而遠之 此一語, 極說得圓而盡. 如正神 能知敬矣, 又易失之不能遠; 邪
神 能知遠矣, 又易失之不能敬. 須是都要敬而遠, 遠而敬, 始兩盡幽明之義. 文公
語解說, 專用力於人道之所宜, 而不惑於鬼神之不可知, 此語 示人極爲親切. 未能
事人, 焉能事鬼? 須是盡事人之道, 則盡事鬼之道, 斷無二致, 所以發子路者 深矣.

(24) 음사를 거행해서는 안 된다[淫祀不可擧]

제사지내서는 안 될 곳에 제사 지내는 것을 모두 음사淫祀라고 말한다.
음사란, 복을 받지 못한다는 것은 서로의 맥락이 연결되지 않기 때문이다.
후세의 사전祀典은 불교와 도교에서 모두 어지럽혀 왔다. 도교에서는 초제
醮祭를 설치하여 서인庶人으로서도 하늘에 제사 받들게 하였지만 그와 무슨
관계가 있겠는가. 불가의 호신불 또한 중국 사람과 무슨 상관이 있겠는가.
가령 충신의사를 원훈대신元勳大臣들과 배향한다면 이 같은 제사는 받들
수 없다. 이 모두가 나와는 관련이 없기 때문이다. 성인의 학문이 밝혀지지

못함으로써 귀신의 정상을 모두가 모르게 된 것이다.

성신星辰을 그릴 때 모두 사람을 그려놓고 이를 성군星君이라 하며, 태산의 산신을 천재인성제天齋仁聖帝라 하여 당唐나라에서는 천재왕天齋王으로 봉했으며, 본조本朝(宋)에서는 동방에 생생生生하는 기운이 있다 하여 인성仁聖 두 글자를 더하여 제帝에 봉하였다. 제帝란 상제上帝와 한가지인데, 어떻게 한낱 산신을 제帝라 말할 수 있겠는가. 그러나 오늘날 태산에 사당을 세울 때, 사람과 꼭 닮은 형상을 만들어 면류관에다 옷을 입혀 앉혀 놓았을 뿐 아니라, 그 뒤편에 후전을 세우기까지 하였다. 그렇다면 어느 산이 그의 배필로서 부부가 되는 것일까? 태산이 노魯나라의 경내에 소재한 산임을 생각한다면, 노공魯公이 지내야 할 제사인데, 회수淮水 건너편에 있어 남방의 지맥과는 전혀 관계가 없는데도 불구하고 고을마다 동악의 산신을 모신 사당을 세워 제사를 받들어 오고 있다. 이 또한 잘못된 강명講明으로 무지를 범했기 때문이다.

大凡不當祭而祭, 皆曰淫祀. 淫祀無福, 由脉絡不相關之故. 後世祀典, 只緣佛老都亂了. 如老氏設醮, 以庶人祭天, 有甚關繫, 如釋迦亦胡神, 與中國人何相關? 假如忠臣義士配享元勳, 若是己不當祭, 皆與我無相干涉. 自聖學不明, 鬼神情狀都不曉. 如畫星辰, 都畫箇人, 以星君目之. 如泰山曰天齊仁聖帝, 在唐封爲天齊王, 本朝以東方生生, 加仁聖二字, 封帝. 帝, 只一上帝而已, 安有一箇山而謂之帝? 今立廟儼然人形貌垂端冕衣裳而坐, 又立後殿於其後, 不知又是何山可以當其配而爲夫婦耶. 據泰山魯封內, 惟魯公可以祭, 今隔一江一淮, 與南方地脉, 全不相干涉, 而在州縣, 皆立東嶽行祀, 亦失於講明之故.

(25) 남악 사당의 잘못된 제사에 대하여[論南嶽之祠非是]

지난날 남악南嶽을 모신 사당이 화재를 입자, 유태위劉太尉는 이를 다시 건립하려고 오봉五峯 선생에게 물으니 오봉 선생은 다음과 같이 답하였다. "천도와 인사는 본디 한 이치이다. 하늘에 있어서는 황천皇天 상제上帝이며 인간에게 있어서는 대군大君이다. 오악五嶽 삼공三公을 황천 상제와 똑같은 제帝로 모신다면 천도가 어지러울 것이며 임금이 둘이면 인도가 어지럽게 된다. 그러나 세속에서는 그 형상을 만들어 놓기도 하고 배필을 세우기도 하고, 남자의 집을 마련하여 모시기도 하니, 귀신에게 불경스러움이 심하다"라고 하였다. 그 후 남헌南軒(張栻) 또한 이에 대하여 자세히 언급하기를 "강과 산이란 그 나름의 형상인데, 이를 사람처럼 닮게 만든 것은 무엇 때문일까? 산천 기운은 서로 유통하면서 접촉하는 것인데, 집을 지어 모시는 것은 무엇 때문인가"라고 하였다. 이 모두가 정대한 의론으로 어리석은 일을 깨우쳐 주고, 귀먹고 눈먼 이를 열어준 것이다.

南嶽廟向者回祿, 劉太尉欲再造, 問於五峯先生, 先生答以天道人事本一理, 在天爲皇天上帝, 在人爲大君. 五嶽三公, 與皇天上帝並爲帝, 則天道亂矣. 大君有二, 則人道亂矣, 而世俗爲貌像. 爲立配. 爲置男子屋而貯之, 褻瀆神示之甚. 後南軒, 又詳之曰川流山峙, 是其形也, 而人之也 何居. 其氣之流通, 可以相接也, 而宇之也, 何居. 皆可謂正大之論, 甚發愚蒙破聾瞽.

(26) 영정의 의의는 정도를 잃었다[論畫像之義失正]

이천伊川은 횡거橫渠 선생이 "용녀龍女의 의관은 부인의 품질[品階]을 따라야 한다"고 제정한 데 대하여 말하였다. "용이란 한낱 짐승이다. 어떻게 인간의 의복을 입을 수 있으며, 또한 큰 하수河水란 천지와 조종과 사직을 보좌하는 것인데, 한낱 관리의 힘을 지닌 용이라면 무슨 공효가 있을 수 있겠는가." 그[伊川]의 말은 매우 정대한 것이며, 또한 여기에서 장횡거와 정자의 학문상 우열을 엿볼 수 있다.

세속에서 진무眞武를 섬기면서 이를 진성眞聖이라 한다. 이는 북방北方 현무신玄武神을 말한다. 진종眞宗이 도교를 숭상한 나머지, 성조聖祖의 이름을 휘諱하여 현玄 자를 진眞 자로 바꾸어 썼다. 북방 현무玄武란 거북이와 뱀의 유이다. 후세 사람들은 그 의의를 알지 못하고서, 진무眞武를 사람처럼 그려놓고 머리를 흩어 내린 채, 칼을 움켜잡고서 거북과 뱀을 밟고 있다. 도교에서는 어떤 사람이 이처럼 수행하였다는 말을 전하고 있다.

伊川破橫渠定龍女衣冠從夫人品秩事, 謂龍歟也, 豈可被人衣冠. 且大河之塞, 天地祖宗社稷之祐, 乃吏卒之力, 龍何功之有. 其言可謂甚正大. 又以見張程學識淺深之不同也. 世俗事眞武呼爲眞聖, 只是北方玄武神, 眞宗尙道敎, 避聖祖諱, 改玄爲眞. 北方玄武, 乃龜蛇之屬, 後人不曉其義, 畫眞武, 作一人散 髮握劍足踏龜蛇, 競傳道敎中某人修行如此也.

(27) 강회 지방에서는 음사를 좋아한다[論江淮好淫祀]

예로부터 강회江淮 이남 지방에 음사淫祀가 많았던 것은, 중국의 예의를 받아오지 못한 오랑캐의 나라였기 때문이다. 적인걸狄仁傑이 강회江淮 지방에 산재한 음사淫祀 1천 7백 군데를 모두 부셔버리고, 남겨둔 곳이라곤 오로지 하우씨夏禹氏와 오자서伍子胥를 모신 두 사당뿐이었다. 그러나 이천伊川은 오히려 "오자서의 사당을 남겨둔 일은 옳지 못하다"고 질책하였다. 오자서는 오吳나라에서 받들 수는 있지만, 초楚나라에서는 혈식血食으로 받들 수 없다는 이유에서이다. 이제 적인걸이 세상을 떠난 지 얼마 되지 않았지만, 음사가 이처럼 많은 것은 모두 세상의 가르침이 밝지 못하고, 세속에서 괴이한 것을 좋아하기 때문이다.

江淮以南, 自古多淫祀, 以其在蠻夷之域, 不沾中華禮義. 狄仁傑毀江淮淫祀一千七百區, 所存者 惟夏禹·伍子胥二廟. 伊川猶以存伍子胥廟, 未是. 伍子胥可血食於吳, 而不可血食於楚. 今去狄公未久, 而淫祀極多, 皆緣世教不明, 世俗好怪耳.

(28) 호남 지방에 음사가 많다[論湖南多淫祀]

호남 지방의 풍속에는 음사淫祀가 더욱 성하여, 귀신에게 사람을 바치는 예가 많았다. 이에 때로는 마을 사람들이 각출하여 사람을 사서 제사를 지내기도 하고, 때로는 길가는 사람을 붙잡아 제사를 지내기도 하였다.

전해 오는 말에 의하면, 어느 가난한 선비가 붙잡혀 사당 기둥에 묶여 있었는데, 한밤중에 큰 뱀 한 마리가 입을 벌리고 삼키려고 하자, 선비는 전일한 마음으로 주문呪文을 외우니, 큰 뱀은 감히 덤벼들지 못하고 점점 뒤로 물러나 마침내 사라져 버렸다. 이튿날 아침 선비는 풀려날 수 있었으며, 이 사실이 관청에 알려졌다고 한다.

이에 대하여 혹자는 부처의 주술력呪術力으로 그처럼 된 것이라고 말하지만, 실제로는 그렇지 않다. 범 따위의 맹수가 덤벼들 때에는 으레 사람에게 도전하여 사람의 정신과 안색이 변하면 사람을 해치지만, 동요하지 않으면 덤벼들지 못하는 법이다. 그 선비는 피할 수 없는 죽음이라는 것을 알고서, 다시는 죽음에 대하여 겁내지 않고 한결같은 마음으로 주문을 외우며 안색을 바꾸지 않았으므로, 뱀은 그를 해칠 수 있는 말미가 없었다. 이 또한 시냇가에 노는 아이들을 범이 해치지 않는 유와 같은 것이지,

신주神呪의 힘과는 관련이 없다.

湖南風俗淫祀尤熾, 多用人祭鬼, 或村民裒錢買人以祭; 或捉行路人以祭. 聞說有一寒士被捉, 縛諸廟柱, 半夜大蛇張口欲食之, 其人識一呪只管念呪, 蛇不敢犯, 漸漸退縮而去. 明早士人得脫, 訴諸官, 或以爲佛呪之靈所致 是不然. 凡虎獸等食人者多, 是挑之使神色變動, 則害人, 不變動, 則不敢食. 若此人者自以爲必死無可逃者, 更不復有懼死之容矣. 只一味靠呪上, 更無復有變動之色故, 蛇無由食之. 亦如虎不食澗邊兒之類, 非關神呪之力也.

26. 부처와 노자 佛老

(1) 부처와 노자의 폐단[佛老之弊]

불佛 노老의 학술은 후세에 내려오면서 크게 성행하였고, 오늘날에는 더욱 융성하기에 이르렀다. 이씨二氏 설은 대략 유사한 공통점이 있지만, 불교는 도교에 비해 더욱 현묘玄妙한 지론을 가지고 있다. 도교에서는 무無를, 불교는 공空을 주로 한다. 무無와 공空 또한 매한가지의 뜻이다. 도교에서 말하는 무란 요컨대 "무에서 유가 생한다" 하여, 그들은 청정한 방외인方外人이 되어 한 몸만을 잘 보존[獨善]하고 분분한 세속의 일들을 싫어하기에 산림 속에 머물면서 몸을 단련하고 기운을 함양하여, 진기眞氣로써 어린아이[嬰兒]의 몸이 되어 육체를 벗어나고자 하는 데 그 의도가 있다. 이는 마치 뱀이 허물을 벗는 것과도 같으며, 또한 구름과 학을 타고서 하늘 위를 날기도 한다. 이 또한 하나의 기氣를 단련하여 몸이 가벼워졌기 때문에 구름을 탈 수 있는 것이다.

그러나 도교의 말은 그다지 많은 사람을 현혹시키지 못하였지만, 불교 설은 깊은 산골, 외진 벽촌에 사는 아낙네와 어린아이들까지도 모두 그들의 말에 현혹되어 뼛속 깊이 뿌리박힘으로써 여기에서 벗어날 길이 없다. 그 폐해의 본원을 추구해 보면 두 가지이다. 하나는 사생死生 화복설禍福說로서 어리석은 백성을 속이는 것이며, 또 다른 하나는 성명性命 도덕설道德

說로서 선비들을 현혹하는 것이다. 사생 화복설은 학문의 소양이 없어 이치를 밝게 알지 못하는 무지한 사람들을 감동시키지만, 성명 도덕설은 비교적 현묘하여 고명한 선비 또한 모두 그 학설에 의하여 오류를 범하게 된다. 이는 스스로가 이치에 밝고 의리에 정밀하여 명백한 정견定見이 가슴속에 있을 때 바야흐로 그들의 말에 동요되지 않을 것이다.

佛老之學, 後世爲盛, 在今世爲尤盛. 二氏之說, 大暑相似, 佛氏說得, 又較玄妙. 老氏以無爲主, 佛氏以空爲主. 無與空 亦一般. 老氏說無, 要從無而生有, 他只是要淸淨無爲方外之物, 以獨善其身, 厭世俗膠膠擾擾等事, 欲在山林間, 煉形養氣, 將眞氣, 養成一箇嬰兒, 脫出肉身去, 如蟬蛻之法; 又欲乘雲駕鶴, 飛騰乎九天之上. 然亦只是煉箇氣輕, 故能乘雲耳. 老氏之說, 元未甚惑. 至佛氏之說, 雖深山窮谷之中 婦人女子, 皆爲之惑, 有淪肌浹髓, 牢不可解者. 原其爲害, 有兩般. 一般是說死生罪福, 以欺罔愚民; 一般 是高談性命道德, 以眩惑士類. 死生罪福之說, 只是化得世上一種不讀書·不明理·無見識等人, 性命道德之說, 又較玄妙, 雖高明之士, 皆爲所誤. 須是自家理明義精, 胷中十分有定見, 方不爲之動.

(2) 사생 화복설[論死生禍福說]

보통사람들이 현혹되는 사생 화복설은 첫째는 죽어서 명부에 가면 갖은 고초를 받게 된다는 것이며, 둘째는 좋은 내생을 얻을 수 있다는 것이다. 이 때문에 많은 재물을 보시하는 것으로 공덕을 짓고 인과를 삼아, 혹 저승에서 힘을 얻어 갖은 형벌을 면했으면 하는 것이며, 또 내생에는 이 세상에 좋은 사람으로 태어나 자자손손 길이길이 부귀를 누리고, 빈천과 금수의 윤회를 면하려고 하는 데 그 목적이 있다. 불가에서는 이 말을 크게 제창하여 사람을 기만하는 까닭에, 어리석은 사람들은 모두가 그들의 말에 현혹된 것이다.

常人所惑死生罪福之說, 一則是恐死去陰司受諸苦楚, 一則是祈求爲來生之地. 故便能捨割, 做功德·做因果. 或庶幾其陰府得力, 免被許多刑憲; 或覬望其來生作箇好人出世, 子子孫孫, 長享富貴, 免爲貧賤禽獸之徒. 佛家唱此說以罔人, 故愚夫愚婦, 皆爲之惑.

(3) 윤회설의 허구[論輪廻之差]

윤회설 또한 단연코 그처럼 될 리는 만무하다. 이천伊川 선생은 "이미 돌아간 기운이 다시 신장되는 기운으로 변할 수 없다"라고 하니, 이 논지는 매우 타당한 말이다. 그것은 대기大氣가 유행하여 만물을 화생化生함에 있어 앞의 것은 지나가고 뒤의 것은 이어오며, 앞의 것은 소멸되고 뒤의 것이 새로이 생장하여 하나같이 이처럼 운행하며 끝이 없기 때문에, 단연코 이 기운이 다시 되돌아와서 후기後氣의 근본이 될 수 없고, 일양一陽의 회복은 이미 쇠퇴된 양陽이 다시 전환하여 온 것이 아니다. 성인이 괘상卦象을 취하여 비록 양이 되돌아온다고 말하였지만, 그 실상은 다만 바깥의 기운이 다하면 안에 있는 기운이 다시 발생한다는 말이다. 그러나 불교설에 의하면, 이미 떠나버린 기운이 다시 윤회하여 사람과 만물을 발생한다고 말한다. 이는 조화의 이치와 부합되지 않는 말이다. 만일 진정으로 윤회설이 있다면 천지 사이에 존재하는 인간과 만물에게는 모두 일정한 수효가 있다. 만일 숱한 기운들이 번복하여 다시 이와 같이 찾아온다면 천지의 큰 조화는 모두 하릴없을 것이다. 그러므로 천지의 생생불궁生生不窮의 이치를 분명히 알았을 때, 그들의 허점을 간파할 수 있다.

且如輪迴一說, 斷無此理. 伊川先生謂 不可以旣返之氣, 復爲方伸之氣. 此論甚

當. 蓋天地大氣流行, 化生萬物. 前者過, 後者續; 前者消, 後者長, 只管運行無有
窮已, 斷然不是此氣復同來, 爲後來之本一陽之復; 非是旣退之陽, 倒轉復來. 聖
人立卦取象, 雖謂陽復返, 其實只是外氣剝盡內, 氣復生. 佛氏謂已往之氣, 復輪同
來, 生人生物, 與造化之理, 不相合. 若果有輪同之說, 則是天地間人物, 皆有定數.
當只是許多氣, 翻來覆去. 如此則大造, 都無功了, 須是曉得天地生生之理, 方看得
他破.

(4) 순리에 따라 살면서 편안한 죽음으로[論生順死安]

인간이 천지 사이에 태어날 때 천지의 기운을 얻어 형체를 삼고 천지의
이치를 얻어 본성을 삼는다. 그 애초에 근원하여 삶의 뜻을 알면 그 종말을
추구하여 죽음을 알 수 있을 것이다. 옛 사람의 말에 "바른 도로써 죽음을
맞이한다" 하였고, "아침에 도를 깨치면 저녁에 죽어도 괜찮다"고 하였다.
그것은 단지 허다한 도리를 받고 태어났기 때문에 반드시 이를 알고 이를
다했을 때, 곧 스스로의 부끄러움이 없을 때 죽음에 이르러서도 음양오행
의 기운이 소멸되고 변화되는 자연의 운행을 따를 뿐이다. 이른바 죽음을
편히 맞이하고 삶에 순종하여, 천지와 더불어 변화를 함께한다는 것이다.
이것이 곧 천지의 조화와 함께 하는 것이다. 따라서 사람으로서 사사로운
욕심과 한 몸에 애착한 바 있어, 끊임없이 재물을 보시한다 할지라도 진정
천지의 대조화의 유행을 따르게 될 뿐이다.

人生天地間, 得天地之氣以爲體; 得天地之理以爲性. 原其始而知所以生, 則要其
終而知所以死. 古人謂得正而斃, 謂朝聞道夕死可矣. 只緣受得許多道理, 須知盡得,
便自無愧. 到死時, 亦只是這二五之氣, 聽其自消化而已. 所謂安死順生, 與天地同其
變化. 這箇 便是與造化爲徒, 人纔有私欲·有私愛, 割捨不斷, 便與大化相違.

(5) 인과설[論因果之說]

　인과설이란 모두 허튼소리이다. 기재되어 있는 서적을 보아도 같은 증험은 지극히 많이 찾을 수 있다. 그러나 사설邪說이 마음속 깊이 파고든 까닭에 사람들은 이와 같은 광사狂思 망상妄想에 사로잡히게 된 것이다. 사마광司馬光의 말에 의하면, "삼대三代 이전에는 어째서 사람이 죽어서 명부冥府에 이르러 염라대왕을 본 자가 없었는가"라고 하니, 이는 지극히 훌륭한 말이다. 인과설은 불교가 성행함으로써 사설邪說이 사람들의 마음속 깊이 파고들어 이와 같은 몽상을 하게 된 데에서 연유한 것이다.

　因果之說, 全是妄誕, 所載證驗極多. 大抵邪說 流入人心, 故人生出此等狂思妄想而已. 溫公謂 三代以前, 何嘗有人夢到陰府見十等王者耶? 此說極好. 只緣佛教盛行, 邪說入人已深, 故有此夢想.

(6) 천당 지옥설[論天堂地獄說]

　천지 사이의 만물 가운데 유독 바람과 우레는 현상은 있으나 형체는 없다. 그러나 엄연히 존재하는 실물實物에는 모두 형체와 골격[形骸]이 있다. 가옥의 예를 들면 재목과 기와 등을 사용하여 하나의 규모를 완성하는 것이다. 재목은 산림에서 취하고 기와 등은 가마에서 취한다. 이 모두가 실물이다. 예컨대 불교의 천당 지옥이 실제로 볼 수 있는 것이라면, 그 집은 어느 곳에서 목재를 취하여 집을 지을 수 있었으며, 어느 곳에서 기와를 취하여 집을 지을 수 있었을까? 더군다나 하늘이란 하나의 대기층이 쌓여 있는 것이어서 위로 최극점에 이르면, 도리어 지극히 세찬 폭풍이 부는 것처럼 급한 기류氣流가 선회하는 곳일 뿐이다. 이는 알 수 없는 일이다. 그렇다면 이른바 천당이란 어느 곳에 있는 것일까? 하늘의 허공 속에 달려 있는 것인가 보다. 그리고 아래로는 모두가 물이며 지극히 깊은 곳이다. 이른바 지옥이란 어디에 있는 것일까? 더구나 그들이 말한 대로 믿는다면 복이란 재물로써 얻을 수 있고, 죄를 재물로 면할 수 있다고 한다. 귀신이란 청정한 것인데, 어떻게 그처럼 탐욕스러울 수 있을까? 그 애당초의 본뜻을 규명해 보면, 이 또한 황당한 말로써 사람을 선으로 유도하고 악을 경계하기 위함이다. 그러나 들녘의 농부와 비천한 노예들이란, 그들의 몸에 죽음과 삶이 너무 절박하기 때문에 마음을 다해 그들의 말을 믿게 된다. 그러나 그들은 모두 어리석고 배우지 못한 자들이기에, 또한 이상스럽게 생각할 수 없다. 그러나 당 태종처럼 훌륭한 바탕을 타고난 사람으로서도 그 말에 현혹된 바 없지 않았다. 이는 참으로 괴이한 일이다.

天地間物, 惟風雷 有象而無形; 若是實物, 皆有形骸. 且如人間屋宇, 用木植甄瓦等, 架造成箇規模. 木植取之山林, 甄瓦取之窰竈, 皆是實物, 人所實見. 如佛氏天堂地獄, 是何處取木植? 是何處取甄瓦? 況天只是積氣, 到上至高處, 其轉至急, 如迅風然. 不知所謂天堂者, 該載在何處地? 乃懸空在天之中央? 下面都是水, 至極深處; 不知所謂地獄者, 又安頓在何處? 況其所說, 爲福 可以寘財禱而得, 爲罪可以寘財賂而免? 神物淸正, 何其貪婪如此? 原其初意, 亦只是杜撰以誘人之爲善, 而恐懼人之爲惡耳. 野夫賤隷, 以死生切其身, 故傾心信向之. 然此等 皆是下愚不學之人, 亦無足怪. 如唐太宗 是甚天資? 亦不能無惑, 可怪可怪.

(7) 학자들이 병폐를 받게 되는 근본에 대하여[論學者受病之本]

사대부들이 평소 독서를 할 때, 단지 고금의 사변을 대충 알고 이를 문장으로 엮어 나가는 데 주력하고 있다. 때문에 설령 실제 학문의 정밀한 부분을 공부하여도 전혀 이해하지 못한다. 그것은 애초에 이러한 공부가 없음으로써 마음속에 일정한 살핌이 없었기 때문이다. 따라서 불가에서 심心이니 성性이니 하는 말을 들으면, 곧 그들의 말에 깜짝 놀라 그들에게 굴복한 데에서 연유한 것이다. 예를 들면, 한유韓愈와 백낙천白樂天은 매우 고매한 자질을 가진 자들이지만, 그들 또한 평소 문자와 시주詩酒로 생활을 하였기에, 불가의 말을 듣고 이를 타파하지 못한 것이다. 이 때문에 한유는 일찍이 불교에 대해 "무부무군無父無君의 도라"고 배척하였지만, 오히려 그와 같은 병폐를 받아들일 수 있는 근본적인 소지가 평소 자신의 생활상에 있었음을 알지 못한 것이다.

士大夫 平日讀書, 只是要畧知古今事變, 把來做文章. 使其實聖賢學問精察做工夫處, 全不理會. 緣是無這一段工夫, 胷中無定見識. 但見他說心·說性, 便爲之竦動, 便招服. 如韓文公·白樂天, 資稟甚高; 但平日亦只是文字詩酒中做工夫. 所以看他亦不破. 文公闢其無父無君, 雖是根本, 然猶未知所以受病之本.

(8) 불가에서 말하는 성의 오류[論佛氏言性之差(凡二段)]

1) 불가에서 말하는 현묘玄妙란 고자告子가 말한 "살아가는 것을 본성이라 한다[生之謂性]"라는 말에 지나지 않는다. 고자告子가 말한 생生이라는 글자는 인간의 지각과 운동을 가리키는 것이다. 그 큰 뜻은, 눈으로 볼 수 있다는 것인데, 그렇다면 그것을 볼 수 있는 그것이란 무엇일까? 귀로는 들을 수 있다는 것인데, 그렇다면 그것을 들을 수 있는 그것은 바로 무엇일까? 이 같은 하나의 영활靈活한 지각이 항상 눈앞에서 작용한다. 바로 이것이 성性이며, 이를 깨치는 것을 오도悟道라 한다. 한편으로는 광대하고 현묘한 말을 하지만, 실제로 그들의 본령本領은 이와 같을 뿐이다.

이는 가장 지극히 정미精微한 부분인 제1절이 잘못된 곳이며, 무부무군無父無君이란 후절後截의 거친 인사상人事上의 발자취로서 지극히 뚜렷이 나타난 잘못된 부분이다. 그들은 모두 기氣를 성性으로 인식하였다. 예컨대 "개에게 불성佛性이 있다"라고 하여, 개를 불렀을 때 꼬리를 흔들면서 반갑게 앞으로 다가오는 것을 곧 성性이라 말하고 있다. 인간과 만물이 모두 하나라고 한다. 이른바 만겁불멸萬劫不滅 또한 이것이다. 도교에서 말하는 "죽어도 없어지지 않는다"라는 것 또한 이와 같을 뿐이다. 그들의 말은 "천백억화신千百億化身과 천수천안千手千眼"도 모두 이와 같이 잘못된 오류 속에 빠져 있다.

佛氏所謂玄妙者, 只是告子所謂生之謂性之說. 告子生之一字, 乃是指人之知覺運動處. 大意 謂目能視, 其所以能視處, 是誰? 耳能聽, 其所以能聽處, 是誰? 即這一箇靈活知覺底, 常在目前作用, 便謂之性. 悟此, 則爲悟道. 一面做廣大玄妙說將去, 其實本領, 只如此. 此最是至精至微, 第一節差錯處; 至於無父無君, 乃其後截人事之粗迹, 悖謬至顯處. 他全是認氣做性了, 如謂狗子有佛性, 只是呼狗, 便知搖尾向前, 這箇便是性; 人與物 都一般. 所以萬劫不滅, 亦只是這箇老氏謂死而不亡, 亦只是如此. 所說千百億化身·千手千眼, 皆是在這窠窟裏.

2) 예로부터 성현이 서로 전해오는 성性이란 하나의 이치로 말해 왔다. 능히 볼 수 있고 들을 수 있는 것은 기氣이며, 마땅히 보아야 할 것을 보고 마땅히 들어야 할 것을 듣는 것이 이치이다. 또 일례를 들면, 손으로 잡는 것은 기이다. 그러나 책을 잡아 읽는 것도 손이요, 개를 부를 때 손짓하는 것도 손이다. 이때 어떻게 전혀 분별이 없다고 말할 수 있겠는가. 모름지기 시비를 분별하여 옳은 것을 옳다고 하는 것이 "본연의 성性"이며, 그릇된 것을 옳다고 여기는 것은 "형기形氣의 사私"를 따른 것이다. 불가의 말이 유학자의 말들과 같은 것처럼 보이면서도 크게 다르다. 유교는 형기상形氣

上에서 이치를 분별하는 것이다. 이치란 지극히 정미精微하기에 이를 살피고 체득하기가 어렵다. 그들은 기氣를 성性이라고 가리키기에 이러한 것을 보고서 성性이라 말하게 된 것이다. 이 때문에 다시는 공부를 필요로 하지 않는다.

　自古聖賢相傳說性, 只是箇理. 能視能聽者, 氣也; 視其所當視·聽其所當聽者, 理也. 且如手之執捉, 氣也. 然把書讀 也是手; 呼盧 也是手, 豈可全無分別? 須是分別那是非. 是底, 便是本然之性; 非底, 便是狗於形氣之私. 佛氏之說, 與吾儒若同而實大異. 吾儒 就形氣上, 別出箇理; 理極精微, 極難體察. 他指氣做性, 只見這箇, 便是性; 所以便不用工夫了.

후기

　내 사신의 명을 받들어 이 나라[日本]에 들어온 뒤, 간간이 찾아와 학문을 묻는 사람들이 있었는데, 음양 변화와 성명性命에 관한 말들이었다. 그러나 그들은 하학下學으로서 별로 아는 게 없는 자들이었다. 돌아오는 길에 오사카大坂에 이르러 이 책을 보고서야 비로소 지난날 물어왔던 자들이 모두 이 책을 가지고 말한 것임을 알게 되었다. 나는 아직껏 읽어보지 못한 책이었기에 몹시 기뻐한 나머지 이를 베껴 쓰기에 이른 것이다. 우리나라에 지극히 많은 서적이 있으나 이 책이 전래되지 못한 것은 무엇 때문이었을까? 어쩌면 이런 책들이 전래되지 못한 것도 시운時運에 관계되는 것일까?

　정축년丁丑年 첫 봄에 동명東溟 김세렴金世濂은 일본의 적간관赤間關 관음사觀音寺에서 이를 쓰노라.

　後記
　自不佞奉使入是邦, 徃徃來問者, 大抵陰陽變化性命之說, 其於下學蔑如也. 還到大坂得見是書, 始知向者發難, 儘從是書拈出, 盖不佞所未見得, 讀而喜甚, 遂令謄寫. 吾東方載籍極博, 是書不少傳, 何歟? 豈其晦顯有時哉?
　丁丑孟春, 東溟金世濂 書于赤間關之觀音寺

발跋

　진북계陳北溪가 저술한 이 책의 이름은 본전本傳에도 나타나 있지 않으며, 또한 우리나라에 전해오지 않았는데, 얼마 전 김학사金學士 세렴世廉 도원道源이 일본에 사신으로 갔다가 오는 길에 처음 구입해 온 것이다. 그것은 중국에서 곧 바로 바다 건너 그 나라로 전입된 것이 아닌가 한다.

　당시 나는 자훈字訓(「初學字訓增輯」)을 편집하다가 이 말을 듣고 몹시 기쁜 마음에 재빨리 이를 빌려서 살펴보았다. 이는 정주程朱의 정미精微한 정론定論을 유별로 모으고 자의字義를 덧붙여 간략하게 설명함으로써 성학聖學을 체득하고 인식할 수 있는 큰 공안公案이므로, 소학小學에서 어린아이들이 익히는 글이라고 가벼이 여겨 말할 수 없는 책이다.

　오늘날 도원道源이 관북關北지방 관찰사로 부임하여, 머지않아 이를 인쇄 반포하기에 앞서 그를 위하여 교정을 보고, 이를 되돌려 주는 바이다.

　예로부터 성리의 명의名義는 앞서 이단의 위설僞說이 골몰汨沒되어 온 지 오래이며, 도가 쇠퇴하여 마침내 크게 어지럽게 되었는데, 자사子思 맹자孟子 이후로 정자程子 장자張子가 그를 이어서 일어남에 따라 도가 밝혀지게 되었고, 주자에 이르러서는 크게 갖춰지게 된 것이다.

　북계진씨北溪陳氏는 주자의 문하에 문학이 빼어난 제자이다. 초려오씨草廬吳氏 등이 으레 "훈고訓詁가 너무 지나치게 정밀하다"라고 배척한 것은, 이 책의 잘못이 또한 실행의 학문을 버리고서 많은 말을 하는 데에 있지 않았을까 생각한다. 그러나 우리나라의 인재들은 스스로 남다르게 뛰어나다고 생각하면서도 성리에 관한 글자의 역해譯解에 대하여서는 전혀 이해가 부족하여 이를 잘못 인식하게 된 것은 모두 이 때문이다. 다행히 도원道源이 이 사실을 밝혀준 덕택에 경학을 닦는 유생들이 모두 이를 가지고 이에 종사하게 되었은즉, 학문을 바로잡고 성인의 문으로 들어갈 수 있는데 도움이 되는 바 적다고 말할 수 있겠는가.

덕수德水 이식李植은 삼가 이를 쓰는 바이다.

跋

陳北溪此書名目, 不見於本傳, 亦不傳於我國. 比年金學士世濂道源, 奉使日本, 始購得之. 蓋自江浙海舶轉入彼國也. 時不佞方輯字訓, 其聞而喜甚, 亟借而觀焉, 則乃類聚洛閩精微定論, 附字義以約說, 爲聖學體認大公案, 不惟小學童習之書而己也. 今者道源出按關北將 梓刻? 布, 故仍爲之校定而歸之. 噫, 古來性理字義, 先爲異端僞說所汨, 而道術遂大亂. 自子思孟子以後, 程張諸子繼起而明之, 至文公大備而北溪其文學高弟也. 草廬吳氏輩例以訓詁精密 斥之, 則此書之非, 其亦? 學之强對乎? 我東人才言自異, 凡性理等字譯解, 全欠指的, 喚東作西, 認賊爲子者, 皆由是也. 幸賴道源之表章此書, 使經生學子, 擧以從事, 則其爲正學入門之助, 豈廬末也哉. 德水李植謹誌.

『자의상강字義詳講』 후서後序

　　내 일찍이 서당에서 한가히 지내면서 여러 서적을 열람하다가 우연찮게 북계진 선생의『자의상강』목록 2권을 마주하게 되었다. 이에 선생께서 바른 도에 깊이 마음을 가지고 있었기에 그의 정미하고도 심오 오묘한 논지는 염락濂洛 관민關閩의 학술과 같은 원류임을 발견할 수 있었다. 이어서 책을 펼쳐 자세히 읽어보면서 책에서 손을 떼지 못한 채 감탄해 마지않았다.

　　듣고 보는 것은 그 앎을 지극히 다하고자 함이다. 때문에 많이 듣고 많이 보아야 한다는 공자의 격언이 있어 왔고, 보고서 알고 들어서 알아야 한다는 맹자의 가르침 또한 이미 아는 터이다. 배우는 자는 바깥으로는 사물을 궁구하면 안으로 앎이 지극하게 된다.

　　그러므로 선생의『자의』는 인간의 본성에 근본하여 인간사에 간절한 것으로 말해져 왔다. 무릇 인간의 성性 명命 도道 덕德 정情 재才 지志 의意 인의예지仁義禮智의 유가 빠짐없이 두루 갖춰져 있고, 충신忠信 충서忠恕 성誠 경敬 공경恭敬 중화中和 중용中庸의 유가 모두 갖춰져 있으며, 태극太極 황극皇極 예악禮樂의 훈고와 경권經權 의리義利 불노佛老의 논변, 그리고 「도학체통」, 「사우연원」, 「용공절목」, 「위학차제」에 이르기까지 그 가운데 모두 갖춰져 있지 않은 바 없다.

　　항상 이 책을 펼쳐놓고 사류事類를 고찰하여 정밀하고 명백하며 간절하고 타당한 자의를 살펴보니, 자세히 말하면서도 요약된 것이 마치 손바닥을 가리키듯이 명백하므로, 이는 저울대가 있으매 경중을 속일 수 없고, 먹줄을 튀기매 곡직을 속일 수 없는 것과 같다 하겠다. 나는 동중서董仲舒의 '견문이 넓을수록 지혜가 더욱 밝다'는 말을 이 책으로 증명할 수 있었다.

나는 이 책을 몹시 애지중지한 나머지 많은 사람들이 이를 미처 보지 못하여, 이처럼 훌륭한 책을 함께 하지 못할까 염려가 되었다. 이에 장인을 명하여 중간을 함으로써 널리 배포하기에 이르렀다. 이에 이 책을 읽는 자가 심오한 몸과 마음, 본성과 정, 그리고 인륜과 일용생활상의 도리를 밝게 알아 가슴 속이 얼음 녹듯이 의심이 없어진다면 자의에 정밀하여 도에로 깊이 있게 나아갈 수 있고, 강론이 자상하여 문장에 능할 수 있을 것이다.

이로 보면 앞서 말한 바와 같이 듣고 보는 것을 확충하여 안팎이 하나가 되는 내외합일內外合一의 유학儒學에 또한 작은 도움이나마 없지 않을 것이다.

정덕正德 무진 중춘仲春 화조절花朝節 보름에 황명皇明 종실은 수번壽藩서당에서 삼가 서를 쓰는 바이다.

予嘗在書堂, 從容間暇, 歷覽群書. 偶得北溪陳先生字義詳講目錄二卷, 見先生潛心正道, 其精微奧妙論, 與濂洛關閩之學, 同一源流. 展卷誦讀, 未嘗不撫卷耳. 嘆之曰 聞見者, 所以致其知也. 多聞多見, 孔聖已有格言. 見知聞知, 孟氏亦有明訓. 學者 外之物格, 則內之知 至矣. 故以先生字義, 本於降衷民彜, 切於人事者言之. 凡人之性·命·道·德·情·才·志·意·仁義禮智之類, 無不備; 忠信·忠恕·誠·敬·恭敬·中和·中庸之屬, 無不該. 以至太極·皇極·禮樂之訓, 經權·義利·佛老之辯, 與夫道學體統·師友淵源·用功節目·爲學次第, 靡不具載於其中. 每披卷之間, 稽考事類. 觀其字義之精明切當; 詳說反約, 如指諸掌. 猶權衡設而不可欺以輕重, 繩

墨設而不可欺以曲直. 董予所謂聞見博而知益明者, 予於先生此卷, 有足證焉. 予
愛之重之, 慮夫人之見聞有未及者, 無以公其善也. 因命工 重鍰諸梓, 以廣傳于時,
俾獲閱此書者, 凡身心性情之蘊, 人倫日用之理, 渙然氷釋于胸中, 則精於字之義
者, 深於道; 得於講之詳者, 工於文. 庶幾充其聞見, 而儒者內外合一之學, 亦未必
無小補云. 時 正德, 歲次戊辰 仲春花朝節 望日.

附錄

엄릉강의 嚴陵講義

내[陳淳], 판부시승判府寺丞 정지제鄭之悌를 모시고 문학에 조예가 깊은 여러 선생님들과 함께 학교에 모여, 국중의 빼어난 학자들을 거느리고서 강론을 하게 되었다. 이때 그들은 내가 회암晦庵(朱熹) 선생의 문하에서 유학하였다 하여, 대의를 강명講明하여 후학을 가르쳐 주기를 청하였다. 보잘것없는 얕고 비루한 식견으로나마 강학을 사양할 수 없어서 이의 4편, 1. 도학체통道學體統, 2. 사우연원師友淵源, 3. 용공절목用功節目, 4. 독서차서讀書次序를 쓰게 된 것이다. 이 글이 훌륭한 관리들이 지방 인재를 양성하는 데 작은 도움이 되리라 믿기에, 여러 동지와 함께 이를 강론하여 갈고 닦고자 하는 바이다.

淳 恭承判府寺丞, 偕府判大著楊廣文先生, 領邦之輩賢衆俊, 會於學校. 謂淳從游晦菴先生之門, 俾講明大義, 以開發後進. 區區淺陋, 辭不獲命, 輒吐爲說四篇. 一曰道學體統, 二曰師友淵源, 三曰用功節目, 四曰讀書次序. 以爲賢侯作成人材之助, 願諸同志共切磋之.

1. 도학의 계통[道學體統]

성현이 말하는 도학이란 애당초 지극히 그윽하여 궁리하기 어려운 이치가 아니며, 매우 고상하여 행하기 어려운 일 또한 아니다. 이는 사람이 살아가는 일용생활의 떳떳한 일에서 벗어나지 않는다. 도란 심오한 천명에 근원하고 있지만, 실로 일용생활의 사이에 유행하고 있기 때문이다. 마음

으로 말하면 그 본체에는 인의예지仁義禮智의 성性이 있고, 그 작용에는
측은惻隱 수오羞惡 사양辭讓 시비是非의 정情이 있으며, 몸으로 말하면 그
갖추고 있는 형체에는 귀 눈 입 코 손 발의 운용이 있으며, 함께 하는
바로 말하면 군신 부자 부부 형제 벗이 있고, 인간사로 말하면 집에 거처할
때에는 수신제가修身齊家와 응사접물應事接物이 있고, 나아가서는 맡은 관직
에 임하여 나라를 다스리고 백성을 기르고 많은 사람을 제어하는 것이며,
작게는 기거起居 동정 언행 의복과, 크게는 예악禮樂 형정刑政 재부財賦 군사
軍師, 모든 일에 각기 당연하고 일정한 불변의 준칙이 있다. 이는 천리가
자연히 유행하고 나타난 것이지 인간에 의한 조작[强作]이 아니다. 한 근본
[一本]에서 만 가지로 각기 다르게 되니[萬殊], 체용體用이 한 근원이요, 만수
萬殊가 합하여 하나로 통일되어[一統] 현미顯微(現狀과 眞空)의 사이가 없다.
상제가 내려준 충衷이란 바로 이를 내려준 것이며, 백성이 지닌 떳떳함이
란 곧 이것을 지닌 것이다. 모든 사람이 다 함께 이를 얻어 허령불매虛靈不
昧한 마음이 있으니, 바로 명덕明德이며, 사람이 다 함께 이를 따라서 통하
지 않은 바 없으니 바로 달도達道라 말한다. 이는 요순으로부터 보통 사람
에 이르기까지 모두 똑같이 받은 것이며, 공자와 조그만 마을의 사람까지
모두가 같이 부여받은 것이다. 그러나 성인이 성인다울 수 있는 것은 태어
나면서부터 이를 알고 편히 이를 행하기 때문이며, 배우는 자가 배우려고
하는 것은 바로 이것을 강구하고 실천하기 위한 것이다. 따라서 우리 임금
은 이를 능할 수 없다고 여기는 것은 제 임금을 해치는 일이며, 우리 백성
은 이를 능할 수 없다고 여기는 것은 제 백성을 해치는 일이며, 스스로
제 자신이 이를 능할 수 없다고 여기는 것은 제 스스로를 해친 자이다.
이는 잡으려 하면 보존되고, 버리면 잃게 되는 것이다. 때문에 이를 따라
나아가면 길하고 거슬리면 흉하게 된다. 이는 명백하여서 쉽게 알 수 있고,
평탄하여 쉽게 행할 수 있다. 어찌 일상생활의 떳떳한 일의 밖에, 별도의

지극히 그윽하여 궁리하기 어렵고 매우 고상하여 행하기 어려운 일이 있을 수 있겠는가? 만일 이를 떠나서 다른 곳에서 찾는다면 이 모두가 대중大中 지정至正의 도가 아니기에, 성현은 이에 대해서 말하지 않았다.

聖賢所謂道學者, 初非有至幽難窮之理·甚高難行之事也; 亦不外乎人生日用之常耳. 蓋道原於天命之奧, 而實行乎日用之間. 在心而言, 則其體有仁義禮智之性, 其用有惻隱羞惡辭讓是非之情. 在身而言, 則其所具有耳目口鼻四肢之用, 其所與有父子君臣夫婦兄弟朋友之倫. 在人事而言, 則處而修身齊家·應事接物, 出而涖官理國·牧民禦衆, 微而起居言動·衣服飮食, 大而禮樂刑政·財賦軍師. 凡千條萬緖, 莫不各有當然一定不易之則, 皆天理自然流行著見, 而非人之所強爲者. 自一本而萬殊, 而體用一原也; 合萬殊而一本, 而顯微無間也. 上帝所降之衷, 卽降乎此也. 生民所秉之彝, 卽秉乎此也. 以人之所同得乎此而虛靈不昧, 則謂之明德; 以人之所共由乎此而無所不通, 則謂之達道. 堯舜與途人, 同一稟也; 孔子與十室, 均一賦也. 聖人之所以爲聖, 生知安行乎此也; 學者之所以爲學, 講求踐履乎此也. 謂其君不能, 賊其君者也; 謂其民不能, 賊其民者也; 自謂其身不能, 自賊者也. 操之則存, 舍之則亡; 迪之則吉, 背之則凶. 蓋皎然易知, 坦然易行也. 是豈有離乎日用常行之外, 別自爲一物 至幽而難窮·甚高而難行也哉? 如或外此而他求, 則皆非大中至正之道, 聖賢所不道也.

2. 사우의 연원[師友淵源]

복희씨가 『주역』을 지어 처음 혼돈세계를 열어 주었고[首開渾淪], 뒤이어 신농 황제가 하늘을 이어 법을 세워줌[繼天立極]으로부터 도통道統의 전수가 비롯되었고, 요 순 우 탕 문 무가 이를 서로 주고받음으로써, 천지의 사이에 삼강오상三綱五常의 주가 되었고, 고요 이윤 부열 주공 소공 또한 서로 더불어 도우면서 천하에 도를 베풀어 문명의 정치를 이룩하였다. 그러나 공자는 도를 행할 수 있는 지위를 얻지 못했기 때문에 여러 성인의 법을 모아 6경六經을 저작하여 만세의 스승이 되었으며, 안자 증자 자사 맹자는 실로 이를 전하여 상하 수천 년 동안 이런저런 말들이 없게 되었다. 그러나 맹자 이후로 도통의 전수를 잃음으로써 천하의 사람들은 저속한 학문으로 치닫게 되었다. 이로써 1천 4백여 년(맹자 이후 송대까지) 동안 깊은 어둠 속에서 모든 사람들은 취해서 살고 꿈속에 죽으면서도 스스로 이를 깨닫지 못하였다. 그러나 송조宋朝의 발흥에 이르러 명철한 성인이 서로 뒤이어 태어났고 태평의 오랜 세월로 천지의 진원眞元의 기운이 다시 이에 모이게 되어, 주렴계 명도 이천 선생이 탁월하게 선지자 또는 선각자 의 바탕을 받아 서로 뒤이어 태어나게 되었다. 주렴계 선생은 스승으로부 터 전수받지 않고, 홀로 하늘에서 이를 얻어 강령을 제시하고, 관건을 열어 주었는 바, 그의 오묘함이 모두 「태극도」에 있으며, 『통서』40장 또한 「태극도」가 미진한 바를 밝혀줌으로써, 위로는 복희씨의 『역』과 표리表裏 가 되고 아래로는 공맹이 전수하지 못한 실마리를 진작시켜 주었다. 그는 이른바 다시 혼돈세계를 열어준[再闢渾淪] 인물이라 하겠다. 명도와 이천 선생은 친히 그의 뜻을 전수받았고, 또한 뒤이어 이를 더욱 밝히고 확대시 켰다. 그러므로 천리의 은미함, 인륜의 현저함, 사물의 수많음, 귀신의 그 윽함, 또는 도에 나아가고 덕에 들어갈 수 있는 방법, 몸을 닦고 사람을 다스리는 법 등등이 조리 있게 질서정연하여 『역전易傳』과 『유서遺書』(二程 遺書)에 뚜렷이 나타나게 됨으로써, 세상의 수많은 영재와 지사들에게 이 를 탐구하고 힘써 행하여, 그들이 지향해야 할 귀결점을 잃지 않도록 주선 해 주었다. 이로써 하락河洛(二程)의 사이에 사문斯文(儒學)이 양양洋洋하여 수 사洙泗(孔孟)와 함께 이름이 알려지게 되었다. 주자 또한 그의 미언微言 유지 遺旨를 더욱 정밀하게 밝히고 명백히 천명하여, 위로는 여러 성인의 마음을 얻었고 아래로는 백가百家를 통합하여 하나로 귀결지었다. 이는 이른바 제유諸儒를 집대성하여, 주렴계와 정자의 적통嫡統을 계승한 것이며, 수사洙泗 염락濂洛의 연원이 순수한 자이다. 학자들이 성인을 배우고자 하지 않는다면 그만두려니와 만일 성인을 배우고자 하여 사우師友의 연원淵源을 고찰하고자 한다면 반드시 이로써 혼미한 길의 지침으로 삼아야 할 것이다. 그렇게 하면 정도로 나아가 잘못이 없을 것이다. 만에 하나 이를 버리고 다른 데에서 구한다면, 지극히 일정한 준칙이 없음으로써, 마침내 문을 찾아 들어갈 수조차 없다. 그 문으로 들어가지 않고서는 결코 참으로 성인 심전心傳의 정도를 얻었다고 말할 수 없을 것이다.

粤自羲皇作易, 首闡渾淪; 神農黃帝, 相與繼天立極, 而宗統之傳, 有自來矣. 堯舜禹湯文武, 更相授受, 中天地爲三綱五常之主. 皐陶伊傅周召, 又相與輔相, 施諸天下, 爲文明之治. 孔子不得行道之位, 乃集羣聖之法, 作六經爲萬世師; 而回參偰軻, 實傳之, 上下數千年, 無二說也. 軻之後, 失其傳. 天下騖於俗學, 蓋千四百餘年, 昏昏冥冥, 醉生夢死, 不自覺也. 及我宋之興, 明聖相承, 太平日久, 天地眞元之氣 復會. 於是濂溪先生, 與河南二程先生, 卓然以先知先覺之資, 相繼而出. 濂溪不由師傳, 獨得於天, 提綱啓鑰, 其妙具在太極一圖; 而通書四十章, 又以發圖之所未盡, 上與羲皇之易相表裏, 而下以振孔孟不傳之墜緖, 所謂再闡渾淪. 二程親授其旨, 又從而光大之, 故天理之微·人倫之著·事物之衆·鬼神之幽, 與凡造道入德之方·修己治人之術, 莫不秩然有條理, 備見於易傳遺書, 使斯世之英才志士, 得以探討服行, 而不失其所歸. 河洛之間, 斯文洋洋, 與洙泗並聞而知者. 有朱文公, 又卽其微言遺旨, 益精明而瑩白之. 上以達羣聖之心, 下以統百家而會於一. 蓋所謂集諸儒之大成, 而嗣周程之嫡統, 粹乎洙泗濂洛之淵源者也. 學者不欲學聖則已, 如學聖人而考論師友淵源, 必以是爲迷塗之指南, 庶乎有所取正而不差. 苟或舍是而他求, 則茫無定準, 終不得其門而入矣. 旣不由是門而入, 而曰吾能眞有得乎聖人心傳之正, 萬無是理也.

3. 공부의 절목[用工節目]

도는 드넓고 또 드넓다. 어디에서부터 착수해 나아가야 할까? 그러나 성문聖門에서 공부해야 할 절목의 큰 요체로는 치지致知와 역행力行에 지나지 않는다. 치지致知의 '치致'란 이를 미루어 그 지극함을 다한다는 뜻이다. 앎을 미루어 지극히 다한다致知라는 것은, 마음의 이치를 밝혀 의심이 되는 바 없도록 하는 것이며, 역행力行의 '역力'이란 힘껏 노력하여 감히 게으름이 없음을 말한다. 행하는 데 힘쓴다는 것은, 많은 선을 몸에 회복하여 구비되지 않은 바 없도록 하는 것이다. 앎이 지극하지 못하면 참답게 옳음과 그릇됨을 분별할 수 없는데, 행하는 데 그 어느 것을 주로 하여 따를 수 있겠는가. 이는 필연코 인욕을 천리로 잘못 인식한 것인 데에도 이 같은 잘못을 스스로 깨닫지 못하게 될 것이다. 그러나 행하는 데에 노력하지 않으면, 설령 의리를 정밀하게 알아서 신비한 경지에 이르러 심오한 지식이 있다 할지라도, 한낱 부질없는 말장난에 불과할 것이며, 성대한 덕과 지극한 선이 전혀 나에게 있을 수 없을 것이다. 이 때문에 『대학』의 "밝은 덕을 밝힌다"라는 명명덕明明德의 공부는 반드시 격물格物 치지致知를 우선으로 하고, 성의誠意 정심正心 수신修身을 뒤이어서 하며, 『중용』의 택선고집擇善固執의 조목, 또한 반드시 박학博學 심문審問 근사近思 명변明辨의 뒤에, 이를 독실하게 행하는 것[篤行]이다. 안연이 차서에 따라 차례차례 공부했던 것 또한 "나를 문장으로 널리 알게 해주었고, 나를 예절로써 요약해 주었다"라는 데에 있을 뿐이다. 이 밖에 또 다른 말이 있을 수 없다. 그러나 이 두 가지에는 명백한 선후의 구분이 있는 것은 아니다. 이는 길가는 사람에게 비유하면 눈으로 보고 발로 밟아 나아가는 것처럼 눈과 발이 상응하는 것과 같다. 이 또한 서로의 발전이 보완되고 서로가 밝혀지는 상호 연관성이 있기 때문에, 밝게 알면 행실은 더욱 지극하게 되고, 행하는 바에 힘쓰면 아는 바는 더욱 정밀하게 된다. 그러나 치지致知 역행力行의 터전은 반드시 경敬을 주로 한다. 경敬이란 일一을 주로 하여, 다른 곳으로 어지러이 감이 없음을 말한다. 마음을 경계하고 반성하여 항상 밝게 가지는 것[惺惺]이 바로 마음의 생도生道요, 움직임과 고요함이 한결같고 처음과 끝이 관철되는 성학聖學의 공부이다.

경敬을 주로 하면, 마음에 함양되는 바 있어 대본大本이 맑게 되고, 이를 따라서 앎을 지극히[致知] 하면 마음과 이치가 서로 어우러져 전도顚倒되거 나 혼명昏冥되는 근심이 없을 것이며, 이를 따라서 힘써 행하면[力行] 몸과 일이 서로 편안하여 다시는 거부감이 없을 것이다. 그러나 인간의 본성은 모두 선하므로 모든 사람이 다함께 도에 나갈 수 있다. 그러나 이에 힘쓰는 자가 적은 것은 두 가지의 병폐에서 연유한다. 첫째는 일상생활에 안주하 여 옛 습관에 익숙해져 새로운 뜻을 세워 스스로 분발하지 못하기 때문이 며, 둘째는 사사로운 주견主見에 치우쳐 탁 트인[豁然] 마음으로 진실한 견 해[實見]를 추구하지 못한 데 있을 뿐이다. 이 때문에 맹자는 "순임금은 천하의 법이 되었는데 나는 한낱 시골 사람을 면치 못했다"라는 것을 걱정 했던 것처럼 반드시 순임금과 같이 되려고 걱정해야 할 것이다. 그처럼 한 뒤에 뜻을 세울 수 있으며, 안연과 같이 "능한 것으로써 능하지 못한 일을 묻고, 많은 것으로써 작은 것을 묻고, 있으면서도 없는 것처럼 하며, 가득 차 있으면서도 비어 있는 것처럼" 한 뒤에야 마음을 비울 수 있다. 이처럼 뜻을 세워서 스스로 포기하지 아니하고, 또한 마음을 비워 스스로 옳다고 생각하지 않아야만 성문聖門 공부의 절목의 차서에 따라서 나아갈 수 있으며, 날로 새로워지는 도움이 있을 것이다. 이와 같이 하였을 때, 성인과 같이 높은 경지에 오르려는 나의 바람을 저버리지 않을 것이다. 이 점 또한 배우는 자가 깊이 스스로 경계해야 할 일이다.

道之浩浩, 何處下手? 聖門用功節目, 其大要不過曰致知與力行而已. 致者, 推

之而至其極之謂. 致其知者, 所以明萬理於一心而使之無所疑也. 力者, 勉焉而不
敢怠之謂. 力其行者, 所以復萬善於一己而使之無不備也. 知不致, 則眞是眞非,
無以辨, 其行 將何所適從? 必有錯認人欲作天理而不自覺者也. 行不力, 則雖精義
入神, 亦徒爲空言而盛德至善, 竟何有於我哉? 此大學明明德之功, 必以格物致知
爲先, 而誠意正心修身繼其後. 中庸擇善固執之目, 必自夫博學·審問·慎思·明辨
而篤行之; 而顏子稱夫子循循善誘人, 亦唯在於博我以文·約我以禮而已, 無他說
也. 然此二者, 亦非截然判先後爲二事, 猶之行者 目視足履, 動輒相應, 蓋亦交進
而互相發也. 故知之明則行愈達, 而行之力則知又益精矣. 其所以爲致知力行之地
者, 必以敬爲主. 敬者 主一無適之謂. 所以提撕警省此心, 使之惺惺, 乃心之生道;
而聖學之所以貫動靜·徹終始之功也. 能敬則中有涵養而大本清明, 由是而致知,
則心與理相涵而無顛實之患; 由是而力行, 則身與事 相安, 而亦不復有扞格之病
矣. 雖然人性均善, 均可以適道, 而鮮有能從事於斯者, 由其有二病. 一則病於安
常習故, 而不能奮然立志以求自拔; 一則病於偏執私主, 而不能豁然虛心, 以求實
見. 蓋必如孟子以舜爲法於天下, 而我猶未免爲鄉人者爲憂, 必期如舜而後已. 然
後爲能立志, 必如顏子以能問於不能·以多問於寡·有若無·實若虛, 然後爲能虛其心.
旣能立志而不肯自棄, 又能虛心而不敢自是. 然後聖門用功節目, 循序而日進, 日日
有惟新之益, 能升堂入室, 惟吾之所欲而無所阻矣, 此又學者所當深自警也.

4. 독서의 차서[讀書次序]

글이란 도를 싣고 있기에 책을 읽지 않을 수 없으며, 성인의 가르침이란
한 가지가 아니기에 여기에는 또한 선후와 완급의 순서가 있으니, 이를
엽등하여 나아갈 수 없다. 정자程子는 "『대학』이란 공자의 유서遺書이며,
덕으로 들어갈 수 있는 초학자初學者의 문호이다. 옛 사람이 학문했던 차서

는 오직 이 책에 힘입어 『논어』 『맹자』를 그 다음에 배웠음을 여기에서 찾아볼 수 있다. 배우는 자들이 반드시 이로 따라 배워 나간다면 어긋나는 바 없을 것이다"라고 하였다.

『대학』이란 대인의 옛 학문법을 말하고 있는데, 큰 요지는 오직 명명덕明明德 신민新民 지지선止至善에 있을 뿐이며, 이 세 가지 가운데에서 또다시 격물格物 치지致知 성의誠意 정심正心 수신修身으로부터 제가齊家 치국治國 평천하平天下 여덟 조목으로 나누어진다. 이처럼 규모가 광대하므로 본말을 빠뜨림이 없고, 절목이 자상하고 명백하여 시종의 차서가 어지럽지 않다. 이는 실제로 여러 경문의 강령이 되는 것이며, 배우는 자들이 가장 먼저 강명해야 할 책이다. 그 다음으로는 『논어』 20편이다. 이 모두가 성사聖師 (孔子)의 일상 언행의 요지가 바로 여기에 모두 실려 있으므로, 이를 배우면 조존操存 함양涵養의 실상을 알 수 있다. 또 그 다음으로는 『맹자』 7편이다. 이는 모두 왕도王道와 인의仁義에 대한 자세한 말들이다. 이를 배워 나아가면 체험體驗 충광充廣의 실마리를 얻을 수 있다. 『중용』은 성문聖門의 전수傳授 심법心法이다. 이에 대하여 정자程子는 "그 의미가 무궁하니, 이를 읽는 자가 잘 음미하여 얻은 바 있으면 종신토록 이를 써도 다 쓰지 못할 것이다"라고 하였다. 그러나 『중용』에는 상달上達(天理)의 뜻이 많고 하학下學(人事)의 뜻이 적기 때문에 처음 이를 배우는 사람들이 쉽게 말할 수 있는 책은 아니다. 때문에 반드시 『대학』 『논어』 『맹자』를 통달한 뒤에는 이에 대한 의심이 없게 될 것이다. 『대학』을 먼저 배우지 않으면 강령을 들추어 『논어』 『맹자』의 정밀한 뜻을 알지 못할 것이며, 『논어』 『맹자』를 참고하지 않으면 심오한 바를 밝혀 『중용』의 요지[歸趣]를 알 수 없을 것이다. 만일 『중용』의 극치를 이해하지 못하면 어떻게 천하의 대본大本을 세울 수 있으며, 천하의 대경大經을 다스릴 수 있겠는가.

이는 도를 추구하는 자가, 서둘러 사서를 읽지 않을 수 없으나 사서를 읽는 법을 지나치게 천착하여 강구한다거나, 사방으로 지리멸렬 탐색한다 거나, 왜곡된 인용이 없이 오로지 허심탄회하게 사서의 의미를 음미하여 몸에 간절히 그 실용實用을 살펴보는 데 있을 뿐이다. 이 사서를 능숙히 익혀 빠뜨림 없이 관통하여 의리를 밝게 알고 흉금胸襟이 말쑥하게 되면, 나의 마음속에 있는 권형權衡과 척도尺度가 마련될 것이다. 이를 본 뒤에 다른 경전을 보고, 또 나아가 이 세상의 많은 책을 읽으면서 천하의 일을 논한다면, 모든 사물을 대함에 얼음 녹듯이 의심이 풀리고, 경중 장단이 분명하고 일정하여 한 치 한 푼이라도 착오가 없을 것이다. 아! 이의 경지에 이른 뒤에야 비로소 내성외왕內聖外王의 도를 더불어 말할 수 있으며, 개물 성무開物成務의 공용功用을 다할 수 있을 것이다.

書 所以載道, 固不可以不讀; 而聖賢所以垂訓者 不一; 又自有先後緩急之序而 不容以躐進. 程子曰 大學, 孔氏之遺書; 而初學入德之門也. 於今可見古人爲學次 第者, 獨賴此篇之存, 而論孟次之. 學者必由是而學焉, 則庶乎其不差矣. 蓋大學 者, 古之大人所以爲學之法也. 其大要, 惟曰明明德·曰新民·曰止於至善, 三者而 已. 於三者之中, 又分而爲格物致知誠意正心修身, 以至於齊家治國平天下者, 凡 八條. 大抵規模廣大而本末不遺, 節目詳明而始終不紊, 實羣經之綱領, 而學者所 當最先講明者也. 其次則論語二十篇, 皆聖師言行之要; 所存於是而學焉, 則有以 識操存涵養之實. 又其次則孟子七篇, 皆諄諄乎王道仁義之談; 於是而學焉, 則有 以爲體驗充廣之端. 至於中庸一書, 則聖門傳授心法; 程子以爲其味無窮, 善讀者 味此而有得焉, 則終身用之, 有不能盡者矣. 然其爲言, 大槩上達之意 多, 而下學 之意 少, 非初學者所可驟語. 又必大學論孟之旣通, 然後可以及乎此, 而始有以的 知其皆爲實學無所疑也. 蓋不先諸大學, 則無以提絜綱領而盡論孟之精微; 不參諸 論孟, 則無以發揮蘊奧而極中庸之歸趣. 若不會其極於中庸, 則又何以建立天下之 大本而經綸天下之大經哉? 是則欲求道者, 誠不可不急於讀四書; 而讀四書之法, 毋過求·毋巧鑿·毋旁搜·毋曲引, 亦惟平心以玩其旨歸, 而切己以察其實用而已爾.

果能於是四者, 融會貫通, 而理義昭明, 胸襟洒落, 則在我有權衡尺度, 由是而進諸
經, 與凡讀天下之書, 論天下之事, 皆莫不氷融凍釋, 而輕重長短, 截然一定, 自不
復有錙銖分寸之或紊矣. 嗚呼! 至是而後, 可與言內聖外王之道, 而致開物成務之
功用也歟!

嚴陵講義 終

이변二辨

1. 사이비 도에 대한 논변[似道之辨]

혹자가 말하였다. "오늘날 세상에 있어서 노老 불佛의 도와 성현의 도는 어떠한 차이점을 가지고 있을까?" 그것은 도와 근사하게 보이지만 실제로는 도가 아니다. 무엇 때문일까? 노씨老氏의 도는 '무無'를 종지로 삼으며, 그의 요지는 모든 일을 청정한 데로 귀결지어 학자로 하여금 '참'을 닦고 '기氣'를 단련하여[修眞鍊氣] 어린아이[嬰兒]에로 회복하는 데에 있다. 이처럼 인간의 떳떳한 이치에 반대가 되기 때문이다. 그들은 어쩌다가 세간의 사물을 초탈하여 방외方外에 놀면서 그와 같은 학문을 익히는 자가 있기도 하다. 그러나 그들의 학설은 그다지 융성하지 못하였기에, 이에 대해 논할 여지는 없지만, 불씨佛氏의 가르침은 온 천하에 만연하여 모든 사람들의 뼛속 깊이 사무쳐, 위로는 왕王 공公 대인大人으로부터 아래로는 농부와 비천한 노비, 그리고 규방 깊숙이 생활하는 아녀자까지 모두가 마음을 기울여 신봉하지 않은 자가 없다.

그들의 학설은 대체로 두 가지로 나누어 볼 수 있다. 그 하나는 아래로는 사생死生 화복설禍福說을 논하여 어리석은 사람들을 속이는 것이다. 그러나 밝은 식견을 가지지 못하면 이를 분별하지 못하며, 또 다른 하나는 위로는 성명性命 도덕설道德說을 논하여 고매한 식견을 지닌 자를 현혹하는 것이다.

이 또한 보통 사람의 마음으로는 쉽게 분별할 수 없다. 죽음과 삶이란 두 이치가 존재하는 것이 아니다. 이理 기氣가 "취합聚合하여 만물의 비롯이 되는 바에 근원하여 삶이 무엇인가를 안다면, 이의 '분산分散'으로 만물의 종말이 되는 바를 돌이켜 봄으로써 죽음이 무엇인가를 알 수 있을 것이다. 그것은 '무극無極'의 이치[眞]와 음양오행의 정기가 오묘하게 합하여 응축됨으로써 건도乾道는 남자를, 곤도坤道는 여자를 형성하고, 이 두 기운이 서로 교감함으로써 만물이 화생化生하게 되는 것이다." 이것이 곧 천지가 사람과 만물을 낳아 주는 비롯이다. 인간은 지극히 정밀한 기운을 받아 태어났다가 이 기운이 다하면 죽음에 이르게 된다. 이처럼 지극히 참다운 이치를 부여받아 태어났으니 죽음에 임해서도 평안할 것이며, 죽으면서도 부끄러움이 없을 것이다. 시종始終과 생사生死란 이와 같을 뿐이다. 나의 몸이 태어나기 이전에는 한낱 이기理氣로서 천지의 공공적 물物이기에, 내 그와 관계되는 바 없지만, 이미 응취凝聚되어 태어난 이후에는 자아自我가 주가 되어 만화萬化의 묘妙가 있고, 기氣가 다하여 죽음에 미쳐서는 이理 또한 이를 따라서 하나같이 천지의 대조화 속으로 돌아가 함께 하는 것이지, 유독 나만이 이를 점유하여 아득한 이 천지의 사이에서 영원불멸의 장생을 누릴 수 없다. 그럼에도 불구하고 오늘날 불자佛者들은 "태어나기 이전부터 자아가 이미 갖춰져 있었고, 이미 죽은 뒤에도 자아는 일찍이 없어지지 않고, 천만억겁에 끝없는 윤회로써 생生을 거듭한다"라고 말한다. 이는 형체가 없어짐으로써 다시 근원으로 회귀하고, 이미 굽혀 회귀回歸된 기운이 다시 신장 회생回生하는 이치가 된다는 것이다. 그러나 천지조화의 소식消息 벽합闢闔의 실상에 부합되지 않는 말이다.

또한 천당 지옥에 대한 명백한 증거는 너무나 뚜렷하다. 그것은 천지의 사이에 하나의 허虛도 실實도 아닌 터전 위에 천당과 지옥이 탑재되어 있는 것이며, 하나의 허도 실도 아닌 벽돌과 재목 따위로 그 집을 엮어 만든 것이다. 이는 만물의 유무 허실의 실상과도 부합되지 않는 말이다. 더구나 기도를 통해서 복을 얻을 수 있고, 재물로써 죄를 용서받을 수 있다고 본다면, 그윽하고 음살스런 명부전冥府殿의 염라대왕은 너무나 큰 사심을 가진 자이기에, 선한 자에게 복을 내리고 음탕한 자에게 벌을 내리는[福善禍淫], 신명神明의 공명정대한 도라고 말할 수 없다.

이를 살펴보면 사생 화복설의 시비는 참으로 분명한 것이다. 그러므로 어리석은 자는 굳이 현혹되지 않을 것이며, 밝은 슬기를 가진 자 또한 스스로 결정할 수 있을 것이다. 천지가 창조되기 이전에 앞서 자연의 이치가 있었을 뿐이다. 이 이치가 있으면 기운이 있기 마련이다. 움직일 수 있는 이치가 있으면 움직이면서 양陽이 생기고, 고요한 이치가 있으면 고요하여 음陰이 생기게 된다. 음양 동정陰陽 動靜이 유행하여 만물을 화육化育하는 과정에서 자연의 이치가 만물에 부여되는 것을 명命이라 하고, 사람이 하늘에서 부여한 이치를 얻어 태어나면서 마음에 갖추고 있는 것을 성性이라 한다. 이렇듯 이理란 기氣를 떠날 수 없으며, 이와 기가 합하여져 신령한 마음이 되는 것이다.

혈기를 갖추고 생명력이 있는 것은 모두가 같지만, 사람은 통하고 만물은 막혀 있다. 통하면 이치와 기운이 융화될 수 있으나, 막혀 있으면 이치는 사물에 의하여 간격이 생기게 된다.

이에 사람으로 말한다면 마음의 허령지각虛靈知覺은 매한가지이다. 그러나 허령지각이 형기形氣로 인하여 발생되는 것은, 형기가 주가 되므로 이를 인심心이라 하고, 의리에서 발생되는 것은 의리가 주가 되므로 이를 도심道心이라 한다. 더 자세히 말하면, 눈으로 보고 귀로 듣고 입으로 말하고 손발로 움직이고, 그리고 배고프면 음식을, 목마르면 물을, 추우면 겹옷을, 더우면 홑옷을 생각하는 등등의 마음이 발생하는 것은 모두 형기形氣의 사私에 근본하고 있다. 이를 인심이라 한다. 예가 아니면 보지 말고 보려거

든 반드시 밝음을 생각하고, 예가 아니면 듣지 말고 들으려거든 반드시
귀 밝음을 생각하고, 예가 아니면 말하지 말고 말하려거든 충성을 생각하
고, 예가 아니면 움직이지 말고 움직이려거든 의리를 생각하고, 음식은
반드시 예절에 따라 먹으면서 흘리거나 떨어뜨림이 없어야 하며, 술을
마실 때는 반드시 절제가 있어 광란에 이르지 않아야 하며, 추워도 옷을
껴입지 않고 더위에 옷을 걷지 않는 등등의 유는 그 발생하는 바가 모두
의리理義의 정도에 근원하고 있으므로 이를 도심이라 말한다. 이 두 가지는
마음 사이에 맥락이 찬연燦然하여 어지럽지 않다.

　그러나 인심이란 쉽게 위태로워져 불안하고, 도심이란 지극히 은미하여
찾아보기 어렵다. 요 순 우가 서로 전수한 것 또한 이 둘人心·道心 사이에서
정밀하게 선택하여 한결같이 도심의 근본을 지키는 것이다.

　고자告子가 생生을 성性이라 말한 것은, 이미 기氣를 이理라 생각하여 이
를 분별하지 못한 데에서 생겨난 것이다. 오늘날 불자佛者들은 "작용시성作
用是性"이라 하여 준동蠢動하는 미물 곤충과 영靈을 가진 일체 생명체에 모
두 불성佛性이 있다 하고, 물을 긷고 섶을 나르는 것까지도 묘용妙用이라고
하여 오로지 이처럼 인심의 허령지각虛靈知覺을 농락하므로, 이를 밝게 아
는 것을 명심明心이라 하여 다시는 이것이 형기形氣의 마음임을 알지 못하
며, 이를 보는 것을 견성見性이라 하여 다시는 성性이 이치임을 알지 못하며,
이를 깨달은 것을 오도悟道라 하여 다시는 도심의 오묘함을 분별하지 못하
고 있다. 이로써 고생을 달게 여기고 담백한 음식으로 모든 생각을 끊고서
엄격히 막아 억제하고 강력한 견지堅持와 제압을 통하여 공부를 하다가
간혹 마음에 가을의 밝은 달처럼, 맑은 연못처럼 청명고결한 경지를 얻으
면, 마침내 서로가 칭찬하면서 지극한 경지에 나아갔다고 말들 한다.

　이로써 유학儒學에 종사하는 사람들까지도 이를 보고서, 세간의 혼탁混濁
과 출세간의 칭징의 차이가 있음을 스스로 인정하여, 도리어 그들을 흠모

한 나머지, 지난날 배웠던 옛 학문을 모두 버리고 그들을 따르기 때문에, 성문聖門에서 전수한 심법心法에는 극기克己로써 인仁을 일삼아 행하면 맑고 청정한 경지가 있다는 사실과 "강한江漢의 맑은 물, 가을 햇빛의 찬란함"과 같이 더할 수 없는 기상과 "광풍제월光風霽月"*과 같은 흉금胸襟이 있다는 것조차 아예 생각하지 않는다. 그와 같은 성문聖門의 기상은 모두 가슴이 찬란하게 빛나고 결백할 때, 마음의 전체가 순수하여 천리의 공정함으로써 일호의 사욕마저 없는 쇄락灑落의 경지이다. 그러나 저들이 말한 "밝은 달, 맑은 연못"과 같은 기상이란 특별히 만리萬理가 모두 공허하여 생각이 일어나지 않은 것을 하는 데 불과하다. 이것은 서로 근사한 것처럼 보이지만 실제로는 다르다.

마음의 본에 갖추어져 있는 것은 오로지 뭇 이치[衆理](萬理)이다. 그러나 그들은 이를 장애로 여겨 모두 배척하고자 했기 때문에, 그들이 가지고 있는 것은 한낱 형기形氣의 지각일 뿐이다. 이는 가장 지극히 정밀하고 지극히 은미한 제1부분에서 잘못을 범한 곳이기도 하다. 그리고 군신 부자 등의 인륜이 없다는 것은, 바로 후절後截에 있어 인사상人事上의 자취에서 잘못을 범한, 뚜렷한 부분이다.

그들이 말하는 이치의 발단이란 실제로 큰 근원이 이미 끊겨버린 상태이다. 왜냐하면 마음이란 본디 활물活物인데, 어떻게 생각을 끊어서 일어나지 않도록 할 수 있겠는가? 이른바 생각에는 오직 정正·부정不正이 있을 뿐이다. 반드시 이를 끊고 일어나지 않도록 한다면 그것은 죽은 뒤에야 가능한 일이다. 그들의 말대로 설령 이와 같은 경지에 이르렀다 할지라도 과연 그들에게 사악한 마음이 없었을까? 공명정대한 도리에 부합되지 않는 것이 바로 사악함이요, 또한 활연대공豁然大公의 본체라고 말할 수 없다.

---

* 이는 黃庭堅이 주렴계 선생을 평한 말인데, 『近思錄』 14권에서 이를 인용하였고, 『통서』에서도 이를 인용하였다.

정지程子는 "불가에는 하나의 깨침의 도리가 있다. 그것은 경이직내敬以直內는 있다고 말할 수 있지만, 의이방외義以方外는 없다. 그러나 경이직내마저도 그들에게 말할 수 있는 것이 못 된다"라고 하였다.

이 말을 살펴보면 성명性命·도덕설道德說의 참다운 시비[眞是眞非]가 묘연하므로 고명한 자는 현혹당하지 않을 뿐더러, 보통 사람도 쉽게 분별할 수 있으리라고 본다. 그러나 근세의 유학자들은 형기形氣의 영靈을 도심道心이라 하여, '도문학道問學' 1절節의 공부를 모두 버리고, 우뚝 스스로 일가一家를 형성하여 오로지 사람들에게 종일토록 묵묵히 앉아 그것[形氣의 靈]을 추구하게 하며, 조금라도 의견이 생기면 이를 증인證印하고 크게 깨쳤다[大悟] 하여, 여러 성인들이 천고에 전하지 못한 것을 참으로 얻었노라고 의기양양한 까닭에, 그들은 다시 잘못인 줄조차 모르고 있다. 이로써 성문聖門의 고명광대한 경지를 찾아볼 수 없게 되었고, 정미엄밀精微嚴密 등의 공부에 힘쓰지 않으니, 참으로 슬픈 일이라 하겠다. 아! 학문에 뜻이 있는 자는 바로 이런 점을 경계하고 삼가야 할 것이다.

或曰今世所謂老佛之道, 與聖賢之道, 何如? 曰似道而非道也. 蓋老氏之道, 以無爲宗, 其要歸事淸淨, 今學者修眞煉氣, 以復嬰兒, 誠爲反人理之常. 世固有脫事物·遊方外, 以事其學者, 然其說未甚熾, 固不待論, 若佛氏之敎, 則充盈乎中華, 入人骨髓, 自王公大人, 至野夫賤隷·深閨婦女, 無不傾心信向之, 而其所以爲說者 大槪有二. 一則下談死生罪福之說, 以誑愚衆, 然非明識者, 莫能決. 一則上談性命道德之說 以惑高明, 亦非常情所易辨也. 夫死生無二理, 能原其始而知所以生, 則反其終而知所以死矣. 蓋無極之眞·二五之精, 妙合而凝, 乾道成男, 坤道成女, 二氣交感, 化生萬物. 此天地所以生人物之始也. 人得是至精之氣而生, 氣盡則死, 得是至眞之理所賦, 其存也順吾事, 則其沒也安, 死而無愧, 始終生死 如此而已. 自未生之前, 是理氣爲天地間公共之物, 非我所得與, 旣凝而生之後, 始爲我所主而有萬化之妙, 及氣盡而死, 則理亦隨之. 一付之大化, 又非我所能專有而常存不滅於冥漠之間也. 今佛者曰未生之前, 所謂我者固已具, 旣死之後, 所謂我者未嘗亡, 所以輪回生生於千萬億劫, 而無有窮已, 則是形潰而反於原, 旣屈之氣有復爲方伸之理, 與造化消息闔闢之情, 殊不相合. 且謂天堂地獄, 明證昭昭, 則是天地間, 別有一種不虛不實之田地, 可以載其境, 別有一種不實之磚瓦材木, 可以結其居, 與萬物有無虛實之性, 又不相符. 況其爲福可以禱而得, 爲罪可以賂而免, 則是所以主宰乎幽陰者, 尤爲私意之甚, 抑非福善禍淫, 大公至正, 神明之道也. 觀乎此, 則死生罪福之說, 眞是眞非瞭然, 愚者可以不必惑, 而明智者亦可以自決矣. 夫未有天地之先, 只自然之理而已, 有是理則有是氣. 有動之理, 則動而生陽, 有靜之理, 則靜而生陰. 陰陽動靜, 流行化育, 其自然之理, 從而賦予於物者 爲命, 人得是所賦之理以生而具於心者 爲性. 理不外乎氣, 理與氣合而爲心之靈. 凡有血氣 均也, 而人通物塞, 通則理與氣融, 塞則理爲物隔. 今就人者言之, 心之虛靈知覺一而已, 其所以爲虛靈知覺, 由形氣而發者, 以形氣爲主而謂之人心. 由理義而發者, 以理義爲主而謂之道心. 若目能視·耳能聽·口能言·四肢能動·飢思食·渴思飲·冬思裘·夏思葛等類, 其所發 皆本於形氣之私而人心之謂也. 非禮勿視而視必思明, 非禮勿聽而聽必思聰, 非禮勿言而言必思忠, 非禮勿動而動必思義, 食必以禮而無流歠, 飲必有節而不及亂, 寒不敢襲, 暑毋褰裳等類, 其所發, 皆原於理義之正而道心之謂也. 二者 固有脈絡, 粲然於方寸之間而不相亂. 然人心易危, 殆而不安, 道心至隱, 微而難見. 以堯舜禹相傳, 猶致其精於二者之間, 而一守夫道心之本. 自告子以生言性, 則已指氣爲理而不復有別矣. 今佛者以作用是性, 以蠢動含靈, 皆有佛性, 運水搬柴, 無非妙用, 專指人心之虛靈知覺者而作弄之, 明此爲明心而不復知其爲形氣之心, 見此爲見性而不復知性之爲理, 悟此爲悟道而不復別出道心之妙, 乃至甘苦食淡, 停思絕想, 嚴防痛抑, 堅持力制, 或有用功, 至於心如秋月碧潭清潔者, 遂交贊以爲造到業. 儒者見之, 自顧有穢淨之殊, 反爲之歆慕, 舍己學以從之, 而不思聖門傳授心法, 固自有克己爲仁瑩淨之境. 與所謂江漢之濯·秋陽之暴, 及如光風霽月者, 皆其胸中輝光潔白之時, 乃此心純是天理之公, 而絕無一毫人欲

之私之謂. 若彼之所謂月潭淸潔云者, 特不過萬理俱空, 而百念不生爾. 是固相似
而實不同也. 心之體所具者, 惟萬理. 彼以理爲障礙而悉欲空之, 則所存者 特形氣
之知覺爾, 此最是至精至微, 第一節差錯處, 至於無君臣父子等大倫, 乃其後截人
事粗迹之悖繆至顯處, 其爲理之發端, 實自大原中已絶之. 心本是活物, 如何使之
絶念不生? 所謂念者, 惟有正不正耳. 必欲絶之不生, 須死而後能. 假如至此之境,
果無邪心? 但其不合正理, 是乃所以爲邪, 而非豁然大公之體也. 程子以爲佛家有
介覺之理, 可以敬以直內矣, 而無義以方外. 然所直內者, 亦非是正謂此也. 觀乎
此, 則性命道德之說, 眞是眞非瞭然, 高明者可以不必惑, 而常情亦可以能辨矣. 而
近世儒者, 乃有竊其形氣之靈者, 以爲道心. 屛去道問學一節工夫, 屹然自立一家,
專使人終日黙坐以求之, 稍有意見, 則證印以爲大悟, 謂眞有得乎羣聖千古不傳之
秘, 義氣洋洋, 不復自覺其爲非. 故凡聖門高明廣大底境界, 更不復睹, 而精微嚴密
等工夫, 更不復從事, 良亦可哀也哉, 嗚呼有志于學者, 其戒之謹之!

2. 사이비 학문에 대한 논변[似學之辨]

혹자가 말하였다. "오늘날 과거장의 학문과 성현의 학문은 어떠한 차이
점을 가지고 있을까?"

그것은 학문처럼 보이지만 실제로 학문이 아니다. 똑같은 경전을 보고
똑같은 제자서諸子書와 역사서를 읽지만, 과거공부를 익히는 자들은 이런
책들을 읽으면서 한갓 거죽만을 섭렵하여 시문時文(科文)을 엮는 데 이용하
려는 생각으로 학문을 하기에, 일찍이 그 가운데에 담겨 있는 심오한 뜻을
추구하지 않고, 단지 방불한 겉모습만을 추구하여 대충대충 이해하고 이를
문장으로 표현하는 데 그침으로써, 시시비비의 참다운 견해와 지식을 추구
하는 바 없다.

이와 같은 생각으로써 이리저리 많은 서책들을 더듬으면서 이를 외고 기억하여 변려駢儷(四六體) 문장을 구사하여 근거 없는 학문만을 익힐 뿐, 일찍이 의리의 실상에 관해서는 한마디도 언급하지 않는다. 이런 작태는 어려서부터 머리가 하얗도록 하나같이 허명虛名만을 꾀하기에, 마음과 몸에 간절한 학문은 단 한번도 생각하지 않는다. 그것은 과거를 통한 벼슬길이 아름다운 줄만 알고, 성문聖門의 집이 고명광대하여 즐거움이 있다는 사실을 전혀 알지 못하기 때문이며, 아름다운 문장을 꾸미는 기량을 얻으려 할 뿐, 대업大業에 마음이 잠기면 무궁한 즐거움이 있는 줄을 미처 알지 못하기 때문이다.

천명天命 민이民彝와 대경大經 대법大法과 인생의 일용 생활에 당연한 도리, 빠뜨릴 수 없는 것들을 모두 도외시한 채 조금도 마음과 눈에 접촉하려 들지 않으며, 어쩌다가 혹 이를 말하면 입을 헤벌쩍 벌리고 말 한마디도 못한다. 몸을 닦고 사람을 다스리고 집안을 가다듬고 나라를 다스리는 도에 대해서는 일찍이 그 경개梗槪마저 강명하지 않다가, 어느 날 아침 대과大科에 급제하여 요직에 올라 천하 국가를 다스리는 요직에 서게 될 경우, 그의 마음속은 휑하니 비어 있어, 지난날 배웠던 것 가운데 한 글자도 베풀 수 없다. 이로 보면 그의 학문은 한낱 한 개인의 사사로운 뜻을 펴는 데 불과했을 뿐이다. 이와 같은 자에게 설령 만 권 서적이 가슴속에 가득하고, 비단결 같은 문장력이 마음과 입에 넘쳐 해박한 학문을 가졌다고 말할지 모르겠지만, 어떻게 그런 유를 학문이라고 말할 수 있겠는가. 큰 관을 높이 쓰고 큰 허리띠를 단단히 묶고서 단정하고 온화하게 있는 사람을 저명한 유학자라고 말하지만, 어떻게 그를 유학자라 말할 수 있겠는가. 설령 가슴속에 구양수歐陽脩·소식蘇軾과 같은 문장, 한퇴지韓退之·유자후柳子厚와 같이 재기才氣가 넘친다 할지라도 그와 같은 사람은 일찍이 독서하지 않은 자라고 말해야 할 것이다.

　이로써 과거의 공부와 성현의 학문을 비교해 보면 이는 예착枘鑿이 상반되는 것처럼 서로 통할 수 없다. 과거의 공부는 성현의 뜻에 해가 되지만, 성현의 학문은 과거의 공부에 방해되지 않는다. 그것은 의리에 밝으면 문장과 의논에 더욱 깊은 정신과 빛나는 광채를 가지게 되며, 몸소 실행하고 마음에 얻은 바 평소부터 축적되어 있으면 바깥으로 나타나기 마련이다. 이와 같은 후에 시사時事를 헤아리고 정치를 논함에 있어서, 마음속 깊이 쌓여 있던 바가 바깥으로 나타나는 여유가 있을 것이며, 인정에 부합되는 가운데 물리物理가 성대하여, 인의예지의 말들이 하나하나 모두 사용할 수 있는 실상으로 대두될 것이다.

　이에 밝은 안목을 가진 유사有司(考試官)가 이 같은 사람을 얻으면 곧 국가에 유용한 그릇이 될 것이니, 하나의 명예와 하나의 급제에 그치지 않을 인물이다. 더구나 그의 기국器局이 크고 공부가 지극하여 도에 나아가고 덕을 완성한 자로서 이윤 부열 주공 소공처럼 왕을 보좌할 수 있는 규모를 가지고서 혹 명철하고 슬기로운 제왕을 만나, 마치 구름과 용, 그리고 바람과 범이 함께하는 것처럼 좋은 만남이 이루어지면, 주머니 속에 담긴 물건을 더듬어 찾아내듯이 쉽게 정치를 베풀어, 모든 사람들과 함께 지극한 도의 경지에 나아갈 수 있기에, 세상에서 그를 버려둘 수 없다. 단지 당시의 제왕들이 과거제도를 정립함에 따라서 오로지 3일 동안 과거장에서 마주하는 문장을 통하여 이름 지을 뿐, 평소의 행동거지는 전혀 관여하지 않는다. 그러나 그들의 독서로 말하면 성사聖師이신 공자를 종주로 삼은 자들이다. 공자가 평소에 가르쳤던 것과 많은 제자들이 배웠던 연원과 절목이 서책에 분명하게 기재되어 있고, 일정한 법규로 설정되어 있다. 이는 바로 학자들이 종신토록 우러러 보면서 부지런히 행하다가 죽은 이후에야 그만두어야 할 일들이며, 사람에 따라서 변천될 수 없는 도리이다. 하물며 성조聖祖 열조烈祖로부터 오늘날에 이르기까지 이미 공자를 존중하는 도를 가지고 있으며, 형荊 촉蜀 강江 절浙 민閩 광주廣州와 중도中都의 선비도 이를 익히고 숭상하고 있는 바, 이 이치는 결코 만세의 후까지도 멸망될 수 없으니 그 경중과 완급이 참으로 분명하다.

혹자가 말하였다. "이 세상에 태어나 이 세상에 뜻을 두지 않은 것도 아닌데 과거 공부를 팽개치고 그 같은 성인의 도에 나아가려는 것은 무엇 때문인가?"

현 시대의 왕법을 어떻게 버릴 수 있겠는가? 설령 오늘날 공자 맹자가 다시 태어났다 할지라도, 과거제도를 터부시하지는 못할 것이다. 하지만 우리의 학문으로써 이에 응했을 것이다. 이로 보면 과거란 어찌 우리 유학자의 누가 될 수 있겠는가? 그러기에 천지의 본성을 가져 만물 가운데 가장 신령하고 고귀한 인간으로서, 어떻게 경중과 완급을 살피지 않고 자포자기를 기꺼이 할 수 있겠는가.

或曰今世所謂科擧之學, 與聖賢之學, 何如? 曰似學而非學也. 同是經也, 同是子史也, 而爲科擧者, 讀之徒獵涉皮膚, 以爲綴緝時文之用, 而未嘗及其中之蘊, 止求影像髣髴, 略略通解, 可以達吾之詞則已, 而未嘗求爲眞是眞非之識, 窮日夜, 旁搜博覽, 吟哦記臆, 惟鋪排駢儷, 無根之是習而未嘗有一言及理義之實. 自垂髫至白首, 一惟虛名之是計, 而未嘗有一念關身心之切. 蓋其徒知擧子蹀躞之爲美, 而不知聖門堂宇高明廣大之爲可樂. 徒知取青紫伎倆之爲美, 而不知潛心大業趣味無窮之爲可嗜. 凡天命民彝, 大經大法, 人生日用所當然而不容闕者, 悉置之度外, 不少接心目. 一或扣及之, 則解頤而莫喩, 於修己治人齊家理國之道, 未嘗試一講明其梗槪, 及一旦蠟高科, 躡要津, 當夫天下國家之責, 而其中枵然, 無片字之可施, 不過直行己意之私而已. 若是者雖萬卷塡胸, 錦心綉口, 號曰富學, 何足以爲學. 峨冠博帶, 文雅醞藉, 號曰名儒, 何足以爲儒? 假若胸臆歐蘇, 才氣韓柳, 謂之未曾讀書, 亦可也. 然則科擧之學, 視聖賢之學, 正猶枘鑿之相反, 而不足以相通歟! 曰科擧程度, 固有害乎聖賢之旨, 而聖賢學問, 未嘗有妨於科擧之文, 理義明則

文字議論, 益有情神光采, 躬行心得者 有素則形之, 商訂時事, 敎陳治體, 莫非溢
中肆外之餘, 自有以當人情中, 物理藹然, 仁義道德之言, 一一皆可用之實, 而有司
明眼者 得之, 卽爲國家有用之器, 非止一名一第而已也. 況其器局高宏, 功力至到,
造道成德之大全者 所謂伊傅周召, 王佐規模 具焉. 儻遇明王·聖帝, 雲龍風虎之
會, 則直探諸囊而措之, 與斯人同躋至道之域, 又斯世之所不能舍也. 但時王立科
目之法, 專指三日之文爲名, 而素行不與, 在學者讀書而言, 則而聖師孔子爲祖者
也. 吾夫子平日之所以敎·羣弟之所以學, 淵源節目, 昭昭方冊, 固有定法, 正學者
所當終身鑽仰, 斃而後已, 非可隨人遷變者. 矧自聖朝列祖, 以至今日, 已有尊崇之
道, 而荊·蜀·江·浙·閩·廣, 及中都之士, 復多以此爲習尙, 則亦此理在萬世不容
泯沒, 其輕重緩急, 固有辨也. 或曰生斯世也, 非能絶意於斯世而舍彼就此也. 曰時
王之法, 何可舍也? 假使孔孟復生于今, 亦不能舍科目而遠去, 則亦但不過以吾之
學應之而已, 焉能爲吾之累也? 然則抱天地之性, 負萬物之靈, 而貴爲斯人者, 盍
亦審其輕重緩急而無甘於自暴自棄也哉?

(증보) 허자주석 虛字註釋

崇明 馮泰松 雲伯氏 點定

1. 起語虛字
2. 接語虛字(이는 順·逆 2項으로 구분한다)
3. 轉語虛字
4. 襯語虛字
5. 束語虛字
6. 歇語虛字(이는 實順·虛逆 2項으로 구분한다)

1. 起語虛字(發語詞로 쓰이는 虛字)

起語란 문장 첫 부분을 虛字로 일으킨다거나, 아니면 위 문장이 끝난 부분에서 다시 虛字로 아래의 문장을 일으킬 때 쓰이는 글자를 말한다.

且

發語詞. "且天之生物也"(『맹자』「등문공 상」)와 같은 용례이다. 또는 未定詞로도 쓰이니, "我且直之"(상동)의 유이다. 또는 대체로 況字와 같은 의미로 쓰이니, "且爾言過矣"(『논어』「계씨」)와 같은 예이다. 『시경』의 "旣明且哲"(「大雅 烝民」)과 時文에서 쓰이는 '且也' 두 字로 轉下된 것은 모두 진일보 발전된 말들이다. 實字로 쓰일 때는 '聊且'·'苟且'이며, 또한 '저疽' 자의 음으로 읽기도 하는데, 이는 語助詞로서 『시경』에서 흔히 쓰이고 있을 뿐, 八股文에서는 이와 같은 용례를 찾아볼 수 없다.

謂

누구와 더불어 말할 때[與之言也] 쓰이는 글자이지만, 때로는 누군가와 말하지 않고서도 그 사람을 일컫는다거나 격려한다거나 또는 꾸짖을 때에도 또한 '謂'라 하니, 이는 "此之謂自謙"(『대학』 전6장)과 같은 예이다. 그 어떤 말을 일컬을 때 또한 '謂'라 하니, "其斯之謂歟"(『논어』「학이」)라는 구절이 그 용례이다. 이를 총괄해 보면 '말하다[說]'라는 뜻으로 보아야 한다.

夫

이 또한 發端詞로서 '蓋' 字와 비슷한 점이 있지만, '夫'는 이 일[此事], 이 물건[此物], 이 이치[此理]를 지칭하기에 앞서 쓰이는 글자이므로, 推原

(그 근원을 추구하는 것)의 의미로 주로 쓰이는 '蓋' 字와는 다르다. "夫人幼而學之"(『맹자』「양혜왕 하」) 구절이 이런 예문이다. 또는 語尾의 終了詞로서, 문장의 구절이 끝났지만 餘韻(餘響)이 남아 있어서 그 의미가 은근하게 전해지며 동시에 말소리 또한 서서히 밀려 나가게 하는 기능을 수행하므로 이 또한 感歎詞의 기능을 수행한 예이다. 이는 "必子之言夫"(『맹자』「고자 상」)가 그 용례이다. 또한 구절 중간 부분의 어조사로 쓰이니, "小子何莫學夫詩"(『논어』「양화」)가 그 용례이다. 이 또한 문장의 뜻이 은근하게 전해지면서 여운이 서서히 밀려 나가는 의미가 있다. 간혹 지칭사로 쓰이기도 하니, "夫二三子"(상동 「선진」)라는 구절이 그 용례이다. 實字의 자음은 '부(孚)'이니, 이는 '大夫' '丈夫'의 用例와 같다.

蓋

發端字. 곧 '大凡'의 뜻이다. 문장을 쓰기에 앞서 '蓋' 字로써 문장의 첫머리를 열어 준 것이다. 예를 들면 "蓋上世嘗有不葬其親者"(『맹자』「등문공 상」)의 '蓋' 字는 이 한 구절의 發端字(接頭詞)로 쓰인 것이다. 實字로는 '덮개[覆]'의 뜻이 있으니 '車蓋(수레덮개)'와 같이 쓸 경우가 그것이다. 또는 古古의 초성 'ㄱ'과 담[湛]의 中聲 終聲인 'ㅏㅁ'을 합한 반절음으로 '감ㅂ'이니, 入聲이다. 이는 齊나라 邑名인 '합闔' 자의 음으로 쓰이기도 한다.

且夫

느즉하게 저 멀리에서 일컫는 말이니, "且夫枉尺而直尋"(『맹자』「등문공 하」)이 그 용례이다.

今夫

現前(卽今)의 事理를 논하는 發端詞. "今夫天下之人牧"(『맹자』「양혜왕 상」)이

그 용례이다.

今以

以 자는 근거를 두고 쓰이는 글자이다. 어떤 사물이나 이치에 근거하여 말할 때 두루 쓰이는 글자이다.

原夫

原이란 推原詞. 그 근본 원인을 추구하여 규명할 때 쓰인다.

嘗思

思, 생각. 이 또한 지난 과거를 追憶할 때 쓰이는 글자이다.

嘗稽

稽, 고찰. 고찰[稽考]해 가면서 말하는 것이다.

慨自

개탄되는 바를 미루어 소급해 말할 때 쓰이는 字例.

以爲

그 근본적인 뜻을 추구해 보면 ……할 것이라는 뜻이다.

若以

'若曰', '若謂'와 같은 뜻이니, '나의 생각으로는 ……하리라고 여긴다'라는 뜻이다.

謂夫

謂, 말함. 夫, 어조사. 또는 指稱詞로 쓰이기도 한다. '謂夫莫之爲而不爲'(『맹자』「진심 상」)이 그 용례이다.

甚矣, 甚哉

아래 문장의 내용에서 크게 말하기에 앞서 이 두 글자를 사용. 문장을 일으켜 세우기 위해 쓰이거나 또는 불안스럽게 생각하는 뜻으로 앞서 내세우는 말로 쓰인다. "甚矣 吾衰也"(『논어』「팔일」)의 예가 그러한 용례이다.

2. 接語虛字(接續 語助詞로 쓰이는 虛字)

대체로 위 문장을 이어서 강론해 나간 것일 뿐 또 다른 새로운 의미는 없다. 이는 문장을 轉用할 때 사용하는 글자로서 順接·逆接으로 구분된다.

此

指稱詞. 또는 彼(저것)의 대칭, 이것이라는 뜻이다.

茲

'此' 字의 뜻과 같지만 此 字에 비교해 얼마쯤은 느긋한 느낌이 있는 글자이다.

是

'此' 字의 뜻. 또는 위 글을 가리키면서 순조롭게 단정짓는[順斷] 말이며, 또는 非 字의 대칭, 옳다의 뜻으로 쓰인다.

斯

此 字와 같은 뜻이나, 此 字의 뜻은 뚜렷하고 직선적이지만 斯 字는 文飾하는 바 있고 가벼운 의미로 쓰인다. 또는 則과 卽 字의 뜻이니, "其斯之謂歟"(『논어』「학이」)의 용례가 그것이며, 此 字의 뜻으로는 '斯民作矣'에서의 용례가 그것이다. 또한 終了詞로 쓰이기도 하는데, 이는 『詩經』에서 흔히 쓰이고 있다.

故

所以(까닭) 또는 緣故(이유). 이는 위 글의 뜻으로 인해서 ……가 발생된다는 것이다. 이는, 마치 그런 이유가 있었기에 ……이 생겼다는 것으로 인과론적인 설명이 요구될 때 쓰인다. "故君子必愼其獨"(『대학』「전 6장」)이 그런 예이다. 또는 '是故'의 뜻, 이러한 까닭으로 인해서 ……라는 말이니, "是故君子先愼乎德"(『대학』 전 10장) 구절이 그 용례이다. '故曰'이란 예전에 일찍이 있었던 古語로 오늘날 또다시 인증할 때 쓰인다. "故曰配天"(『중용』 제31장)이 그 예이다. 또한 '故' 字를 구절의 끝에 쓰기도 한다. 이는 時文에서 쓰이는 '何以故'라는 예이다. 實字로는 故舊(친구)로서, "故舊不遺"(『논어』「양화」)에서 쓰이는 뜻이며, 또는 이미 그랬던 사실[己然]이라는 뜻으로 쓰이니, "苟求其故"(상동)와 같은 용례이다.

則

이는 위 문장과 밀접하게 붙여 쓸 때 쓰이는 글자로서 가장 직접적이고 유력한 뜻으로, '斯' 字와 같은 뜻이요, '곧[卽]'이라는 말과 같다. 이는 중간 부분에 조금도 늦출 수 없을 때 쓰이는 글자이니 "則近道矣"(『대학』 경 1장)의 예이다. 實字로는 법칙을 말하니, 제도 법도 격식 모두를 則이라 하며, 또한 본받음[則效]이라는 뜻으로도 쓰인다.

蓋

위 글의 근본적인 뜻을 追求(推原)하는 것이다. 起語의 의미로 쓰이는 '蓋' 字의 뜻과는 약간 다르다. 그러므로 위 글을 비워 둔 채 문장을 거두어 받아서 말한 셈이다.

由是

'由'는 …… 따라서[從]. 이는 위 글에 잇대어 쓰는 글자이다.

由此, 由茲, 由斯

위 由是의 뜻과 같다.

自是, 自此, 自茲, 自斯, 從此, 從茲

모두 같은 뜻으로 쓰인다.

是其

위 문장을 따라서 지칭하는 말.

此其

위 是其와 大同小異함.

及夫, 及乎, 至於, 迨夫

'及'은 '至' 字의 뜻으로, "施及蠻貊"(『중용』 제31장)의 용례에서 볼 수 있으며, 또는 사방으로 미쳐 간다는 뜻이니 "及其所不愛"(『맹자』「진심 하」)가 그 예이다. '及夫', '及乎', '至於'는 모두 위 글에 이어 쓰면서 뜻을 미루어 가는 글자이지만 '夫乎'와는 약간의 차이가 있다. 이는 口氣즉, 감정표현의 악센트)에 따라서 달리 쓰는 자이므로 이 뜻을 모두 기록하기에는 어려움이 많다. '迨'란 '及' 字의 뜻이다. 또한 그 ……을 미루어 나가는 데에 있어 무언가를 지칭하는 말이다.

迨至

'至'란 다다르다[到]의 뜻이니, 여기에서 저곳으로 미쳐 감을 표현한 말이다.

及至

위 迨至의 뜻과 같다.

甚至

……에 이르게 된 바를 지극히 표현한 말.

何則

갑자기 위 글의 내용을 멈추고 물음을 던져 그에 대한 해답을 얻으려는 의도로 쓰이는 말.

何者

위 문장에 이어서 묻는 말.

何也

위 글에 잇대어 묻는 말. '則(何則)'은 강건체, '者(何者)'는 평범체, '也(何也)'는 가볍게 쓸 때 쓰이는 문체이다.

是何也, 是何, 何哉, 何以, 何如, 如之何

이는 모두 문장의 중간 부분에서 스스로 묻는 말로 쓰인다. '何則'의 '則' 字의 발음은 '者(何者)' 字보다는 더욱 긴박감을 고조하며, '是何也'의 어조는 '何也'에 비해 보다 더 평범하고 완만하므로, 자연 아래 문장은 도도히 흐르는 강물이 서서히 흘러가는 것과 같으며, '是何' 2字는 아래 문장의 흐름이 준엄하고 급박하므로 마치 높은 곳에서 곧바로 떨어지는 물결처럼 세찬 느낌이 있다. "是何異於刺人而殺之"(『맹자』「양혜왕 상」)의 용례가 바로 그것이다. '何哉'란 '무슨 까닭에 이처럼 되었을까' 하는 의미 기능을 가진 말이니, 예를 들면 "不待其招而往 何哉"(『맹자』「등문공 하」)의 예이며, '何以' 2字는 무슨 뜻으로 ……라는 말이니, 속언의 무엇 때문에…… '(把甚麼)'와 같은 말로서 "何以伐爲"(『논어』「계씨」)의 용례이며, '何如'는 '어떤가[怎樣]'의 뜻이니, 直截 分明한 말로, '好樂何如'(『맹자』「양혜왕 하」)가 그 용례이며, '如之何'는 완만하면서 상세히 의논한 것이니, 의아하게 생각하면서 묻는 과정에서 발생되는 자연스러운 말이다. 이는 "然則舜 如之何"(상동 「진심 상」)에서 볼 수 있다.

是以

위 글을 가리키면서 근본을 추구하는 말이다.

故夫

……을 인하여 하는 말이니, '故夫三桓之子孫 微矣'(『논어』「계씨」) 구절이 그 용례이다.

所以

위 글을 따라서 그 근본을 추구하는 말이니, '오직 이와 같으므로 이와 같이 되는 것[所以]이라'는 말과 같다. 이는 '是以'와 조금 같은 뜻이지만, 또한 이 두 글자를 구절의 중간에 쓸 때는 한층 더 미루어 나가는 뜻이 있다. "君子之所以異於人者"(『맹자』「이루 하」) 구절이 용례가 바로 이것이다.

蓋以

위 글에 근본하여 그대로 미루어 나갈 때 쓰는 말이다.

將以

'以'는 '用' 字의 뜻이다. 위 글에 이어서 그것이 장차 그렇게 될 것이라고 미루어 보는 말이니, "將以反說約"(『맹자』「공손추 하」)에서 볼 수 있다.

誠以

확실하게 推斷하는 말.

是知

위 글을 따라서 이러하리라는 점을 알 수 있다는 말.

一似

한 가지 예를 들어 말하는 摹擬詞.

一若

위 一似와 같다.

所謂

'말한 바', '이른 바'라는 뜻이니, 그 말 자체에 근본하여 해석해 나가는 말이다.

所爲

'所稱'이라는 말과 같다. 일컫는 말에 근본을 두고서 일정한 단정을 짓는 말이다.

蓋謂

그 말에 근본하여 추구하는 말이거나 또는 문장의 첫 구절을 일으키는 데에도 쓰인다.

以謂

字義와 같음.

以爲

나는 그처럼 생각하고 있다는 말이다.

是爲

위 글을 일컬으면서 단정짓는 말.

如此

곧장 위 글을 가리키면서 윗말을 이어 쓸 때 쓰는 낱말이니, "如此則無敵於天下"(『맹자』「공손추 상」) 구절의 예이며, 때로는 구절을 끝맺을 때 쓰는 경우도 있다. 이는 "其自任以天下之重如此"(『맹자』「만장 상」) 구절에서 쓰인 것이 그 예이다.

如是, 若是, 若此, 若然

이는 모두 같은 뜻으로 쓰이지만 발음상에 있어서 경중의 차이가 있으며, 다만 '若然' 두 글자는 문장의 끝부분에 쓸 수 없다.

於此

'在此'와 같은 뜻이지만 '在' 字에 비하여 虛字의 의미가 있다.

於是, 於斯, 於玆

모두 똑같은 뜻이다.

似乎

想像으로써 말할 때 쓰이는 말.

恍若

'恍'은 '況' 字와 같음. 엇비슷하다는 形容詞.

宛若

위 恍若와 같은 뜻이다.

(위의 모든 글자는 위 문장에 이어서 順接으로 쓰이는 글자들이다.)

豈

이는 '怎' 字의 뜻으로, '則吾其豈敢'이 그런 뜻으로 쓰인 용례이며 또한 斷定詞로 쓰이니 "此豈山之性也哉"(『맹자』「고자 상」) 구절에 보이는 것이 그렇게 쓰인 예이다.

‘豈’는 ‘怎’ 字의 뜻이며, ‘詎’는 ‘豈’ 字의 뜻이니, 反說(逆說)로써 그 뜻을 나타내고자 할 때 쓰인다. ‘그렇지 않다’는 뜻이 담겨져 있다. ‘詎’ 字는 ‘豈’ 字에 비교하여 다소 완만한 느낌이 있다.

豈 字는 또한 ‘愷’ 字로 쓰기도 하니, 이때 그것은 즐겁다는 ‘樂’ 字의 뜻이다. 이는 實字로 쓰인 예이다.

寧

願詞. 俗語의 ‘차라리 이와 같을 바에는 ……’이라는 뜻이다. 이는 ‘이렇게 하기를 원한다’라는 말로서, 두 가지를 서로 비교하여 그 중 하나를 바라는 것이니, "禮與其斯也 寧儉"(『논어』「팔일」)이 그 용례이며, 實字로 쓸 때는 편안하다는 ‘安’ 字의 뜻이다.

非

‘이것이 아니다’라는 말이지만 不是라는 말과 비교해 보면 조금은 완만하게 쓰이는 글자이다. 實字로는 비방함이니, "言則先王之道"(『맹자』「이루상」)의 용례이다.

何

이 또한 反詞이며, 또한 怪問詞로 쓰이기도 한다.

奚

위 何와 같다.

烏

위 何와 같으며, 또한 感歎詞, 嗚 字와 같은 뜻으로 쓰인다.

豈不

'怎麼不也(어찌 그렇지 않으랴)'와 같으니, 이는 분석을 한다거나 논변을 할 때 쓰인다.

豈得

'怎麼得也(어찌 그렇지 않으랴)'라는 뜻이니, 折抑詞(억눌러 끊을 때 쓰이는 말)이다.

豈非

그 뜻을 반대로 말하는 것이니, '怎麼不是(어찌 그렇지 아니하랴)'의 뜻이다.

豈可

禁止詞(금지하는 말).

豈有

'있지 않다'라는 反語.

豈能

'不能'의 反語.

豈必

'꼭 이와 같지 않겠느냐'라는 反語이다.

詎必, 詎能, 詎有, 詎可, 詎得, 詎非, 詎不

위 豈必와 같다.

寧必

豈必과 비교해 보면 얼마쯤은 완만한 느낌이 있으며 商量하는 뜻이 있다.

寧不, 寧非, 寧得, 寧可, 寧能

위 寧必과 같다.

寧有

대략 '寧' 字와 같으며 '安' 字, '豈' 字 두 글자의 중간 입장의 뜻으로 쓰인다.

寧得

이 또한 折抑詞이며 또는 바라는 바 있지만 이루지 못할 때 쓰는 말이다.

焉得

위 寧得과 같다.

烏得

反折詞

惡得

위 烏得와 같다.

何必

反折詞

奚必, 奚能, 奚有, 奚可, 奚不

위 何必와 같다.

得不

'豈得不', '安得不'이라는 말과 같지만 위의 한 글자를 생략하고 쓴 것이다.

疇不

疇는 누구. '사람들 모두가 그처럼 생각한다'라는 뜻이다.

疇能

誰能.

疇得

誰得.

孰意

孰은 誰. 意는 意料(헤아리다). '어느 사람의 생각이 여기에 이르겠느냐'는 말과 같다.

豈意, 誰意, 何意, 疇意

위 孰意와 같다.

豈謂

'어찌 …… 을(를) 말함이겠느냐?'라는 뜻이다.

寧謂

위 豈謂와 같음.

孰能

'누가 그처럼 능히'라는 말이니, 반드시 능할 수 없다는 말이다. "孰能禦之"(『맹자』「양혜왕 상」)가 그 예이며, 또한 따져 물을 때 쓰는 口氣(語感)이기도 하다. "孰能一之"(상동)와 같은 예이다.

孰有

誰有.

孰得

誰得.

孰非

誰非와 같음.

焉能

不能의 반대말.

何能, 安能, 烏能, 奚能

위 焉能과 같다.

烏足

이와 같지 않다는 반대말이다.

何足, 安足, 焉足, 奚足

위 烏足과 같다.

此豈

위 글의 뜻을 가지고 반대되는 면을 가리켜 말할 때 쓰는 자이다.

茲豈, 是豈, 斯豈

위 此豈와 같다.

此非

위 글의 뜻을 가리키면서 곧바로 단정하는 말.

是非, 茲非, 斯非

위 此非와 같음.

豈其

反折詞이면서도 무엇인가를 가리키는 말.

何其

反語詞이면서도 무엇인가를 가리키는 말.

抑何

한층 전환시키면서 도리어 따져 묻는 말.

又何

進一步한 反語詞로 쓰이는 말.

毋乃

의심하면서도 자세히 살피고 헤아려 하는 말.

不幾

'이런 처지에까지 이르게 되지 않겠느냐'라는 反語詞.

(위의 글자는 모두 위 문장에 이어서 逆接으로 사용되는 글자들이다.)

3. 轉語虛字(말을 전환시키는 虛字)

위의 문장이 없는 데에서 轉筆을 사용하여 그 뜻을 일으킨다거나 또는 곧 바로 일으킨 후 反轉하면서, …… 또는 바로 일으킨다거나 바로 전환하면서…… 또는 깊숙이 들어가고 일층 전환하면서 …… 또다시 진일보 열어 나가는 것이다. 전환하는 데 있어서는 모두 한두 글자의 虛字로써 문장을 이끌어 나가고 있다.

然

이는 위 글에 잇대어 아래로 내려가면서 첫머리를 일으킬 때 쓰거나, 또는 하나의 案을 제시하여 위 글을 전환시킬 때 쓴다거나, 위 글을 이어오는 동시에 또 하나의 뜻을 바꾸고자 할 때 쓰이는 글자이다. 만일 이러한 글자가 없다면 이 또한 전환시켜 나갈 수 없다. 그러므로 위 글을 전용하여 하나의 뜻을 바꾸어 내는 데 쓰는 글자이다. 이를테면 "然而夷子葬其親厚"(『맹자』「등문공 상」) 구절이 그 용례이며, 위 글을 이어오면서 하나의 뜻을 바꾸어 내기도 하니, "然則小固不可以敵大"(『맹자』「양혜왕 상」) 구절이 그 것이다. 儼然 油然 囂囂然 따위도 형용을 나타내는 어조사로 쓰이기도 한다. '雍之言然'의 然 자는 '그렇다'는 뜻으로 쓰였으며, "若火之始然"(『맹자』「공손추 상」)의 '然' 자는 '燃' 자의 뜻인 바, 이는 모두 實字로 보아야 한다.

苟

'誠'·'果' 字의 뜻이니, "苟志於仁矣"(『논어』「이인」)라고 할 때 쓰인 용례에서 볼 수 있다. 또한 만일 '若' 字의 뜻으로 쓰기도 하니 "苟無其位"(상동「옹야」) 구절이 그것이다. 實字로는 苟且라는 뜻이며 "無所苟而已矣"(상동「자로」)가 그 예이다.

或

或이란 그것을 의심하여 단정짓지 못하는 뜻이다. 그 사람의 이름을 직접적으로 가리키지 않고 '或' 字로 이를 가름하는 것이다. "或問禘之說"(『논어』「팔일」)이 이 예이다. 간혹 그런 일이 있기 이전에 미리 그런 것을 생각하였는데, 만일 그와 같이 한다면 ……될 것이라는 뜻으로 '或' 字를 쓰기도 한다. "如或如爾" 구절이 그 용례이다. 또한 수많은 일의 단락을 차례차례 나열하면서 여러 개의 或 字를 연이어 쓰면서 이를 서술한 경우도 있다. '或遠或近'·'或去或不去' 구절이 그것이다. 또는 或 字의 뜻으로 쓰기도 하니, "無或乎王之不知"(『맹자』「고자 상」) 구절의 예이지만 時文에서는 쓰이지 않는다.

儻

設或의 뜻. 若也 如也의 뜻과 같다. 反語詞로 쓰이는 경우가 있다.

如

設或의 뜻. '如或知爾'의 예이며, 또한 猶也 似也의 뜻이니, "如追放豚"(『맹자』「진심 하」)이 그것이다. 또한 模擬詞이니, "申申如也"(『논어』「술이」) 구절에서 보이는 예이다. 實字로는 '가다'의 뜻이다.

若

設或의 뜻. "若殺其父兄"(『맹자』「양혜왕 하」)이 이런 예이며, 또한 猶也 似也의 뜻이다. "若決江河"(상동「진심장 상」)이 그 용례이다. 또한 模擬詞이니, 時文의 '肅若 雝若'이 바로 그것이며, 또한 지칭사로 쓰이기도 하니, "以若所爲"(상동「양혜왕 상」)에서 볼 수 있는 예이다. 實字로는 '너'라는 뜻이니, 「項籍傳」에 의하면, '吾與若北面事懷王' 구절의 용례이며, 또한 順字의 뜻으로 쓰이기도 하니, 「堯典」의 '欽若昊天'이 이런 예이다.

設

假說詞. 그렇지 않지만 혹 그렇게 된다면 ……이라는 想像下에서 말한 것이다.

使

설령, 또는 '儻' 字나 '設' 字에 비교하여 보면 다소 實字의 의미가 있다. 實字로 보면 '令'과 '役' 字의 뜻이며, 또한 去聲의 음으로 사용된다. 이는 '使將命者'의 뜻이며, 또한 사람을 보내어 명을 전하는 사람을 '使(사신)'라 하기도 한다.

但

앞서 이미 일설이 있는데 그에 다시 일설을 다하면서 이 글자를 사용하여 전환시키거나 또한 임의대로 따르는 뜻으로 쓰며, 간혹은 '한갓[徒]'이라는 뜻으로 쓰이기도 한다.

第

다만의 뜻. 實字로 쓰면, 次第(차례), 또한 第宅(집)의 뜻이며, 통속적으로 '第' 字는 '但' 字의 뜻으로 해석된다.

雖

이는 위 글의 문장을 부족하게 여긴 것이다. 비록 그와 같다 하지만 또한 ……(이러저러한) 사정이 있다는 말이다.

乃

發語詞. "乃若其情"(『맹자』「고자 상」)의 예이며, 또한 말을 느슨하게 늦추어서 하는 것으로 급작스럽게 그렇다는 뜻은 없다. "乃所謂善也" 구절이 이것이며, 또한 논란하는 데 쓰이는 말로, "曾由與求也"(『논어』「선진」)에 쓰인 曾 字도 어떤 위의 사건을 이어 쓸 때 쓰이는 말[繼事詞]이며, "乃積乃倉"(『시경』「大雅」)의 예와 같은 乃 字의 뜻으로 쓰이기도 한다.

而

어조사. 또는 약간 전환할 때 쓰는 자이니, 문장을 엮어 나감에 있어 이 글자가 없으면 문장이 일관되게 연결될 수 없어 문장을 이룰 수 없을 뿐 아니라, 말하려는 뜻을 나타낼 수도 없게 되는 중요한 글자이다. 어조사로도 쓰이니 "動而世爲天下道"(『중용』 제29장)의 예가 그것이며, 小轉詞(조금 전환시키는 말로 쓰이기도 하니 "和而不流"(상동 제10장)의 예가 그것이다. 또한 구절의 첫머리에 이 글자를 쓰는 것 역시 위 글을 잇대어 아래의 뜻을 전환시키는 것이다. "而謀動干戈於邦內"(『논어』「계씨」) 구절에 보이는 용례가 그러하다. 또한 汝(너 : 제2인칭) 字로 쓰기도 하니, "抑而强與"(『중용』제10장)의 뜻이 그것이다. 또한 語尾終了助詞로 쓰기도 하는데 "室是遠而"(『논어』「자로」) 구절의 용례에서 볼 수 있다. 八股文에서는 그것이 語尾終了助詞의 형태로 쓰인 예를 결코 찾아볼 수 없다.

況

이는 다른 인물과 또 다른 事理를 가지고서 前說과 서로 비교해 말한 것이다. 이를테면 '가벼운 것도 이와 같은데, 더구나 무거운 것이라면 어떻겠느냐'라는 말의 경우와 또는 '무거운 것도 이와 같은데 더구나 가벼운 것이라면 어떻겠느냐'라는 말의 경우에서 쓰이는 예와 같은 것이다. '況夫'란 구절의 뜻을 바꾸어 쓰는 것이며, '況於'란 구절을 전환시킬 때 쓰는 글자이다. '夫' 字에는 悠揚(멀찌감치 들춰내는……)의 의미가 있고, 於 자에는 切近(간절하고 가까운……)한 의미가 들어 있어 상호간에 약간의 의미상, 어감상의 차이가 있다. '신' 字의 뜻도 그와 같다. 實字로는 비유, 또는 況味의 뜻이다.

抑

발어사. "抑王興甲兵"(『맹자』「양혜왕 상」)의 용례가 그것이다. 反語詞로 쓰이기도 하는 바, "抑亦先覺者"(『논어』「헌문」)가 그런 용례이다. 또한 轉語詞로 쓰이기도 하니 "抑而立而視其死與"(『맹자』「공손추 하」) 구절의 용례가 그것이며, 또한 '그렇다면 ……'이라는 말로 쓰이기도 하니 "抑爲采色不足視於目與"(『맹자』「양혜왕 상」)라는 구절이 그 용례이다. 이는 대개

가 가일층 깊어지면서 한 걸음 더욱 열어 가는 말인 동시에, 一說을 강론하
면서 그 구절의 끝에 가서는 대부분 '乎'와 '歟' 字의 어조사로써 끝을 맺는
다. 實字의 뜻으로는 막다[遏], 굽히다[屈]의 버리다[捐]의 뜻으로 쓰인다.

獨

또 다른 말[別說]을 미루어 나열하면서도 일설만을 강조하는 유이다.

惟

홀로[獨]ᆞ…… 이는 힘있게 쓰이는 글자이니, "惟此是爲然"(『맹자』 「양혜
왕 하」)의 예이다. 實字로는 생각하다라는 思 字의 뜻이며, 八股文에서는
생각한다는 思 字의 뜻으로 쓰이는 경우가 그다지 많지 않다.

唯

홀로[獨], "唯天爲大"(『논어』 「태백」)의 예이다. 또는 '委' 字의 음으로 발
음되기도 하니 곧 대답하는 소리이다. "曾子曰唯"(『논어』 「이인」)의 용례가
그것이다. '惟唯' 두 글자는 모두 專詞이니, 속어에서는 '只' 字의 뜻으로
쓰이고 있다. '唯從心 心之專也'ᆞ'唯從口 口之專也'가 그 용례이다.

顧

위 문장을 이어 나아가면서 논한 말이거나, 또는 反語詞이니, '乃' 字와
'然' 字의 중간적인 의미로 쓰인다. 實字로는 視, 또는 眷顧의 뜻이다.

固

本然詞, "固將朝也"(『맹자』 「공손추 상」)의 예이다. 實字로는 堅 字의 뜻이
또한 '執一' 또는 '고루하다'의 뜻이다. "儉則固"(『논어』 「술이」)의 용례이다.

彼

따로이 가리키는 바가 있는 말이며, 또한 此(이것) 字의 대칭(저것)이다. 또한 도외시한 말로 쓰이니, "彼哉彼哉"(『논어』「헌문」)의 용례이다.

奈

如也. 如之何를 '奈何'라 하기도 하고 또한 사람에게 어떤 일에 대해서 '어떻게 해야 할까'를 물을 때 또한 '奈何'라 하며, 어찌할 수 없는 것 또한 '奈何'라 하기도 한다.

然而

위 문장의 뜻과 반대되면서도 원만하게 전환할 때 쓰이는 말이니, '……와 같지만 또한 그렇지 않다'라고 하여 이에 따로이 하나의 말을 轉用하는 느낌이 있다.

然後

앞서 ……를(을) 했으면 바야흐로 저처럼 해야 한다는 것이니, "夫然後行"(『논어』「위령공」)의 용례가 그것이다.

然則

然이란 '如此'라는 말과 같다. '……과 같다면 ……할 것이다'라는 뜻의 말이다. 위 문장을 이어서 곧바로 단정하는 말로서 上文을 아래로 내려오면서 이어받아 쓰는 말이다.

否則

否는 그렇지 않다는 말이니, '그렇지 않다면 그것은 ……이다'라는 말이니, 위 글을 이어 아래 문장을 쓸 때 쓰는 자이다.

雖然

위 문장을 갑자기 멈추고 별도로 아래 문장을 전용시킬 때 쓰이는 말이니, '비록 ……하지만 또한 ……하다[雖是如此 更有云云]'라는 뜻이니 '雖然今日之事(비록 그렇다지만 오늘의 일이란……)'가 그 대표적인 용례이다.

不然

도리어 위 문장을 論斷하는 말이니, '만일 이와 같지 않다면'이라는 말과 같다. 문장의 구조상 虛字의 뜻으로 쓰이고 있지만 그 뜻은 완만한 느낌이 있다. 이는, '막상 그와 이야기해 보니, 그게 아니더라'라고 곧장 단정짓는 말과는 전혀 다른 의미로 쓰이고 있다.

設使

이에 대한 해석은 앞에 나타나 있다.

設令, 假使, 假令, 藉使, 借令

모두 위 設使와 같다.

若夫, 乃若, 至若, 彼夫

이는 또한 모두 다른 事理와 다른 인물을 가리키면서 말하려 할 때 이와 같은 글자를 사용하여 전환시키는 것이다.

旣而

이미 저처럼 되었지만 또한 이와 같다는 뜻이니, '旣而曰'의 용례가 그것이다.

已而

이미 저처럼 되었지만 또한 이와 같다는 뜻이다. 『논어』 「楚狂」章의 '已而'의 용법과는 전혀 다른 예이다.

今也, 今焉, 今則, 今乃

혹 옛 인물과 옛 일을 말하고서 오늘날의 인물과 일로 전환시켜 말하려고 할 때 쓰는 글자들이다.

必也

생각해 보니 꼭 그러리라고 단정하는 말이다.

獨是

이에 대한 해석은 앞에 나타나 있다.

惟是

위 獨是와 같다.

但以

이에 대한 해석은 앞에 나타나 있다.

第以

위 但以와 같다.

況乎

이에 대한 해석은 앞에 나타나 있다.

無如

無奈와 같은 뜻.

猶如

'設令 이 같은 일이 있을지라도……'라는 말과 같다. 또는 擬度詞로 쓰인다.

更有

進一步 앞으로 나아갈 때 쓰는 말.

尤有

尤는 또한, 다시는 뜻.

仍有

仍은 還 字의 뜻.

意者

擬度詞.

意必

추측하여 결정짓는 말.

或者

이 또한 *擬度詞*이지만 *意字*와 비교해 보면 조금은 *虛字*의 뜻으로 쓰이고 있다.

或曰

이에 타인의 말을 *假託*하면서 아래 문장에, 자신의 뜻으로 답한 것이니, '*說者曰*'의 뜻과 같은 의미로 쓰이고 있다.

借曰

*俗語*의 '*假如*(가령)'와 같은 뜻이다.

不知

앞의 말이 타당치 못하여 그를 *曉喩*시킬 때 쓰이는 *轉換詞*이다. 이는 하나만 알고 그 둘은 알지 못한다는 말뜻과 같다.

非然者

*前說*에서는 이미 그처럼 쓰였다지만 특별히 하나의 *反語*를 사용하여 전설을 거듭 설명한 것이다. '만일 그와 같지 않다면……'이라는 뜻이다.

不寧惟是

*不獨如此*라는 말과 같다. 위 글을 이어 거듭 인용, 서술하는 말이다.

不但此也

*字義*와 같음.

4. 襯語虛字(助語虛字)

문장의 구절 속에 반드시 허자를 사용하여 긴밀하게 붙여주는 것[襯貼]인데, 때로는 구절의 끝부분에 쓰이기도 한다. 이른바 助語가 바로 이것이다.

之

이는 여러 가지 뜻으로 쓰이고 있다. 語助詞로 쓰이니, "喜怒哀樂之未發"(『중용』제1장)이 그 용례이다. '的' 字의 뜻으로는 "大學之道"(『대학』「경1장」)라는 용례가 그것이다. '於' 字의 뜻으로 쓰이기도 하니 "之其所親愛而辟焉"(『대학』전 8장)이 그 용례이며, 또한 지칭사로 쓰이기도 하니 "博學之"(『중용』제20장)에서의 '之' 字는 이치[理]를 가리킨 것이며, "莊以涖之"(『논어』「위령공」)에서의 '之' 字는 사람을 가리킨 것이다. 實字로 쓰일 경우 간다[往]는 뜻이 있다. "之三子"(『논어』「헌문」)가 곧 그런 뜻으로 사용된 예이다.

以

근거한 바 있을 때 쓰는 글자이니, '因' 字와 같은 뜻이다. 이는 '不以言擧人(말을 가지고 사람을 등용하지 않는다)'에서 볼 수 있다. 또는 '用' 字의 뜻이니 "爲政以德"(『논어』「위정」)의 예이며, 또는 '爲' 字의 뜻이니, "視其所以"(상동)가 바로 그것이다. 또는 '已(자음은 이, 그치다)' 字의 뜻으로 쓰이기도 하니, "無以則王乎"(『맹자』「양혜왕 상」)의 용례가 그러한 뜻으로 쓰인 것이다. 時文에서는 '爲'와 '已' 字 대신으로 '以'를 쓰는 경우가 없다. 또는 좌우에서 보살펴 주는 것을 以라 하기도 하니, 『시경』의 "侯彊侯以"(「周頌閔予小子之什 載芟」)의 字例이다. 그러나 時文에서는 오직 虛字로 사용될 뿐이다.

於

語助詞. '卽'·'向'··'在' 字의 뜻이며 '于' 자와 大同小異하다. 이는 '이것으로부터 저것까지[自此而於彼]'라는 말과 같으니, "吾之於人也"가 그 用例이다. '在' 字의 뜻으로 쓰기도 하니, "造次必於是"(『논어』「이인」)가 그 용례이다. '向' 字의 뜻으로 쓰기도 하니, "志於道"(상동)라는 구절이 그 용례이다. 卽 字의 뜻으로 쓰이니, "於從政乎何有"(『논어』「옹야」)가 그 용례이다. 그러나 이를 총괄하여 보면 語助詞로 쓰이고 있다. 또한 '嗚' 字의 뜻을 지닌 감탄사로 轉用되기도 한다.

于

이는 어떤 인물, 어떤 일 따위를 지칭하여 말하는 것이다. 이는 '于彼乎于此乎'라는 字例에서 찾아볼 수 있는데, 다시 말하면 이 하나의 '于' 字를 씀으로써 그 어떤 것을 지칭하게 된다. '於' 字와 비슷한 점이 있지만 '於' 字에 비교해 보면 조금은 무거운 느낌을 주는 글자이다. 또는 감탄사로 쓰이기도 한다.

所

어조사. "非身之所能"이라는 구절에서 쓰인 예를 들 수 있다. 또한 어떤 사물을 지칭하는 말이기도 하니, "察其所安"(『논어』「위정」)이 이런 예이다. 實字로 쓰이면 方所(장소)를 말하게 되는데, "居其所"(상동)의 용례가 그것이다.

攸

'所' 字의 뜻으로 "有攸不爲臣"(『맹자』「등문공 하」)이 그 대표적인 용례이다.

其

그 어느 곳을 지칭하는 말이다. "先治其國"(『대학』「경1장」)이라는 '其' 字는 나라를, "其人存"(『중용』제20장)이란 사람을, "其心休休"(『대학』「전 10장」)이라는 용례가 그것이다. 또한 贊嘆할 때 發語詞로 쓰이기도 하니 "其誠矣乎"라는 용례가 바로 그것이다. 또한 종료사로 쓰이기도 하는데 "夜如何其"(『시경』「國風 鄭風」)의 예가 그것이다. 또한 어조사로 쓰기도 하 니 "彼其之子"라고 한 용례가 그것이다. 그러나 이는 모두 時文의 문체가 아니므로 오늘날에는 사용되지 않는다.

厥

'其' 字의 뜻이다. 또한 어조사로 쓰이기도 하니, "匪厥玄黃"(『맹자』「등문 공 하」)이 그 용례이다.

乎

이는 본디 '歇語詞'이지만 구절 가운데에 쓸 때는 '於' 字와 같은 뜻을 지니고 있으나 조금은 虛闊한 느낌을 가지고 있다. "不明乎善"(『중용』제20 장)에서 쓴 용례가 그것이다. 歇語詞로 쓸 때는 의아심을 확정짓지 못했을 적에 쓰는 말이다. "君子者乎"(『논어』「선진」)가 그 용례이다. 또한 詠歎詞 로 쓰이기도 하니 "不亦說乎"(상동「학이」)에서 쓴 용례가 그것이다. 詰問詞 로 쓰이기도 하니 "學詩乎"(상동「계씨」) 같은 용례가 그것이다. 또한 논변 과 반박하는 말로 쓰이기도 하니, "不敬 何以別乎"(상동「위정」)라는 용례에 서 볼 수 있다. 또한 商量詞로 쓰기도 하니 "以與爾隣里鄉黨乎"(상동「옹야」) 가 그 용례이다. 또한 '呼' 字로 쓰이기도 하니, 이는 '嗟歎詞'로서 "於乎不 顯"(『중용』제26장)이라는 말에서 보이는 예이다.

諸

‘之’, ‘於’ 字와 같으며, 또한 歇語이다. 구절 가운데에 쓰이는 글자이니, “君子求諸己”(『논어』「학이」)의 용례가 그것이다. ‘歇’ 字로 쓰일 때에는 살펴서 물으면서도 확정짓지 못할 때 쓰는 말인데, 간혹 ‘乎’ 字와 같은 뜻으로도 쓰이니, “子路問請聞斯行諸”(상동 「선진」)라는 구절이 그 용례이다. 또한 ‘其諸’라고 쓰기도 하는데, 이는 어조사로서 “其諸異乎人之求之歟”(상동 「학이」)라는 용례에서 볼 수 있다. 實字로 쓸 때는 ‘衆’ 字의 뜻으로 쓰인다. “擧直錯諸枉”(상동 「안연」)이라는 구절이 그 용례이다.

不

‘未’, ‘非’ 두 글자의 뜻과 비슷하며, ‘否’ 字와 같은 뜻으로 쓰인다.

未

‘未嘗’, ‘이미’와 ‘벌써[旣]’와 반대의 뜻을 나타내는 글자이다. 將然, 且然, 未必의 뜻을 가지고 있으나 ‘不’ 字에 비교해 보면 조금은 완만한 느낌이 있다. 時文에서는 ‘未’ 字를 쓰고 있다. 이 두 글자는 문장을 전환시키면서 더 한층 깊이 들어가는 뜻이니, “猶未也” 또한 한 차례 전환하는 뜻을 지니고 있다.

猶

似·如·若 字의 뜻이니, “文莫吾猶人也”(『논어』「술이」)의 유이다. 또한 還·尙 字의 뜻으로도 쓰인다. “猶可以爲善國”(상동 「술이」)이 그 예이다. 實字로 쓸 때에는 ‘猶’ 字와 같지만, 時文에서는 虛字로 사용된다.

由

自·從의 뜻이니 "自湯至於武丁"(『맹자』「공손추 상」)의 용례가 그러한 뜻으로 표현된 것이다. 또한 '因' 字의 뜻으로 쓰이는 바, "由是則生而有不用"이 그 용례이다. 경우에 따라서는 '따르다[率循]'의 뜻으로 쓰이니 "小大由之"(『논어』「학이」)의 용례가 곧 그러한 뜻으로 쓰여졌다.

尤

甚·更 字의 뜻이니, 字義는 "殆有甚焉"(『맹자』「양혜왕 상」)의 구절에서 쓰인 뜻과 같다. 實字로 쓰일 경우에는 허물을 말한다. "言寡尤"(『논어』「위정」)의 용례가 그것이다. 또한 꾸짖는 뜻이 되기도 하는데, "不尤人"(『중용』제14장)이라고 쓴 예가 그것이다. 猶·由·尤 세 글자의 자음은 똑같지만 그 뜻은 각기 다르게 쓰인다. 옛적에는 猶·尤 두 글자는 같이 통용되었지만 오늘날 언어 관습상 양자는 제각기 분별해서 사용하지 않으면 안 된다.

亦

俗說에 의하면 也 字의 뜻이라 한다. "巫匠亦然"(『맹자』「공손추 상」)에서의 용어가 그 일례이다.

旣

旣然·已往의 뜻이다. 實字로 쓸 때는 '다하다'의 뜻으로 쓰이기도 하고, 간혹 '饎' 字와 같은 뜻으로 쓰이기도 한다.

必

결정짓는 말이다.

莫

禁止詞. 勿·不可의 뜻이며 또한 定한다는 뜻이 되기도 한다.『시경』의 "求民之莫"라는 용례가 그러한 의미 기능을 수행한다. 또한 '暮' 字와 같이 쓰이기도 한다.

殆

發語詞. "殆有甚焉"(『맹자』「양혜왕 상」)에서의 용례가 그것이다. 또한 간략하게 평론하는 말로 쓰이기도 하니,『주역』「繫辭」의 "其殆庶幾乎"가 그 용례이다. 實字로 쓸 때는 위태롭다는 뜻이며, 간혹 '怠' 字의 뜻으로 쓰기도 하지만 時文에서는 결코 그러한 뜻으로 사용하지 않는다.

姑

聊且·如此의 뜻이니 또한 活字(死字의 對稱. 어떤 의미가 있다거나 또는 생명력이 있는 글자)이다. "姑舍是"의 용례이며, 實字로는 남편의 모친과 부친의 자매를 모두 姑라 한다.

凡

모두를 총괄할 때 쓰는 '大槪'라는 뜻을 지닌 말이다. "凡有四端於我者"(『맹자』「공손추 상」)에서 그 용례를 볼 수 있다. 實字로는 庸, 常의 뜻이다.

皆

모두 그렇다는 말[同然詞].

相

피차·서로라는 뜻. "不相爲謀"(『논어』「위령공」)가 그런 뜻으로 쓰인 용레이며, 實字로는 '보다', 혹은 '돕는다', 혹은 儐相의 뜻으로 쓰임.

方

장차 그렇게 되리라는 뜻이다. 겨우라는 뜻도 있다. "奚方啓行"(『시경』「大雅 公劉」)이 그 예이다. 또한 且 字의 뜻으로 쓰니, "周公方且膺之"(『맹자』「등문공 상」)의 용례가 그것이다. 實字로는 향한다는 뜻으로 "且知方也"(『논어』「선진」)의 유이며, 또한 거역한다는 뜻이니 "方命虐民"(『서경』「요전」)의 유이다. 비교하다는 뜻으로도 쓰이니 "子貢方人"(『논어』「헌문」)이 그 예이다. 또는 四方, 方法, 方策의 뜻으로도 쓰이기도 하고, 뗏목의 뜻으로 쓰이기도 하니 『시경』의 "方之舟之"가 이러한 용례이다.

將

현재 그렇지는 않지만 머지않아 그렇게 되리라는 말[未然而將然之詞]. "我將見楚王"(『맹자』「고자 하」)이 그 용례이다. 또한 虛擬詞이니 "將使卑踰尊"(『맹자』「양혜왕 하」)의 용례가 그것이다. 漸近詞로도 쓰이기도 하니 "將五十里"(『맹자』「등문공 상」)에서 보이는 예이다. 實字로는, 크다[大], 보내다[送], 받들다[奉], 기르다[養], 돕다[助]라는 뜻으로 쓰이기도 하고, 장수, 또는 군사를 거느린다는 뜻으로 將兵이라 하여 '將' 字를 동사로 사용하기도 한다.

遽

急卒(갑자기).

忽

突然(생각지 않게……).

倏

忽 字와 같으며 또한 부족하다는 뜻이 된다.

當

該當. 이치상 이처럼 해야 된다는 뜻이다. 實字로는 당적하다의 뜻으로 "文王何可當"(『맹자』「공손추 상」)에서 보는 용례이다. 또한 承 字의 뜻으로는 "當仁不讓於師"(『논어』「위령공」)의 용례가 그것이며, '値' 字로도 쓰이니 "禹稷當乎世"(『맹자』「이루 하」)가 그 용례이며, 또한 典當의 뜻으로 쓰이기도 한다. '中' 字의 뜻으로 쓰이기도 하니, 當乎理, 中乎理라는 말과 같다.

宜

또한 '當'의 뜻이며, 또한 相稱, 相合의 뜻을 가지고 있다.

與

及·同 字의 뜻이니, '與其弟……'에서 그 용례가 보인다. 또한 '許' 字의 뜻이니, "與其進也"(『논어』「술이」)의 용례가 그것이다. 또한 語助詞의 기능을 수행하기도 하는데, "與人爲善"(『맹자』「공손추 상」)에서 볼 수 있는 용례이다. 또한 '授' 字의 뜻이 있으니 "與之釜"(『논어』「옹야」)의 용례이다. 또한 '예'의 음으로 읽으면 참석하다의 '참례'로 쓰이기도 하는 바, "王天下不與存焉"(『맹자』「진심 상」)이 그 예이다. 歇語로 쓰면 平聲으로서 '歟' 字와 같으니 "君子人與"(『논어』「태백」)에서의 용례가 그것이다. 옛적에는 '與' 字를 '歟' 字의 뜻으로 쓰는 경우가 많았다.

祇

다만의 뜻으로 쓰이니 "亦祇以異"(『논어』「안연」)의 예에서 보는 바이다.

適 字의 뜻으로 쓰이기도 하니 『揚子』의 "茲若也 祗其所以爲樂也歟"의 용례
에서 볼 수 있다.

僅

略·少 字의 뜻으로 그 나머지 것은 취할 만한 것이 없다는 뜻이다.

庶

바라는 말[冀幸詞]. 또는 가깝다는 뜻이다. 實字로는 많다 또는 嫡庶라는
'庶' 字의 뜻으로도 쓰인다.

盍

'어찌 ……하지 않으래[何不]라는 것이니 "盍各言爾志"(『논어』「공야장」)
의 용례가 바로 그것이다.

曷

'何' 字의 뜻으로 쓰이는 바 "曷敢有越厥志"(『맹자』「양혜왕 하」)라는 용
례에 보인다.

可

겨우 족하다는 말로서 "可也簡"(『논어』「옹야」)가 그 용례이다. 또한 그
를 허락한다는 말로도 쓰이는 바, '否' 字의 대칭이다.

否

不可, 不然. '鄙' 字의 음으로 읽기도 하는데, 不善과 또는 '塞' 字의 뜻으로
도 쓰이며, 간혹은 卦名으로도 쓰인다.

5. 束語虛字(문장을 결속시켜 주는 虛字)

문장을 결속시키는 고리 부분에 두 글자를 사용하여 한 편의 문장을 수습하여 요약하는 데에 흔히 쓰이고 있다.

總之
위 문장을 끝맺어 말하는 것이다.

要之
이는 要領이라는 '要' 字의 뜻이다. 문장 끝부분의 파란을 일으키는 데에서 그 긴요함을 재삼 강조하면서 그 중요점을 표현하고자 할 때 쓰이는 말이다.

大略
約略, 大槪의 뜻이다.

大抵
위 大略과 같다.

6. 歇語虛字

이는 문장이 끝나는 부분에 쓰는 虛字로, 虛歇·實歇·順歇·逆歇의 차이가 있기에 문장의 흐름을 따라서 각기 달리 쓰이므로, 虛·實·順·逆으로 구분한다.

也

말에 여운을 남기면서 문장이 끝날 때 쓰는 글자이다. 이는 문장의 조리
가 평범히 끝나면서 높이되 지나치게 들춰내지 않고, 낮추되 급작스레
줄여 나가지 않을 때 쓰는 글자이다. 이는 대략 네 가지로 쓰인다. 決定詞로
쓰이는 예는 '未之有也'에서 쓴 바 그것이며, 註釋에 덧붙여 쓸 때는 '仁者人
也'에서와 같은 예이며, 낱낱이 세어 가는 數詞로는 "修身也……" 등의
九經(『중용』 제20장)에서 보는 바와 같은 용례이며, 한 구절의 가운데서
반쯤 떨어지면서 다시 일으켜 세울 때 쓰는 어조사로서는 "其爲人也孝弟"(『논
어』「학이」)에서 보는 예이다. 또한 '亦' 字로 쓰기도 하지만, 時文에서는
쓸 수 없다.

矣

終了詞, 또는 語助詞, 또는 決定詞이다. 古文에서 '矣' 字를 쓸 때는 반드시
그 위 문장에 '則' 字, 또는 '斯' 字를 덧붙여 쓰곤 했다. 이는 말의 느낌이나
字意가 '也' 字에 비하여 다소 긴밀한 감이 없지 않으며, 요즘 사람들이
쓰는 '了' 字의 뜻과 같다.

어조사로는 "吾必謂之學矣"(『논어』「학이」)의 예이며, 위에다 '則' 자를
붙여 쓰기도 하니 '則何益矣'의 용례가 그것이다. 위에 '斯' 자를 덧붙여
쓰니, "斯疎矣"(『논어』「이인」)의 용례에서 보이는 바이며, '了' 字의 뜻으로
는 "旣當矣"(『논어』「자로」)의 용례이다.

焉

어조사, 또는 決詞로 쓰인다. '也' 字에 비교해 보면 조금은 가벼운 느낌
이 있다. "四十五十而無聞焉"(『논어』「자한」)은 종료사로 쓰였으며, "斯天下
之民至焉"(『맹자』「양혜왕 상」)은 결사로 쓰인 예이다. 또는 '豈' 字의 뜻으

로도 쓰이니 "焉得儉"(『논어』「팔일」)의 용례에 보인다.

耳

또한 語助詞로서 가장 함축된 뜻을 지니고 있으며, 또한 장차 그렇게 될 것이지만 아직은 그렇지 않다는 뜻을 내포한다. 또한 轉文의 '然' 字로 쓰이기도 하고, 또한 軟活 字로 쓰기도 하는데, 軟活의 의미로는 "盡心焉耳矣"(『맹자』「양혜왕 상」)의 예이며, 轉文의 '然' 字로는 "堯舜與人同耳"(상동「이루 하」)의 용례에서, 장차 그렇게 될 것이지만 아직은 그렇지 않다는 뜻으로 쓰인 예는 '弗爲耳'에서 찾아볼 수 있다.

爾

語助詞. '耳' 字와 같은 뜻이다. 實字로는 '너(二人稱)'라는 의미가 된다.

已

終了詞. "可謂好學也已"(『논어』「자장」)의 예가 그것이다. 또한 '너무 지나치다'라는 뜻으로 쓰이니 "是皆已甚"(『맹자』「등문공 하」)에서 보는 용례이다. 또한 이미, 벌써의 뜻이다. 이는 "令乘輿已駕矣"(『맹자』「양혜왕 하」)에서 보는 용례이다. 實字로는 '止' 字의 뜻으로 "已而已而"(『논어』「계씨」)의 용례가 그것이다.

者

어느 사물에 나아가 밀접하게 붙여 쓰는 글자이므로 위 문장이 어떻게 쓰여 있는가를 살펴보아야 한다. 위 글에서 사람을 말했다면 그것은 사람을 지칭한 것이니 "毋友不如己者"(『논어』「학이」)에서 발견되는 용례이며, 위 글에서 사물로 말했다면 사물을 가리킨 것이니 "以己所有 易其所無者"(『맹자』

「공손추 하」)에서 찾을 수 있는 용례이다. 위에서 이치로 말했다면 그것은 이치를 말한 것이니, 이는 "知仁勇三者"(『중용』 제20장)의 예이며, 분별과 한계의 뜻으로는 '仁者人也'라는 용례에서 보이고 있다. 語助詞로 쓰이기도 하니 "而好犯上者"(『논어』「학이」)에서와 같은 용례이다.

云

'……에서 말하다'의 뜻이니, '詩云'이 그 예이다. 또한 위 자의 뜻이니, 예컨대 '禮云樂云'이란 이는 '禮에서……라 말하였고, 樂에서 ……라 말하였다'는 것인데, 이 용례가 바로 그런 뜻으로 쓰인 바이다. 때로 문장의 맨 끝 구절에 쓰이는데 이는 語助詞로써 그 문장의 대의가 '……과 같다'라는 뜻이다. 이는 그윽히 다하지 못한 뜻을 지니고 있지만 짐작으로 사용한 것이며, 또한 '……운운……'이라고 쓰이는 예가 있다. 이는 如此如此 (……)라는 말과 같은 뜻으로, 그 가운데에 담겨 있는 뜻을 굳이 말할 필요가 없다는 것이다. 그러나 八股文에서는 이러한 용례가 없다.

者也

지칭한 바 있으면서 순조롭게 문장이 끝나는 말이다. 문장이 끝나는 부분에서 이러한 예를 흔히 쓰고 있다. 예를 들면 "好古敏以求之者也"(『논어』「술이」)의 유이다.

也者

이 두 글자는 아래 문장과 연결되어 있으며 반드시 뒤 구절이 이를 이어서 해석할 때 쓰이는 字例이다. 예를 들면 "孝弟也者"(『논어』「학이」)라는 유이다.

也己

위 문장을 순조롭게 끝맺으면서 '이것뿐이다'라는 뜻으로 쓰인다.

也矣

문장을 끝맺어 드릴 때 쓰이는 문장이다.

已矣

풍부한 뜻을 가지고서도 급박하게 줄여 쓸 때 쓰는 것이다. 이것뿐, 이 밖에, 또 다른 것이 없다는 점을 말하고 있다.

者矣

지칭한 바 있으면서도 끝맺을 때 쓰이는 글자이다.

者焉

지칭한 바 있되 가볍게 멈출 때 쓰이는 글자이다.

者耳

지칭한 바 있는 데다가 순조롭게 끝맺을 때 쓰이는 글자이다.

焉耳

평범히 제시하면서 순조롭게 끝맺는 데 쓰이는 글자이다.

已耳

문장이 끝나면서 순조롭게 끝맺는 데 쓰이는 글자이다.

也夫

순조롭게 끝맺으면서도 또한 영탄사를 수반하고 있을 때 쓰이는 글자이다.

矣夫

긴박하게 끝맺으면서도 감탄사의 의미를 수반할 때 쓰이는 글자이다.

焉而已

一提, 一轉, 一殺의 말이다. 이 세 글자를 연이어 쓰게 되면 문장의 안정성
이 없으므로 한두 글의 實字를 쓰는 것이 정교하다 할 수 있다.

焉耳矣

焉 字의 一提의 뜻이며, 耳矣는 순조롭게 줄여 가는 글자이다. 이는 이것
뿐, 그 밖에, 또 다른 점이 없음을 말한다.

焉者矣

焉 字의 一提이며, 者矣는 지칭한 바 있으면서도 끝맺으며 줄여 가는
데 쓰이는 글자이다.

而已矣

끝맺으면서 이에 이르러서는 문장의 뜻이 모두 끝나는 데 쓰이는 글자
이다.

(위의 많은 例文은 문장의 實寫·順寫에 많이 쓰이는 字例이다.)

乎

이에 대한 해석은 前文에 나타나 있다.

哉

語助詞. 이는 贊嘆詞로서 절박하게 끝을 마무리짓는 자이니, '乎'字와 대략 같지만 의문사로는 결코 쓸 수 없다. 乎哉라는 두 글자를 연이어 쓸 경우 의문사가 되기도 하나 이를 자세히 음미해 보아야 할 것이다. 이는 구절이 끝나면서 영탄의 뜻이 있는 것이며, 또한 깜짝 놀라는[驚怪] 뜻이 있기도 하고, 또한 자득의 뜻이 있기도 하며, 또한 입으로는 그렇다고 여기면 서도 마음으로는 수긍하지 않을 때 쓰기도 한다. 이를테면, "人焉瘦哉"(『맹자』 「이루 하」)라고 썼을 때는 찬탄사로 쓰인 것이며, "其何以行之哉"(『논어』 「자한」)의 경우는 의문사로, "吾何爲不豫哉"(『맹자』 「공손추 하」)라고 한 경우는 自得詞로 쓰였다. 또한 비로소라는 뜻이 되기도 하니,『서경』「武成」 편의 "厥四月哉生明"이 이러한 예이지만 時文에서는 쓰이지 않고 있다.

歟

문장의 끝부분에 쓰이는 의문사로 '乎'字와 비슷한 뜻이 있지만 '乎' 字에 비하여 가볍게 쓰인다. 歟字는 평온한 느낌이 있고, 乎字는 의아심으 로 확정하지 못할 때 쓰는 글자이다. 歟字는 의심하면서도 의심하지 않는 것이니, 이를테면 "其爲人之本歟"(『논어』「학이」)의 예가 그것이다.

耶

옛적에는 '邪'字를 '耶'字로 썼다. 어미의 의문사. '與·乎·哉'자와 비슷 한 뜻이 있지만, 詠嘆의 뜻과 婉轉 詰問의 뜻과 疑怪의 뜻이 있기도 하다. '乎'字에 비교해 보면 그 의미가 深長함을 느낄 수 있다.

者乎

지칭한 바 있는 데다가 의문으로 쓰일 때 쓰이는 글자이다.

也乎

순조로운 文勢에다가 虛落으로 쓸 때 쓰이는 말이다.

矣乎

말을 줄이면서 뜻을 다하지 못할 때 쓰이는 글자이다.

已乎

여기에 그치는 것은 아니지만 고의적으로 물음을 그칠 때 쓰이는 예이다.

已耶

위 已乎와 같다.

者哉

지칭한 바 있는 데다가 영탄의 기능이 있다.

也哉

리드미컬하게 영탄하는 말로서 음조의 파장이 매우 긴 뜻을 지니고 있다.

矣哉

말이 줄어 끝맺으면서도 영탄의 뜻을 수반하고 있는 글자이다.

夫哉

말이 여기에 그친다는 의미를 가지고 있다.

者歟

지칭한 바 있으나 虛歇로 쓰이는 글자이다.

也歟

也哉와 조금은 같지만 의미는 더욱 깊다.

者耶

지칭한 바 있으면서도 의문사로 쓰인다.

也耶

音調가 길면서도 또한 虛文으로서 唱醒하는 뜻이 있으므로 感慨의 정이 있을 때 이를 쓰고 있다.

否耶

上文에서 이를 말하고 이 두 글자를 이어서 쓰는 것이니, 이는 '是不是(그러하느냐 않느냐)'라는 말과 같다.

否乎, 否歟

위 否耶와 같다.

焉否也

'焉' 字는 上文을 이어 다시 否也 두 글자를 쓴 것이다. 이 또한 '이것이냐 아니냐'라고 두 가지 질문을 할 때 쓰이는 글자이다.

而已乎

'已乎'와 같은 뜻이지만 而 字는 대부분 一轉의 뜻으로 쓰인다.

焉者乎

'焉' 字는 가볍게 쓰는 자이며, '者乎' 두 글자는 지칭한 바 있는데, 가볍게 멈출 때 쓰인다.

焉爾乎

가볍게 들어 虛文으로 쓰니, 이때는 문장이 몹시 완만한 느낌을 준다고 할 수 있다.

乃爾乎

爾는 這樣(그러그러한)이라는 말이니 '乃而乎' 또한 지칭한 바 있는데, 그 무언가를 물을 때 쓰는 字例이다.

也歟哉

세 글자를 연이어 쓴 것은 리드미컬하게 영탄할 때 쓰는 글자로서, 또한 疑怪의 의미를 지니고 있다.

也乎哉

위 也歟哉와 같다.

(위의 여러 字例는 대부분 문자의 虛寫·逆寫에 쓰이는 글자들이다.)

허자주석 찾아보기

국역을 마치면서

　　고려 말에 주자학이 전래된 이후, 조선조 오백 년 동안 관학官學으로서 찬란하게 성리학을 꽃피워, 강호 사림의 문집에 성리학을 언급하지 않은 이는 거의 찾아볼 수 없을 정도이다. 물론 임병壬丙 양란兩亂을 겪으면서 양명학과 실학이 대두되어 왔지만 조선 말엽, 그리고 오늘날까지도 주자 성리학의 존재는 변함없이 지속되어 오고 있다.

　　그러나 근래에 들어 급격한 학문 변화와 한문 교육의 결여로 인해, 한문학의 기본 소양이 미흡하기에 이르렀음을 지적하지 않을 수 없다. 우리는 흔히 교양서적으로, 또는 전문지식으로서 흔히 사서四書를 대해 오고 있으나, 일부는 정작 문장의 해석에 급급해하기도 하고, 또는 이를 무시한 채 개론서에 입각하여 전반적이고 포괄적으로 이해하려고 드는 이도 없지 않다. 그 문장을 능통하지 못하고서 그 문장의 의미를 아는 사람이란 있을 수 없다라는 옛말을 굳이 들어 말하지 않더라도, 사서의 주요 개념만큼은 꼼꼼하게 하나하나 이해하지 않으면 안 된다. 이를 이해하지 않고서는 어떤 고전도 대할 수 없기 때문이다.

　　『성리자의』는 기초 입문서적임과 동시에 사서와 주자학을 연구함에 있어 없어서는 안 될 주요 전문서적이기도 하다. 그러나 오늘날까지 사서 연구에 관한 자료서적 하나 제대로 나오지 못함으로써 전문가의 연구에 불편을 주었을 뿐 아니라, 일반 독자의 입장에서도 실로 유감되는 바 크므로, 3~4년 전 이의 국역에 착수하여 끝마친 지 오래였지만 이를 간행하지 못하고 망설이던 중, 사학斯學의 발전에 깊은 관심을 둔 여강출판사 김재욱 사장의 사명어린 마음에 이의 간행을 흔쾌히 허락하여, 오늘날 많은 사람들과 이 책을 함께할 수 있게 된 것을 감사해 마지않는 바이다.

그리고 지난날 이의 국역을 위해서 노력을 아끼지 않은 전주대학교 호남학연구소 회원 여러 분에게도 심심한 정을 느끼는 바이다.

朴浣植 識